U0678682

权威·前沿·原创

皮书系列为
"十二五""十三五""十四五"时期国家重点出版物出版专项规划项目

B

BLUE BOOK

智库成果出版与传播平台

大洋洲蓝皮书

BLUE BOOK OF OCEANIA

大洋洲发展报告
（2023~2024）

ANNUAL REPORT ON DEVELOPMENT OF
OCEANIA (2023-2024)

主　编／许少民　费　晟

副主编／王学东　徐桑奕

社会科学文献出版社
SOCIAL SCIENCES ACADEMIC PRESS (CHINA)

图书在版编目（CIP）数据

大洋洲发展报告 . 2023-2024 / 许少民，费晟主编；
王学东，徐桑奕副主编 . --北京：社会科学文献出版社，
2025.4. --（大洋洲蓝皮书）. --ISBN 978-7-5228
-4858-7

Ⅰ . D76

中国国家版本馆 CIP 数据核字第 2024YE6243 号

大洋洲蓝皮书
大洋洲发展报告（2023~2024）

主　　编 / 许少民　费　晟
副 主 编 / 王学东　徐桑奕

出 版 人 / 冀祥德
组稿编辑 / 高明秀
责任编辑 / 叶　娟
文稿编辑 / 邹丹妮
责任印制 / 岳　阳

出　　版 / 社会科学文献出版社·区域国别学分社（010）59367078
　　　　　地址：北京市北三环中路甲 29 号院华龙大厦　邮编：100029
　　　　　网址：www. ssap. com. cn
发　　行 / 社会科学文献出版社（010）59367028
印　　装 / 天津千鹤文化传播有限公司

规　　格 / 开本：787mm×1092mm　1/16
　　　　　印　张：17　字　数：222 千字
版　　次 / 2025 年 4 月第 1 版　2025 年 4 月第 1 次印刷
书　　号 / ISBN 978-7-5228-4858-7
定　　价 / 168.00 元

读者服务电话：4008918866
🅰 版权所有 翻印必究

大洋洲蓝皮书编委会

主　编　许少民　费　晟

副主编　王学东　徐桑奕

编　委　（以姓氏拼音为序）
　　　　常晨光　陈德正　陈　弘　费　晟　韩　锋
　　　　黄家瑜　李　骏　汪诗明　王伟光　王学东
　　　　吴　艳　徐秀军　许少民　喻常森　周方银

主要编撰者简介

许少民　博士，中山大学国际关系学院副教授，教育部国别和区域研究培育基地——中山大学大洋洲研究中心研究员兼主任助理。主要研究领域为软实力、公共外交、澳大利亚政治经济和中澳关系。

费　晟　博士，中山大学历史学系教授，教育部国别和区域研究培育基地——中山大学大洋洲研究中心主任。主要研究领域为亚太国际关系史、大洋洲移民问题及澳大利亚历史与外交问题等。

王学东　博士，中山大学国际关系学院副教授，教育部国别和区域研究培育基地——中山大学大洋洲研究中心副主任。主要研究领域为中澳关系、澳大利亚对外政策和国内政治、太平洋岛国等。

徐桑奕　博士，中山大学国际关系学院助理教授，教育部国别和区域研究培育基地——中山大学大洋洲研究中心研究员。主要研究领域为太平洋岛国历史与国际关系等。

摘　要

2023 年，大洋洲国家在日趋复杂的全球局势中勉力维持发展和合作的大趋势。经济上，区域国家在多重宏观不确定性中承压前行，发展形势分化。受高通胀和高利率的叠加影响，澳大利亚和新西兰的经济增长相对低迷，但避免了陷入技术性衰退，展现出一定的韧性。太平洋岛国的经济增长整体较 2022 年有所放缓，但得益于旅游业的复苏、基础设施投资的增加和持续涌入的国际援助等因素，其仍保持了较高的增长率。不过这些国家的经济脆弱性仍然显著，高通胀、高政府债务和频发的自然灾害将持续影响其经济的稳定增长。

政治上，区域国家政局总体稳定，多国顺利举行大选和全民公投。区域国家整体摆脱了新冠疫情对社会秩序的冲击，恢复了正常的社会生活。但新冠疫情带来的"后遗症"仍然困扰着大洋洲国家，民众在经济和民生议题上持续积累的不满情绪在部分国家引发民众对变革的渴望，新西兰、马绍尔群岛、瓦努阿图、瑙鲁等国政权发生更替。澳大利亚工党政府虽然在反腐败、解决住房危机、改变气候政策等方面着力兑现竞选承诺，但是在"原住民之声"修宪公投中惨败，在经济政策、边境安全等议题上也遭到更多质疑和挑战，执政蜜月期已过。

外交上，区域国家在日益增大的地缘政治和经济压力下勉力维持自主性。澳大利亚工党政府在强化与美国等传统伙伴的关系、加大扶持太平洋岛国力度的同时，较为务实地修复对华关系，力求实现中澳关系稳定。新西兰对国际和区域秩序的战略认知转向悲观，对安全议题的重视程度和投入有所上升，但仍坚持相对独立和均衡的外交政策，既深化与西方国家的关系，又维持与包括中国在内的亚太国家的经济合作。太平洋岛国在区域合作方面取得部分进展。域内最重要的政府间组织太平洋岛国论坛解决了分裂危机，而且通过了区域合作蓝图——《蓝色太平洋2050年战略》实施方案。但太平洋岛国在应对日本核污水排海和深海采矿等重要议题上难以形成统一立场，区域一体化仍道阻且长。

关键词： 大洋洲　政治　经济　区域合作

目　录

Ⅰ　总报告

B. 1　2023年大洋洲地区发展形势回顾与展望

.... 许少民　陆芄樵 / 001

Ⅱ　分报告

B. 2　2023年澳大利亚政治、外交和经济形势 .... 黄家瑜 / 024

B. 3　2023年新西兰内政外交回顾与展望 .... 张梦迪 / 046

B. 4　2023年太平洋岛国地区政治和经济形势评析

.... 吴　艳 / 068

Ⅲ　专题报告

B. 5　中澳推进双边关系的改善及进展 .... 屈彩云 / 087

B. 6　"印太"视阈下2023年澳美同盟新动向 .... 宁团辉 / 102

B.7 2023~2024年日本与大洋洲国家关系

　　………………………………………… 郭　锐　沈好文 / 121

B.8 2023年澳印关系回顾与展望 ……………………… 刘舒琪 / 136

B.9 公共卫生与公共外交：澳大利亚-印尼中心在印尼的

　　活动研究 ………………………………………… 吴耀庭 / 149

B.10 2022~2023年大洋洲国家对外经贸合作进展与展望

　　………………………………………… 金君达　徐秀军 / 176

B.11 2023年巴布亚新几内亚的对外安全合作：新进展与新挑战

　　……………………………………………… 秦　升 / 192

B.12 2023年中国与新西兰关系回顾与展望

　　………………………………………… 王伟光　林　玲 / 210

附　录

2023年大洋洲大事记 ……………………… 喻常森 / 227

Abstract ……………………………………………………… / 243

Contents ……………………………………………………… / 245

皮书数据库阅读**使用指南**

总 报 告

B.1
2023年大洋洲地区发展形势
回顾与展望

许少民　陆芃樵*

摘　要： 2023年，大洋洲国家经济形势分化。尽管高通胀和高利率等问题困扰着大洋洲区域内几乎所有国家，但是旅游业的总体复苏给太平洋岛国的经济增长注入"强心针"。澳大利亚和新西兰的经济增长低迷，但在失业率和对外贸易等部分关键宏观经济指标上展现出较强的韧性。政治上，大洋洲各国政局总体稳定，但经济和社会问题的持续催生域内部分国家民众对政治变革的渴求，新西兰、马绍尔群岛、瓦努阿图、瑙鲁等国政权发生更替。外交上，大洋洲国家在复杂的地缘政治和经济压力下努力维持主体性，力图全面均衡地发展对外

---

* 许少民，博士，中山大学国际关系学院副教授兼院长助理，中山大学大洋洲研究中心研究员兼主任助理，主要研究领域为中澳关系、美澳关系、软实力和公共外交；陆芃樵，加拿大麦吉尔大学博士候选人，中山大学大洋洲研究中心客座研究员，主要研究领域为中等强国理论和外交。

关系。中澳关系改善的势头得以延续。太平洋岛国区域合作取得一定进展,太平洋岛国论坛的分裂危机得到有效化解,但太平洋岛国内部就日本核污水排海、深海采矿等重要议题难以形成统一立场,区域一体化仍面临艰难挑战。

关键词: 大洋洲 经济发展 政治形势 外交政策 区域治理

一 大洋洲经济形势分化,主要经济体展现韧性

2023 年大洋洲经济发展形势并不均衡。作为大洋洲地区的主要经济体,澳大利亚和新西兰在高通胀和高利率的持续压力下,经济增长低迷,但没有陷入技术性衰退,展现出较强的韧性。与此同时,经济发展严重依赖单一产业的太平洋岛国由于旅游业的复苏而整体上实现了更快速的经济增长。由于旅游业复苏步调的差异,部分南太平洋岛国的经济增长速度明显快于北太平洋岛国。[1]

澳大利亚和新西兰在 2023 年的经济表现不尽如人意。澳大利亚国内生产总值(GDP)年度增长率连续三年下滑,2023 年仅达 1.5%。[2] 新西兰经济在第一季度和第三季度出现收缩,GDP 年度增长率仅为

---

[1] 太平洋岛国地区包括三大次区域——美拉尼西亚群岛、密克罗尼西亚群岛和波利尼西亚群岛。其中密克罗尼西亚群岛的大部分位于赤道以北,包括马绍尔群岛、关岛、帕劳、密克罗尼西亚联邦等。本报告中的北太平洋岛国指该群岛上位于赤道以北或横跨赤道的独立岛国,包括马绍尔群岛、帕劳、密克罗尼西亚联邦、基里巴斯等。由于地理位置靠近东北亚,上述国家与东北亚国家的经济交往较为密切。相应地,南太平洋岛国指该区域位于赤道以南的独立岛国。

[2] "Australian National Accounts: National Income, Expenditure and Product", Australian Bureau of Statistics, https://www.abs.gov.au/statistics/economy/national-accounts/australian-national-accounts-national-income-expenditure-and-product/dec-2023.

0.6%。① 2023 年内高位运行的通货膨胀率，以及劳动力短缺和供应链不畅导致的产能压力持续给两国经济增长带来下行压力，显著增加民众的整体生活成本，进而降低民众的整体生活水平。统计结果显示，2023 年新西兰的实际家庭可支配收入无变化，而澳大利亚的实际家庭可支配收入下降 1.7%。② 两国央行所采取的加息政策虽有助于抑制通胀，却让房屋持有者和租房者背上了更加沉重的经济负担，致使两国国民的消费行为更趋保守谨慎。2023 年澳新两国消费者信心指数始终处于低迷状态。③

尽管如此，澳新两国经济也展现出一定的韧性。一是失业率始终维持在较低水平。2023 年 12 月，两国的失业率分别为 3.9% 和 4%。④ 二是通胀压力从 2023 年下半年开始渐趋缓解。2023 年澳新两国通货膨胀率下行趋势明显，在当年 12 月，年度通胀率分别降至 4.1% 和 4.7%，但仍明显高于两国央行 2%~3% 和 1%~3% 的目标区间。⑤ 通

---

① "Gross Domestic Product: December 2023 Quarter", Stats NZ, March 21, 2024, https://www.stats.govt.nz/information-releases/gross-domestic-product-december-2023-quarter/.

② "Real Household Discretionary Income, Australia", IBISWorld, August 7, 2024, https://www.ibisworld.com/au/bed/real-household-discretionary-income/34/; "Real Household Discretionary Income, New Zealand", IBISWorld, August 30, 2024, https://www.ibisworld.com/nz/bed/real-household-discretionary-income/30/.

③ "Slight Lift in Sentiment as Consumers Limp towards Year-end", Westpac, December 12, 2023, https://www.westpac.com.au/content/dam/public/wbc/documents/pdf/aw/economics-research/er20231212BullConsumerSentiment.pdf; "ANZ-Roy Morgan Consumer Confidence", ANZ Bank New Zealand, https://www.anz.co.nz/about-us/economic-markets-research/consumer-confidence/.

④ "Labour Force, Australia", Australian Bureau of Statistics, https://www.abs.gov.au/statistics/labour/employment-and-unemployment/labour-force-australia/jan-2024; "Unemployment Rate", Stats NZ, https://www.stats.govt.nz/indicators/unemployment-rate/.

⑤ "Consumer Price Index", Australian Bureau of Statistics, https://www.abs.gov.au/statistics/economy/price-indexes-and-inflation/consumer-price-index-australia/latest-release; "Annual Inflation at 4.7 Percent", Stats NZ, https://www.stats.govt.nz/news/annual-inflation-at-4-7-percent/.

胀压力的缓解在一定程度上得益于两国不断收紧的货币政策。澳新两国在2023年内分别加息5次和3次，将各自的基准利率逐步上调至4.35%和5.5%。[①] 三是对外贸易的增长。澳大利亚在2022～2023财年实现了对外贸易的强劲增长，商品与服务出口额和进口额分别增长约15.8%和约18.4%，达到约6860.41亿澳元和5271.68亿澳元。[②] 新西兰对外贸易增长势头稍逊，当年商品与服务进口额和出口额分别增长约0.06%和约6.27%，达到约1079.4亿新西兰元和954.7亿新西兰元。[③] 四是净移民增长强劲。2023年澳大利亚、新西兰净移民人数分别达到创下和接近历史最高纪录的51.8万人和12.6万人。[④]

太平洋岛国在2023年整体上实现了较快的经济增长。虽然经济增长率同比有所下降，但是该地区当年经济增长率预计仍将达到3.5%。[⑤] 这主要得益于旅游业的整体复苏和基础设施投资。据联合国世界旅游组织的统计，2023年大洋洲国际入境旅客人数已恢复至2019年的74%。[⑥] 但是，太平洋岛国的经济复苏并不均衡，南北

---

① "Cash Rate Target", Reserve Bank of Australia, https：//www. rba. gov. au/statistics/cash-rate/；"The Official Cash Rate", Reserve Bank of New Zealand, https：//www. rbnz. govt. nz/monetary-policy/about-monetary-policy/the-official-cash-rate.

② "International Trade：Supplementary Information, Financial Year", Australian Bureau of Statistics, https：//www. abs. gov. au/statistics/economy/international - trade/international-trade-supplemen tary-information-financial-year/2022-23.

③ "New Zealand International Trade", Stats NZ, https：//statisticsnz. shinyapps. io/trade_dashboard/.

④ "Overseas Migration", Australian Bureau of Statistics, https：//www. abs. gov. au/statistics/people/population/overseas-migration/latest-release；"Net Migration Remains Near Record Level", Stats NZ, https：//www. stats. govt. nz/news/net-migration-remains-near-record-level/.

⑤ *Asian Development Outlook December 2023*, Manila：Asian Development Bank, 2023, p. 10.

⑥ *UNWTO World Tourism Barometer*, Vol. 22, Issue 1, 2024, p. 10, https：//webunwto. s3. eu-west-1. amazonaws. com/s3fs-public/2024-01/UNWTO_ Barom24_ 01_ January_ Excerpt. pdf？VersionId=IWu1BaPwtlJt66kRIw9WxM9L. y7h5. dl.

"温差"较为明显。南太平洋岛国的主要旅游客源市场是澳大利亚和新西兰。由于新冠大流行相关限制解除较早，澳新两国强劲复苏的出境游助力南太平洋岛国在 2023 年经济持续恢复，斐济、库克群岛、萨摩亚的旅游业表现强劲，全年接待旅客人数已经接近甚至超过 2019 年的规模，① 推动这些国家获得亮眼的经济增长率。② 北太平洋岛国的主要旅游客源市场包含中国、日本、韩国等东北亚国家。这些主要亚洲市场较为缓慢的出境游恢复速度是造成北太平洋岛国经济增长率相对较低的主要因素之一。

值得注意的是，太平洋岛国的经济发展受制于高通胀、高政府债务和自然灾害三大因素。太平洋岛国 2023 年的整体通胀率同比有所下降，但仍然维持在较高水平，萨摩亚、汤加、库克群岛和巴布亚新几内亚等国超过了 5%。③ 该地区通胀率居高不下有多方面的原因：一是全球大宗商品价格高企使得主要生活物资和燃料严重依赖外部进口的太平洋岛国地区输入性通胀率居高不下；二是自然灾害造成部分国家物资供应紧张；三是旅游业和建筑业等部门复苏及劳动力因季节性工作而跨境转移等造成严重人力短缺。虽然太平洋岛国地区的各国政府采取了免除进口关税、提供燃料补贴、降低必需品增值税税率等多种措施减轻通胀造成的消极影响，但是太平洋岛国民众生活成本高企的问题仍未得

① "Visitors Arrivals 2023", Tourism Fiji, https：//corporate. fiji. travel/statistics-and-insights/visitors-arrival；"Cook Islands Balances Tourism Growth with Sustainability", Cook Islands News, March 2, 2024, https：//www. cookislandsnews. com/internal/national/economy/travel/business/cook‐islands‐balances‐tourism‐growth‐with‐sustainability/；"Visitor Earnings and Remittances Report December 2023", Central Bank of Samoa, https：//www. cbs. gov. ws/assets/Uploads/Visitor‐Earnings‐and‐Remittances‐December‐2023. pdf.

② *Pacific Economic Monitor*（*December 2023*）, Manila：Asian Development Bank, 2023, p. 3.

③ *Pacific Economic Monitor*（*December 2023*）, Manila：Asian Development Bank, 2023, p. 3.

到有效解决。同时，基里巴斯、马绍尔群岛、密克罗尼西亚联邦、萨摩亚、汤加和图瓦卢等太平洋岛国还面临较大的债务压力。这在很大程度上是由上述国家在新冠大流行期间为紧急应对疫情和其他自然灾害的冲击而实施扩张性的财政和货币政策导致的。① 由于太平洋岛国独特的地理特征和面对气候变化时的脆弱性，自然灾害也在 2023 年给部分域内国家的经济发展造成重大影响。2023 年瓦努阿图连续遭遇地震和多场强飓风袭击，这给当地基础设施和粮食供应带来巨大冲击。②

2021~2023 年部分大洋洲国家宏观经济指标见表 1。

表 1　2021~2023 年部分大洋洲国家宏观经济指标

单位：%

	GDP 实际增长率			居民消费价格指数			经常账户差额		
	2021 年	2022 年	2023 年	2021 年	2022 年	2023 年	2021 年	2022 年	2023 年
澳大利亚	5.2	3.7	1.8	2.8	6.6	5.8	3.0	1.1	0.6
新西兰	6.1	2.7	1.1	3.9	7.2	4.9	-6.0	-9.0	-7.9
斐济	-4.9	20.0	7.5	0.2	4.3	3.0	-15.9	-17.3	-10.9
基里巴斯	7.9	1.2	2.6	2.1	5.3	9.0	8.9	-4.1	9.0
马绍尔群岛	1.0	-4.5	3.0	2.2	3.2	5.2	22.6	8.2	3.8
密克罗尼西亚联邦	-2.2	-0.6	2.6	1.8	5.0	5.3	4.0	8.7	1.9
瑙鲁	2.9	1.9	0.5	2.0	4.8	6.1	4.6	-0.5	5.8
帕劳	-13.4	-2.0	0.8	-0.5	13.2	12.5	-43.3	-54.7	-57.3
巴布亚新几内亚	0.1	4.3	3.0	4.5	5.3	5.0	12.6	27.9	15.9
萨摩亚	-7.1	-5.3	8.0	-3.0	8.7	12.0	-14.5	-11.3	-3.3
所罗门群岛	-0.6	-4.1	2.5	-0.1	5.5	4.9	-5.1	-12.1	-11.3

---

① *Raising Pasifika：Strengthening Government Finances to Enhance Human Capital in the Pacific*，Washington，D. C.：World Bank，2023，pp. 7-8.

② "Vanuatu：Tropical Cyclone Judy and Tropical Cyclone Kevin：Situation Report No. 4（As of 22 March 2023）"，United Nations Office for the Coordination of Humanitarian Affairs（OCHA），March 22，2023，https：//www.unocha.org/publications/report/vanuatu/vanuatu-tropical-cyclone-judy-and-tropical-cyclone-kevin-situation-report-no-4-22-march-2023.

	GDP 实际增长率			居民消费价格指数			经常账户差额		
	2021 年	2022 年	2023 年	2021 年	2022 年	2023 年	2021 年	2022 年	2023 年
汤加	-2.7	-2.0	2.6	1.4	8.5	10.2	-5.2	-6.3	-7.9
图瓦卢	1.8	0.7	3.9	6.2	11.5	6.2	24.1	4.6	2.2
瓦努阿图	0.6	1.9	1.5	2.3	7.0	9.3	0.8	-4.2	-4.1

注：2023 年各项数据为国际货币基金组织预测数据；经常账户差额以占 GDP 的百分比表示。

资料来源：*World Economic Outlook*, *October 2023*: *Navigating Global Divergences*, Washington, D. C.: International Monetary Fund, 2023, Statistical Appendix, https://www.imf.org/en/Publications/WEO/Issues/2023/10/10/world-economic-outlook-october-2023。

二　大洋洲国家政治形势总体稳定，多国顺利完成权力更替

2023 年大洋洲国家政局总体稳定，多国顺利举行大选和全民公投。但新冠疫情带来的经济和民生问题"后遗症"仍然困扰着大洋洲国家。民众在高通胀、高物价、生活水平下降等议题上持续积累的不满情绪最终在部分国家引发民众对变革的渴望，新西兰、马绍尔群岛、瓦努阿图、瑙鲁等国政权发生更替。

一方面，澳大利亚年内政治形势稳定，工党政府在地方选举和兑现竞选承诺方面都取得不少积极成果。2023 年 3 月，在新南威尔士州地方选举中，工党领袖克里斯·明斯（Chris Minns）当选州长，这是 2011 年以来工党首次在新南威尔士州执政。[1] 4 月，工党候选人玛丽·多伊尔（Mary Doyle）在阿斯顿选区国会议员补选中胜利，这

---

[1]　Greta Stonehouse, "Chris Minns Voted NSW Premier as Labor Beats Coalition to Win State Election", ABC News, March 25, 2023, https://www.abc.net.au/news/2023-03-25/nsw-election-labor-predicted-to-beat-coalition/102145470.

是自 1920 年以来执政党首次在联邦补选中从反对派手中赢得席位。① 5 月，澳大利亚政府宣布该国实现 15 年来首次年度政府预算盈余。②

与此同时，工党政府兑现了部分重要的竞选承诺。一是国家反腐败委员会（National Anti-Corruption Commission）的成立。2022 年11 月，在工党的推动下，澳大利亚国会通过《2022 年国家反腐败委员会法案》，为建立打击公共服务部门公职人员腐败行为的独立联邦政府机构铺平了道路。③ 2023 年 7 月，国家反腐败委员会正式成立。④

二是澳大利亚住房未来基金（Housing Australia Future Fund）的启动。2023 年 9 月，工党力推的《澳大利亚住房未来基金法案》通过，联邦政府将根据该法案在未来五年内投资 100 亿澳元用于新建 30000 套经济适用房，还将向偏远的原住民社区、家庭暴力受害者、面临无家可归风险的老年妇女和澳大利亚国防军退伍军人提供住房支援。⑤ 澳

---

① Andi Yu, "Labor's Mary Doyle Snatches Historic Victory in Aston By-Election in Melbourne's Outer East", ABC News, April 1, 2023, https：//www. abc. net. au/news/2023-04-01/byelection-result-aston-melbourne-labor-win/102157990.

② Rod Mcguirk, "Australia Forecasts First Annual Budget Surplus in 15 Years", The Associated Press, May 9, 2023, https：//apnews. com/article/australia-budget-surplus-c3ae4deb7d5b2164cb7e242958d4451f.

③ Paul Karp, " 'NACCFlip'：National Anti-Corruption Commission Bill Passes Senate after Greens Backdown", *The Guardian*, November 29, 2022, https：//www. theguardian. com/australia-news/2022/nov/29/naccflip-greens-back-down-on-threat-to-block-national-anti-corruption-commission-bill.

④ Matthew Doran, "The National Anti-Corruption Commission Officially Takes Force—But How Will It Work?", ABC News, July 1, 2023, https：//www. abc. net. au/news/2023-07-01/national-anti-corruption-commission-gets-underway/102543658.

⑤ Stephanie Borys, "Government's $ 10bn Housing Australia Future Fund Passes Parliament", ABC News, September 13, 2023, https：//www. abc. net. au/news/2023-09-14/housing-australia-future-fund-passes-parliament/102844098.

大利亚住房未来基金在当年 11 月正式启动。①

三是气候和能源政策的调整。阿尔巴尼斯在就任总理后旋即调整了莫里森政府的气候和能源政策。这一政策转向在 2023 年取得了一系列新进展。第一，强化政府对碳排放管控的《保障机制（信用）2023 年修正法案》[Safeguard Mechanism（Crediting）Amendment Bill 2023] 于当年 3 月正式通过；第二，当年 5 月，政府宣布投入超 20 亿澳元启动"氢能领先计划"（Hydrogen Headstart）；第三，当年 10 月，政府宣布重新加入联合国绿色气候基金（UN Green Climate Fund）。②

另一方面，工党执政连遭挫折，执政"蜜月期"似乎已经结束。除了居高不下的通胀率带来民众生活成本普遍增加等重要经济议题外，工党政府还在原住民和边境安全议题上备受批评。

首先，工党推动的"原住民之声"修宪公投惨败。原住民议题是近年来澳大利亚政治攻防的核心议题之一，工党对提升原住民地位、保障原住民权益持进步立场。2022 年 5 月，阿尔巴尼斯在联邦大选中胜出的当晚就承诺将举行修宪公投，从而在宪法中加入条款，以承认原住民和托雷斯海峡岛民为澳大利亚的原住民族，并建立一个

---

① "Housing Australia Future Fund", Australian Department of Finance, https://www.finance.gov.au/government/australian-government-investment-funds/housing-australia-future-fund.

② Frances Vinall, "Australia Ends 'Wasted Decade' with Emissions Reduction Law, Leader Says", *The Washington Post*, March 30, 2023, https://www.washingtonpost.com/world/2023/03/30/australia-climate-bill-safeguard-mechanism/; "Australia's Big Hydrogen Push Could Catalyse Industry, Experts Say", Reuters, May 10, 2023, https://www.reuters.com/business/energy/australias-big-hydrogen-push-could-catalyse-industry-experts-say-2023-05-10/; Matthew Knott, "Australia Rejoins Global Climate Fund, Reversing Morrison Decision", *The Sydney Morning Herald*, October 5, 2023, https://www.smh.com.au/politics/federal/australia-rejoins-global-climate-fund-reversing-morrison-decision-20231005-p5e9xh.html.

能针对原住民相关议题提供咨询的官方机构"原住民之声"。① 2023年10月，该公投正式举行，这是自1999年以来澳大利亚的首次公投。公投结果宣告修宪提案惨败，不仅60.1%的选民投票反对，而且在澳大利亚的六州两领地中，仅首都领地以61.3%的比例成为唯一投赞成票的选民居多数的行政区。②

其次，工党在包括非法移民在内的边境安全议题上应对失措。2023年11月，澳大利亚高等法院做出裁决，判定政府无限期拘留非法移民违宪，149名非法移民随即被直接释放。③ 这在澳大利亚社会中引起轩然大波，反对党攻击工党政府对法院判决毫无预判，没有进行相应的政策配套准备工作。接连爆出的被释放非法移民的犯罪事件进一步加剧了澳社会对工党政府的质疑。④ 受负面舆情影响，工党政府支持率自2023年初以来一路下滑。2024年2月，澳大利亚调查机构Resolve的民调结果显示，尽管总理阿尔巴尼斯仍以39%的支持率领先于反对党领袖彼得·达顿（Peter Dutton，32%），但是反对党联盟党（自由党和国家党的联盟）的支持率自2022年联邦大选以来首次领先工党。⑤ 2024年工党执政面临更严峻的民意考验。

---

① "Read Incoming Prime Minister Anthony Albanese's Full Speech after Labor Wins Federal Election", ABC News, May 21, 2022, https://indiginhabc.net.au/news/2022-05-22/anthony-albanese-acceptance-speech-full-transcript/101088736.

② "Indigenous Voice to Parliament Referendum", ABC News, November 1, 2023, https://www.abc.net.au/news/voice-to-parliament-referendum.

③ Annabel Hennessy, "Landmark Australian Ruling Rejects Indefinite Immigration Detention", Human Rights Watch, November 9, 2023, https://www.hrw.org/news/2023/11/09/landmark-australian-ruling-rejects-indefinite-immigration-detention.

④ Paul Karp, "Hundreds More Immigration Detainees Could Be Released in Sequel to NZYQ High Court Ruling", *The Guardian*, February 15, 2024, https://www.theguardian.com/australia-news/2024/feb/16/australia-indefinite-immigration-detention-high-court-ruling-detainees.

⑤ "The Resolve Political Monitor", *The Sydney Morning Herald*, February 25, 2024, https://www.smh.com.au/national/resolve-political-monitor-20210322-p57cvx.html.

　　2023年是新西兰大选年，其政局在年内经历了戏剧性变化。2023年初，时任总理杰辛达·阿德恩（Jacinda Ardern）突然宣布辞职。① 随后，工党迅速推选曾在阿德恩内阁中担任过教育部长、警察部长、公共服务部长及众议院领袖等重要职位的克里斯·希普金斯（Chris Hipkins）出任总理。希普金斯曾因在应对新冠疫情时的出色表现赢得了"救火队长"的美誉，其内阁面临的最大考验是挽救工党不断下滑的支持率，从而赢得全国大选。然而，新内阁成立伊始，由极端暴风雨引发的大规模洪水便袭击了新西兰最大城市奥克兰，工党执政能力遭遇考验。② 更为重要的是，尽管希普金斯上台之初就宣布将降低民众生活成本作为执政重点，但是持续的高物价、住房危机等民生问题，工党内阁保守的应对措施以及工党成员接连爆出丑闻，持续侵蚀新西兰民众对工党的信心。工党随后在10月全国大选中惨败，中右翼政党国家党成为议会最大党。值得注意的是，这次大选中，小党表现亮眼，行动党、绿党和毛利党席位增加，优先党重返议会，新西兰政治多元化的趋势得到强化。"新晋网红"国家党党魁克里斯托弗·拉克森（Christopher Luxon）于11月24日宣布与行动党和优先党组建联合政府，并于27日就任总理。③ 拉克森承诺新政府将重建国家经济、

<hr>

① Lucy Craymer, "Jacinda Ardern Steps Aside as NZ PM with 'No More in the Tank'", Reuters, January 19, 2023, https：//www. reuters. com/world/asia - pacific/new-zealand-pm-ardern-says-will-not-seek-re-election-2023-01-19/.

② Lucy Caymer, "The Worst of the Rain to Hit New Zealand's Auckland May Have Passed", Reuters, February 1, 2023, https：//www. reuters. com/business/environ ment/new-zealands-auckland-hit-by-more-rain-roads-homes-flooded-2023-01-31/.

③ Eva Corlett and Serena Solomon, "New Zealand Gets Two Deputy PMs after Marathon Coalition Talks", The Guardian, November 24, 2023, https：//www. theguardian. com/world/2023/nov/24/new-zealand - coalition - two - deputy - pms - national - party - act - wintston-peters.

降低生活成本、加强法律和秩序、改善医疗和教育。但是，三党在财政、涉毛利人政策等诸多议题上存在分歧，执政效率和稳定性将经受考验。

2023年太平洋岛国政局总体稳定，多国顺利完成大选或权力更替。2023年3月，密克罗尼西亚联邦举行议会选举。同年5月，该国新议会举行首次常会，选举在3月当选为楚克州议员的韦斯利·西米纳（Wesley W. Simina）为新任总统。① 4月，纽埃举行议会选举，随后现任总理多尔顿·塔格拉吉（Dalton Tagelagi）在新议会的首次常会中成功连任。② 10月，瑙鲁议会通过不信任投票罢免了时任总统拉斯·库恩（Russ Kun），随后戴维·阿迪昂（David Adeang）于当月30日当选为新总统。③ 11月，马绍尔群岛举行大选，支持前总统希尔达·海因（Hilda Heine）的反对势力占据上风。④ 海因随后于2024年1月2日在新议会首次常会中以1票之差击败时任总统戴维·卡布阿（David Kabua），当选为新任总统。⑤

① "Wesley Simina Becomes New President of Micronesia", Radio New Zealand, May 20, 2023, https://www.rnz.co.nz/international/pacific-news/489738/wesley-simina-becomes-new-president-of-micronesia.

② "Dalton Tagelagi Re-Elected Premier of Niue", Radio New Zealand, May 10, 2023, https://www.rnz.co.nz/international/pacific-news/489641/dalton-tagelagi-re-elected-premier-of-niue.

③ "David Adeang Elected as New Nauru President", Pacific News Service, October 30, 2023, https://pina.com.fj/2023/10/30/david-adeang-elected-as-new-nauru-president/.

④ Giff Johnson, "Marshall Islands Election Puts Opposition in Driver's Seat", Radio New Zealand, December 15, 2023, https://www.rnz.co.nz/international/pacific-news/504798/marshall-islands-election-puts-opposition-in-driver-s-seat.

⑤ "Hilda Heine Sworn in as President of the Marshall Islands", Radio New Zealand, January 3, 2024, https://www.rnz.co.nz/international/pacific-news/505980/hilda-heine-sworn-in-as-president-of-the-marshall-islands.

三 大洋洲国家力求维持主体性，
区域合作曲折前进

2023 年，大洋洲国家在日益增大的地缘政治和经济压力下探索平衡之道——既要与美国等传统伙伴保持稳健的安全关系，又要务实发展与中国等国的政治经济关系。同时，太平洋岛国区域合作取得一定进展，域内最重要的政府间组织太平洋岛国论坛化解了持续两年有余的分裂危机。然而，域内国家就日本核污水排海、深海采矿等重要区域议题仍难以形成统一立场，区域合作道阻且长。

一是澳大利亚外交在强化美澳同盟的基础上朝更均衡务实的方向调整。从战略来看，对美和对华关系是澳大利亚最重要的两组对外关系。2023 年工党政府审慎地在安全诉求和经济考量间寻求平衡，力图在美澳关系不断强化的前提下实现中澳关系的"稳定化"。

一方面，基于美澳同盟是澳大利亚国防外交基石的朝野共识，工党政府延续前政府强化美澳同盟的势头。2023 年 3 月，美英澳领导人宣布"奥库斯"（AUKUS）第一支柱（美英合作帮助澳大利亚装备核潜艇）的实施方案。方案采取"三步走"规划：第一步是，从 2027 年起，美英两国将在澳大利亚珀斯（Perth）部署少量核潜艇；第二步是，澳大利亚在 21 世纪 30 年代初期购买多达五艘美国"弗吉尼亚"级核潜艇；第三步是，在 2040~2050 年，AUKUS 级核潜艇（SSN-AUKUS）将分别在英澳建造，成为两国主力核潜艇。[①] 2023 年 8 月，澳大利亚宣布将从美国订购 200 多枚"战斧"巡航导弹，旨在强化

---

① Kathryn Armstrong, Frances Mao and Tom Housden, "AUKUS Deal: US, UK and Australia Agree On Nuclear Submarine Project", BBC News, March 13, 2023, https://www.bbc.com/news/world-australia-64945819.

远程打击能力，以此增强威慑力。① 10 月，阿尔巴尼斯访美，美澳宣布建立"创新联盟"，致力于在关键和新兴技术方面拓展合作空间。②

另一方面，工党政府以务实态度继续调整对华政策，中澳关系趋于稳定。中澳关系回暖主要体现在三方面。其一，高层交往常态化。2023 年 9 月，两国总理在印尼雅加达举行会晤。同月，中澳高级别对话第七次会议在北京成功举办。③ 11 月，阿尔巴尼斯总理访华，这是澳大利亚总理七年来首次访华。④ 此外，中澳外长在双边和多边场合举行多次会晤。其二，贸易争端趋于缓解。来自澳大利亚的煤炭、原木、大麦、干草等产品重返中国市场，中国企业在达尔文港的商业租约再次通过澳方评估，两国就妥善解决澳葡萄酒输华、中国风塔等产品输澳等贸易争端达成原则共识。其三，人文交流复苏。2023 年中国依然是澳最大的海外留学生来源地。截至当年 9 月，在澳本土登记入学的中国留学生人数较 2022 年同期上涨 5%。⑤ 此外，截至 2024

---

① Renju Jose, "Australia to Buy U. S. Tomahawk Missiles to Boost Long-Range Strike Capability", Reuters, August 20, 2023, https：//www. reuters. com/business/aerospace-defense/australia-buy-us-tomahawk-missiles-boost-long-range-strike-capability-2023-08-21/.

② "United States-Australia Joint Leaders' Statement Building an Innovation Alliance", The White House, October 25, 2023, https：//www. whitehouse. gov/briefing-room/statements - releases/2023/10/25/united - states - australia - joint - leaders - statementbuilding-an-innovation-alliance/.

③ Joe Cash, "China, Australia Hold First High-Level Dialogue in Three Years in Beijing", Reuters, September 7, 2023, https：//www. reuters. com/world/china-australia-hold-first-high-level-dialogue-three-years-beijing-2023-09-07/.

④ Katharine Murphy, "Albanese China Trip: PM Meets Xi Jinping in Beijing and Hails Diplomatic Thaw", The Guardian, November 6, 2023, https：//www. theguardian. com/australia - news/2023/nov/06/albanese - china - visit - xi - jinping - trust - china-australia-relationship.

⑤ Xu Keyue, "Chinese Students, Tourists Expected to Make Strong Rebound in Australia after Ties Eased", The Global Times, November 23, 2023, https：//www. globaltimes. cn/page/202311/1302373. shtml.

年2月，中澳航班数量已恢复至2019年同期的81%。^①

除此之外，澳大利亚继续强化与周边国家的关系。一方面，澳大利亚持续扩大和深化与印度、日本、菲律宾等"印太"地区关键国家的合作。2022年12月，《澳大利亚-印度经济合作与贸易协定》正式生效，将大幅削减两国商品贸易关税，澳印自由贸易协定谈判也于2023年重启。^② 2023年5月，印度总理莫迪访澳，这是10年来印度总理首次访澳，反映出澳印双边关系不断升温。^③ 阿尔巴尼斯也于3月和9月两次访问印度。在对日关系方面，日澳《互惠准入协定》于2023年8月正式生效，两国F-35战机随后在日澳两国基地开展联合训练。这不仅实现了二战结束以来日本战机的首次海外部署，也是澳军F-35战机首次出现在日本本土。^④ 12月，澳大利亚首次参加由日本陆上自卫队与美国陆军自1982年以来持续举行的、代号"山樱"的联合指挥所演习。^⑤ 澳菲关系的进展也引起有关国家的关注。

---

① Tu Lei, "Mainland Airlines Add Flights to Australia amid Festival Travel Peak", *The Global Times*, February 7, 2024, https://www.globaltimes.cn/page/202402/130 6878. shtml.

② "India, Australia Free Trade Pact Talks in June, July: FS Vinay Kwatra", *The Economic Times*, May 24, 2023, https://economictimes.indiatimes.com/news/economy/foreign-trade/india-australia-free-trade-pact-talks-in-june-july-fs-vinay-kwatra/articleshow/100473779. cms? from=mdr.

③ Rick Rycroft and Rod McGuirk, "Indian Prime Minister Modi Strikes New Agreements on Migration and Green Hydrogen in Australia", The Associated Press, May 24, 2023, https://apnews.com/article/australia-india-modi-albanese-agreements-3b70959f01502aecb56897161d297237.

④ "Japanese F-35 Jets Visit Australia in First Deployment Abroad", *Japan Times*, August 28, 2023, https://www.japantimes.co.jp/news/2023/08/28/japan/asdf-f35-arrive-australia/.

⑤ "First Time Participation in Japan-US Exercise", Australian Department of Defence, December 4, 2023, https://www.defence.gov.au/news-events/releases/2023-12-04/first-time-participation-japan-us-exercise.

9月，澳菲宣布将两国关系提升为战略伙伴关系。① 11月，澳菲在南海进行首次联合海空巡逻。②

另一方面，澳大利亚着力强化对太平洋岛国的传统影响力。2023年5月，澳宣布将在未来五年内投入19亿澳元，以增进与太平洋岛国合作，其中14亿澳元将在未来四年内用于拓展与太平洋岛国在国防安全设施和刑事司法方面的合作。③ 11月，澳大利亚与图瓦卢签署气候和安全协议，为后者提供"气候庇护"（为图居民提供特殊签证，使其能够在澳工作、生活和学习，以应对气候变化的影响），同时澳获得否决图瓦卢与任何其他国家签署的防务协议的权利。④ 12月，澳大利亚与巴布亚新几内亚签署安全协议，澳将在治安、国防和司法等领域提供更多援助来强化巴布亚新几内亚的内部安全。⑤

二是新西兰战略认知转向悲观，但政府仍坚持独立平衡的对外

① Karen Lema, "Australia, Philippines Upgrade Ties to Strategic Partnership", Reuters, September 8, 2023, https：//www. reuters. com/world/australia－pm－says－new－strategic－partnership－strengthen－ties－with－philippines－2023－09－08/.

② "Philippines, Australia Start Sea, Air Patrols in South China Sea", Reuters, November 25, 2023, https：//www. reuters. com/world/asia－pacific/philippines－australia－start－sea－air－patrols－south－china－sea－2023－11－25/.

③ Daniel Hurst, "ADF to Expand Pacific Links in $1. 9bn Budget Package to Boost Australia's Influence", *The Guardian*, May 9, 2023, https：//www. theguardian. com/australia－news/2023/may/10/adf－to－expand－pacific－links－in－19bn－budget－package－to－boost－australias－influence.

④ Rafqa Touma, "Tuvalu to Revisit Deal that Gives Australia Control of Island Nation's Security Agreements", *The Guardian*, February 28, 2024, https：//www. theguard ian. com/world/2024/feb/28/tuvalu－to－revisit－deal－that－gives－australia－control－of－island－nations－security－agreements.

⑤ Kirsty Needham and Peter Hobson, "Australia, Papua New Guinea Sign Security Agreement, Hail Close Ties", Reuters, December 7, 2023, https：//www. reuters. com/world/asia－pacific/australia－signs－security－agreement－with－papua－new－guinea－2023－12－07/.

政策。新西兰政府在 2023 年发布多份重量级的战略和安全文件，包括该国首份《国家安全战略》，以及《战略外交政策评估 2023》《国防政策战略声明 2023》《未来军事力量设计原则 2023》等。这些权威文件普遍认为由于当前国际秩序受到侵蚀和大国战略竞争加剧，该国所处的战略环境正日益恶化。新西兰为此需要增加对国防力量和国家安全体系的投入，有针对性地强化双多边合作，努力维护和加强全球规则和规范体系。值得注意的是，从这些文件中可以看出新西兰虽然仍坚持发展对华关系，但其对华战略疑虑也在加深。

整体上，2023 年的新西兰外交仍维持了相对独立和全面平衡的特点。第一，持续强化同传统西方伙伴的多维合作。继新西兰与英国的自由贸易协定于 2023 年 5 月生效后，新西兰与欧盟在同年 7 月签署自由贸易协定。① 11 月，包括新西兰在内的"印太经济框架"成员国签署《供应链弹性协议》，该协议按规定于 2024 年 2 月生效。② 同时，新西兰对强化与西方国家的安全合作表现出更强烈的意愿。新任总理拉克森已明确表达了对加入"奥库斯"第二支柱（合作开发先进军事技术）的积极意愿。③ 此外，在网络安全、俄乌冲突和反对外国干涉等安全议题上，新西兰也与美、英、澳等西方国家保

---

① Lucy Craymer, "New Zealand, EU Ink Trade Deal That Likely Goes into Effect in 2024", Reuters, July 9, 2023, https：//www. reuters. com/business/new-zealand-eu-ink-trade-deal-that-likely-goes-into-effect-2024-2023-07-09/.

② "U. S. -led Indo-Pacific Deal on Supply Chain Resilience Takes Effect", *Kyodo News*, February 24, 2024, https：//english. kyodonews. net/news/2024/02/c71d7989fdbc-us-led-indo-pacific-deal-on-supply-chain-resilience-takes-effect. html.

③ Renju Jose and Lucy Craymer, "New Zealand to Explore AUKUS Benefits, Boost Security Ties with Australia", Reuters, December 19, 2023, https：//www. reuters. com/world/asia-pacific/new-zealands-luxon-talk-defence-economy-australia-2023-12-19/.

持密切协调。① 第二，深化与周边国家的关系。太平洋岛国延续了在新西兰周边外交中的核心地位。新西兰在 2022~2023 财年将官方对外援助的 61% 投向太平洋岛国，年度援助金额达到创历史新高的 5.922 亿新西兰元。② 4 月，时任副总理卡梅尔·塞普洛尼（Carmel Sepuloni）访问所罗门群岛、斐济和汤加，这是自新冠疫情发生以来新西兰高层首次对太平洋岛国进行区域访问。③ 6 月，新西兰与斐济签署防务协议，将加强在军事训练、海上安全、应对自然灾害与强化人道主义救援上的合作。④ 第三，务实地发展同包括中国在内的其他国家的关系。希普金斯内阁继续将发展对华关系作为对外关系的优先

① "New Zealand Joins the US and the UK in Alleging It Was Targeted by China-Backed Cyberespionage", The Associated Press, May 26, 2024, https://apnews.com/article/new-zealand-china-cyber-security-hacking-e0515ff0b4218b077d62de401f23b5b1; "Government Increases Support for Ukraine, Extends NZDF Deployment", Radio New Zealand, February 22, 2024, https://www.rnz.co.nz/news/political/509859/government-increases-support-for-ukraine-extends-nzdf-deployment; Tess McClure, "New Zealand Intelligence Report Accuses China of 'Foreign Interference'", The Guardian, August 11, 2023, https://www.theguardian.com/world/2023/aug/11/new-zealand-intelligence-report-accuses-china-of-foreign-interference.

② New Zealand Ministry of Foreign Affairs and Trade, Minister of Foreign Affairs' Report on the International Development Cooperation Non-Departmental Appropriation within Vote Foreign Affairs 2022 - 23, 2023, p. 3, https://www.mfat.govt.nz/assets/Aid-Prog-docs/Policy/Minister-of-Foreign-Affairs-report-on-the-International-Development-Cooperation-2022-23.pdf.

③ "First Mission to the Pacific Since Covid-19 to Be Led by Deputy Prime Minister Carmel Sepuloni", Radio New Zealand, April 15, 2023, https://www.rnz.co.nz/news/political/488031/first-mission-to-the-pacific-since-covid-19-to-be-led-by-deputy-prime-minister-carmel-sepuloni.

④ "New Zealand, Fiji Sign Agreement to Boost Defence Ties", Reuters, June 12, 2023, https://www.reuters.com/world/asia-pacific/new-zealand-fiji-sign-agreement-boost-defence-ties-2023-06-14/.

方向之一，并于 2023 年 6 月率庞大的经贸代表团访华。① 8 月，新西兰与澳大利亚、东盟签署升级版自由贸易协定。② 年末，新任总理拉克森表示将力争与印度在三年内达成自由贸易协定。③

三是太平洋岛国勉力在大国博弈中维持主体性，环境议题主导地区政治议程。随着地缘政治竞争加剧，太平洋岛国 2023 年在全面均衡地发展与域内外大国的关系、将大国博弈转化为自主发展契机上面临更大考验。

一方面，在美、日、法等大国的大量资源揾注之下，太平洋岛国与上述国家的关系有所发展。2023 年 2 月和 5 月，美国分别重启和开设驻所罗门群岛和驻汤加大使馆。5 月，美国和巴布亚新几内亚签署《防务合作协议》，美军获准在巴新 6 个关键地点驻扎军队和舰机，以进行"共同商定的活动"等。④ 5 月和 10 月，美国分别与帕劳、密克罗尼西亚联邦和马绍尔群岛完成《自由联系协定》（Compact of Free Association）的续签工作，协定于 2024 年 3 月生效。

① Jane Patterson, "Chinese President Xi Jinping Meets PM Chris Hipkins, Says NZ Is 'Friend and Partner'", Radio New Zealand, June 28, 2023, https://www.rnz.co.nz/news/political/492754/chinese-president-xi-jinping-meets-pm-chris-hipkins-says-nz-is-friend-and-partner.

② Ovais Subhani, "ASEAN, Australia and New Zealand's Upgraded FTA Deal to Give Boost to Trade and Investment", *The Strait Times*, August 22, 2023, https://www.straitstimes.com/business/asean-australia-and-new-zealand-s-upgraded-fta-deal-to-give-boost-to-trade-and-investment.

③ Katie Scotcher, "New Zealand to Put 'Every Single Effort' into Getting Free Trade Deal with India", Radio New Zealand, December 4, 2023, https://www.rnz.co.nz/news/political/503855/new-zealand-to-put-every-single-effort-into-getting-free-trade-deal-with-india.

④ Nick Perry, "US Signs New Security Pact with Papua New Guinea Amid Competition with China", The Associated Press, May 22, 2023, https://apnews.com/article/united-states-pacific-security-china-papua-new-guinea-blinken-a4a052e05ff3f03f9e392e66cca74018.

协定规定美国需为上述国家提供经济支持，但也继续确保了美国在这些国家的垄断性军事准入权利。① 10月，美国在斐济举行聚焦网络安全合作及能力建设的首届"太平洋网络能力和协调会议"（Pacific Cyber Capacity and Coordination Conference）。② 随着美国与上述太平洋岛国安全关系的维持或加深，地区军事化势头有所加强。

另一方面，太平洋岛国持续发展与中国、印度、韩国等重要伙伴的关系。2023年5月，莫迪出访巴布亚新几内亚，并与太平洋岛国共同召开第三届印度-太平洋岛国合作论坛峰会，这是印度总理首次访问巴布亚新几内亚，也是印度时隔8年重启与太平洋岛国的峰会。③ 同月，韩国在首尔举办首届韩国-太平洋岛国峰会。④ 7月，所罗门总理梅纳西·索加瓦雷（Manasseh Sogavare）访华，中所关系升级为全面战略伙伴关系，随着两国关系的快速发展，中所两国已成为发展中国家团结合作、互利共赢的典范。⑤

---

① "US Delivers 'Crucial' Compact Deal for Freely Associated States", Radio New Zealand, March 11, 2024, https://www.rnz.co.nz/international/pacific-news/511389/us-delivers-crucial-compact-deal-for-freely-associated-states.

② David Hollingworth, "Inaugural Pacific Cyber Capacity Building and Coordination Conference to Kick off in October", *Cyber Daily*, August 4, 2023, https://www.cyberdaily.au/culture/9395-inaugural-pacific-cyber-capacity-building-and-coordination-conference-to-kick-off-in-october.

③ Kallol Bhattacherjee, "PM Modi Underlines Importance of Free and Open Indo-Pacific at FIPIC Summit in Papua New Guinea", *The Hindu*, May 22, 2023, https://www.thehindu.com/news/national/pm-modi-underlines-importance-of-free-and-open-indo-pacific-at-fipic-summit-in-papua-new-guinea/article66879690.ece.

④ Hyunsu Yim, "South Korea Hosts Its First Summit with Pacific Island Leaders", Reuters, May 29, 2023, https://www.reuters.com/world/asia-pacific/south-korea-hosts-its-first-summit-with-pacific-island-leaders-2023-05-29/.

⑤ "China, Solomon Islands Sign Policing Pact in Upgrade of Ties", Reuters, July 10, 2023, https://www.reuters.com/world/asia-pacific/china-solomon-islands-agree-strategic-partnership-2023-07-10/.

此外，2023年太平洋岛国区域合作在曲折中前进。一方面，区域合作在年内取得部分进展。2月，基里巴斯签署《苏瓦协定》，正式回归太平洋岛国论坛，该组织持续两年有余的分裂危机终于告一段落。① 11月，太平洋岛国论坛领导人会议召开，通过《蓝色太平洋2050年战略》的实施方案。② 另一方面，由于次区域国家间分歧持续等，太平洋岛国在部分重大地区环境议题上难以形成统一立场。这突出表现在地区国家对日本核污水排海的反应上。③ 自2023年8月日本启动核污水排海计划以来，太平洋岛国论坛成员国始终无法就此形成共同立场，也迟迟未发表联合声明。直到11月的该论坛年度领导人会议上，与会国领导人才发表联合声明，对日本核污水排海表达"强烈担忧"，但声明同时指出在此议题上各国"拥有分别决定各自立场的主权"，顾及了支持排海的国家的立场。④在深海采矿问题上，资源禀赋不同的太平洋岛国间的意见分裂同样明显。库克群岛、瑙鲁等国将深海采矿视为经济发展多元化的重要路径之一，希望尽快推进具有商业性质的深海采矿业的发展。而斐

① "Statement: Forum SG on the Kiribati Announcement of Return to the Pacific Islands Forum", Pacific Island Forum, February 2, 2023, https://forumsec.org/publications/statement-forum-sg-kiribati-announcement-return-pacific-islands-forum.

② *Forum Communiqué*, Pacific Islands Forum, https://forumsec.org/sites/default/files/2024 - 03/52nd% 20Pacific% 20Islands% 20Forum% 20Communique% 2020 231109. pdf.

③ Lydia Lewis, "Pacific Leaders Split over Fukushima Nuclear Wastewater Release", Radio New Zealand, August 24, 2023, https://www.rnz.co.nz/international/pacific-news/496471/pacific-leaders-split-over-fukushima-nuclear-wastewater-release.

④ Pita Ligaiula, "Forum Leaders Express Concern over Japan's Nuke Waste Water Release", Pacific News Service, November 13, 2023, https://pina.com.fj/2023/11/13/forum-leaders-express-concern-over-japans-nuke-waster-water-release/.

济、帕劳、萨摩亚等国则对此明确反对，呼吁全面暂停深海采矿。①

四 展望

未来，不同发展水平和次区域的大洋洲国家的经济表现预计仍将继续分化。高通胀和高物价预计仍将是困扰地区国家经济发展的重大挑战。如果通胀放缓势头延续，澳大利亚和新西兰等地区主要国家预计将相继推出减税和降息政策，这对于增强消费者信心和企业投资动力将有所助益。虽然澳新两国经济增长预计仍将乏力，但是两国应有把握实现经济软着陆。而太平洋岛国经济预计总体仍将保持较高增长，但增速可能有所放缓。同时，由于北太平洋岛国旅游业的全面复苏、国际援助的增加、能源和交通等领域重大基础设施项目的投资建设以及强劲增长的海外侨民汇款，帕劳、所罗门群岛、密克罗尼西亚联邦等国家的经济表现可能将较为亮眼。

未来，大洋洲国家政局预计将保持总体稳定。澳大利亚将相继迎来塔斯马尼亚州、北领地、首都领地和昆士兰州的地方选举，选举结果将成为工党能否在2025年大选中延续执政地位的风向标。2024年，图瓦卢、所罗门群岛和帕劳相继举行大选。费莱蒂·特奥（Feleti Teo）成为图瓦卢新一任总理，杰里迈亚·马内莱（Jeremiah Manele）当选所罗门群岛新一任总理，萨兰格尔·惠普斯（Surangel S. Whipps, Jr.）当选帕劳总统。而巴布亚新几内亚在2024年1月爆发的首都骚乱和随之而来的政治斗争给年内该国社会和政治稳定蒙上

---

① Caleb Fotheringham, "Calls Grow for Moratorium on Seabed Mining", Radio New Zealand, November 6, 2023, https://www.rnz.co.nz/international/pacific-news/501798/calls-grow-for-moratorium-on-seabed-mining.

阴影。

在外交方面，大洋洲国家将继续寻求"左右逢源"之道。随着地缘政治和经济博弈的加剧，大洋洲的战略重要性仍在继续上升。这从太平洋岛国论坛日益扩大的"朋友圈"中可见一斑。截至 2023 年 12 月，该论坛已有 21 个对话伙伴国，还有丹麦、厄瓜多尔、以色列、葡萄牙、沙特阿拉伯和乌克兰 6 个国家正申请成为对话伙伴国。一方面，战略重要性的提升为地区国家带来了新的发展机遇。域内外国家对太平洋岛国的援助力度预计会继续加大，地区国家关于合作应对气候变化和自然灾害等的呼声也会得到一定程度的回应。另一方面，地区军事化风险也在上升。美、澳、新等域内外国家强化区域军事存在，推进军事合作网络化、复合化的动作不会停止，太平洋岛国将继续是其重点拉拢对象。如何全面均衡地发展域内外国家关系，化"左右为难"为"左右逢源"，将持续考验地区国家的战略智慧。

分报告

B.2
2023年澳大利亚政治、外交和经济形势

黄家瑜[*]

摘　要：　2023年是澳大利亚总理阿尔巴尼斯上台执政的第二年，国内外政经形势均出现较显著的变化。一方面，新冠疫情对澳大利亚民众生命健康的威胁已大幅降低，居民生活基本回归正常，对外贸易金额也持续增长，澳赚取了大量外汇；另一方面，国内经济发展受到高通胀率、高失业率与消费者信心不足的冲击，前景堪忧。澳大利亚的外交政策也同样具有两面性。阿尔巴尼斯积极解决中澳间的贸易纠纷，并正式访问中国；而在中澳互动升温的同时，澳大利亚也不忘强化与美国、日本等传统盟友的各项合作，并加大扶持太平洋岛国的力度，试图稳固澳大利亚在"印太地区"的战略地位。

---

* 黄家瑜，澳大利亚新南威尔士大学国际政治学博士，广州南方学院博雅学院副教授，主要研究领域为国际政治、中国外交政策、亚太安全。

关键词： 澳大利亚　外交政策　经贸发展

澳大利亚政府在 2023 年出台了多项重大内政外交政策，涵盖节能减碳、保障原住民权益、建造核潜艇、应对通货膨胀等方面。总的来看，总理阿尔巴尼斯（Anthony Albanese）大幅修正前政府的保守政策，在应对全球变暖与对华关系两个问题上均采取积极正面的态度，不仅明确了减少碳排放的目标、编列大笔预算用于协助太平洋岛国提升应对气候变化的韧性，也基本解决了中澳两国纷扰多年的贸易纠纷，同时完成了睽违 7 年的澳大利亚领导人的访华之旅。此外，澳大利亚与美国的军事合作也有重大突破，两国共同打造更具远程作战能力的部队，美澳同盟也变得更具进攻性。

一　2023年澳大利亚政治形势

（一）新冠疫情威胁大幅降低，疫苗接种成效明显

新冠疫情发生后便迅速蔓延至全球，自 2020 年 1 月出现第一例本土确诊病例后，澳大利亚也不可避免地被新冠疫情席卷，在接下来的三年多里，在健康医疗、社会秩序、经济发展等方面均承受着巨大的压力。

值得庆幸的是，新冠疫情对澳大利亚民众生命健康造成的威胁在 2023 年已显著降低，民众生活基本回归正常。全国每周确诊病例自 2 月起就再也没有超过 5 万例，与 2022 年 1 月每周确诊病例 50 万例的峰值有着十倍以上的差距。[①] 探究其因，除了经过三年多经验的积累，医疗单位对确诊患者的治疗方式大幅改进外，新冠疫苗的普遍接种也

---

① "Australia：WHO Coronavirus (COVID-19) Dashboard", World Health Organization, https：//data. who. int/dashboards/covid19/cases？ m49=036&n=c.

是澳大利亚摆脱疫情阴霾的重要原因。截至2023年初，全国已有超过2000万人接种第一剂新冠疫苗，约1980万人接种第二剂疫苗，皆占符合疫苗接种条件人口的95%以上，接种第三、第四剂疫苗的人数也分别达到1430万人与540万人，而15岁及以下的民众中，也有超过半数接种了至少2剂疫苗（见表1）。① 此外，澳政府也在2023年秋季推出所谓"冬季加强针"的第五剂疫苗计划，将之提供给老人、免疫力低下者、外出工作和旅游者等高风险人群，避免新冠疫情在冬季暴发，成为一种固定的流行性疾病模式。② 多款新研发的新冠疫苗也获得澳大利亚药监局的批准，并被陆续纳入全国疫苗接种计划中。③

表1　澳大利亚民众新冠疫苗接种率

单位：%

	第一剂	第二剂	第三剂	第四剂
16岁以上	97.4	96	72.4	44.4
15岁及以下	60.3	52	—	—

资料来源：澳大利亚卫生和老年护理部，2023年1月。

（二）新节能减排政策陆续出台

澳大利亚是全球人均碳排放量最大的国家之一，尽管澳政府早在

---

① Claudia Williams, "ATAGI Is Considering a Fifth COVID-19 Vaccine Dose, but How Many Boosters Should I Already Have and Who Is Eligible", ABC News, January 19, 2023, https://www.abc.net.au/news/2023-01-19/atagi-considers-fifth-covid-vaccine/101866590.

② "Australia to Expand Rollout of Fifth COVID Vaccine Shot", Reuters, February 8, 2023, https://www.reuters.com/business/healthcare-pharmaceuticals/australia-expand-rollout-fifth-covid-vaccine-shot-2023-02-08/.

③ David Aidone, "The COVID-19 Vaccines Australians Can't Get Yet", SBS News, November 14, 2023, https://www.sbs.com.au/news/article/the-covid-19-vaccines-australians-cant-get-yet/ueac5puue.

2015 年就已签署《巴黎协定》，并承诺到 2030 年，将碳排放量减少至比 2005 年少 26%，然而过去数年在意识形态偏右、保守的自由党-国家党联盟（Liberal-National Coalition）执政之下，相关工作的进展并不理想，前总理莫里森（Soctt Morrison）甚至"大开倒车"，鼓励国内煤炭及油气的生产与出口。① 受到保守政客的影响，澳大利亚一度被认定是全球发达国家中在兑现减排承诺上表现最差的国家。② 莫里森政府的能源政策也引发时任在野党领袖阿尔巴尼斯的不满，身为澳大利亚工党（Australian Labor Party）与左派阵营的重要领导人，阿尔巴尼斯曾多次批评莫里森的能源与环保政策，并主张大规模减少碳排放，把澳大利亚打造成为一个可再生能源的大国，以便更有效地应对全球气候变化，减少其对经济方面可能造成的冲击。③

阿尔巴尼斯在 2022 年 5 月就任总理后便立即宣布新政府将积极兑现选举承诺，预计在 2030 年前，将全国碳排放量在 2005 年的水平上降低 43%，④ 并在法律及政策层面开展具体行动。在法律层面，首先，澳大利亚国会于 2022 年 9 月正式通过了《气候变化法案》，该法案号称是近 20 年来最重大的气候法案，不仅明确了 2050 年实现净

① 王传军：《澳大利亚与〈巴黎协定〉若即若离》，《光明日报》2018 年 12 月 14 日，https：//epaper. gmw. cn/gmrb/html/2018-12/14/nw. D110000gmrb_ 201812 14_ 4-16. htm。

② Emma Brancatisano， "Australia Ranked Last among Developed Nations on Climate Performance and Pledges"， SBS News， February 22， 2022， https：//www. sbs. com. au/news/article/australia-ranked-last-among-developed-nations-on-climate-performance-and-pledges/e275lyf2x.

③ Katharine Murphy， "Anthony Albanese Commits Labor to Emissions Reduction Target of 43% by 2030"， The Guardian， December 3， 2021， https：//www. theguardian. com/australia-news/2021/dec/03/anthony-albanese-commits-labor-to-emissions-reduction-target-of-43-by-2030.

④ 李丽：《新政府上台，气候行动"落后者"澳大利亚提高 2030 减排目标至 43%》，观察者网，2022 年 6 月 16 日，https：//www. guancha. cn/internation/2022_ 06_ 16_ 644924. shtml。

零排放的最终理想，也为日后相关减排政策提供了法律基础。① 其次，《保障机制（信用）2023 年修正法案》在 2023 年 3 月通过，该法案能增强政府管控碳排放的效力，使政府有效应对气候变化带来的挑战。② 在政策层面，澳大利亚可再生能源署（ARENA）于 2023 年 5 月宣布投入超 20 亿澳元启动"氢能领先计划"（Hydrogen Headstart），旨在挖掘大型可再生能源制氢设施的潜力，以减少碳排放。该计划将在 2024 年正式启动，并已获得 420 万澳元的先期拨款，用于研究气候变化、节能减排、环境保护等相关项目。③ 此外，澳大利亚外交部也于 2023 年 10 月正式宣布重新加入联合国绿色气候基金（UN Green Climate Fund），推翻前政府在 2018 年"退群"的决定，重塑澳大利亚的国际形象。④

（三）"原住民议会之声"公民投票失败

如何保障与提升原住民的基本权益是 2023 年澳大利亚国内政坛最重要的攻防议题之一。自 1788 年英国开始在澳大利亚建立殖民地后，澳大利亚原住民的人口便迅速下降，许多原住民被白人贩卖甚至杀害，其土地也遭掠夺。从 1910 年至 1970 年的 60 年间，在种族同

---

① Phil Tucak，"'Net Zero 2050'Explained：Australia's Long-Term Emissions Reduction Plan"，SBS News，November 7，2023，https：//www.sbs.com.au/language/english/en/podcast-episode/net-zero-2050-explained-australias-long-term-emissions-reduction-plan/d14ob31xo.
② "Safeguard Mechanism（Crediting）Amendment Act 2023"，Australian Federal Register of Legislation，https：//www.legislation.gov.au/Details/C2023A00014.
③ 岳芳：《澳大利亚投入 20.2 亿澳元支持绿色制氢技术》，中国储能网，2023 年 7 月 7 日，https：//www.escn.com.cn/20230707/9867ec8f1a5249c2b6a85688b8bc328d/c.html。
④ Lewis Jackson，"Australia Rejoins UN Climate Fund，to Make Modest Contribution"，Reuters，October 5，2023，https：//www.reuters.com/sustainability/sustainable-finance-reporting/australia-rejoins-un-climate-fund-make-modest-contribution-2023-10-05/.

化政策的影响下，约有 10 万名原住民儿童被迫与家人分离，被带往白人家庭或者收留机构，心理与生理均受到相当大的伤害，成为所谓的"被偷走的一代"（Stolen Generations）。[1] 直到今日，澳大利亚原住民在大多数的社会经济指标中都明显低于全国平均水平，平均预期寿命也比非原住民人口少 8 年。[2] 过去数年间，堪培拉的保守派与自由派政客针对原住民议题展开多次争辩，代表原住民利益的团体不断向政府呼吁提升他们的法律地位，要求宪法明列设立"原住民议会之声"（Indigenous Voice to Parliament）机构的条文，承认澳大利亚的原住民，但遭到当时保守派政府的反对。澳大利亚工党向来对原住民议题采取较支持的态度，时任总理陆克文（Kevin Rudd）在 2008 年正式向"被偷走的一代"致歉。[3] 阿尔巴尼斯上台后便将该议题交付公投，让全国选民决定是否在国会中建立更多保障原住民权益的机制。

"原住民议会之声"公民投票在 2023 年 10 月 14 日举行，投票结果显示，在超过 1500 万名参与投票的选民中，39.94% 的人投了赞成票、60.06% 的人投了反对票（见表 2），该议案遭到否决。[4] 公投失败的原因大致可以归为三点。第一，公投门槛高，通过本来就不容易。澳大利亚公投采取"双重多数"的通过门槛，不仅需要全国大多数选民投赞成票，

---

[1] Lorena Allam and Sarah Collard, "Who Are the Stolen Generations and What Has Happened to Them", *The Guardian*, September 6, 2023, https：//www. theguard ian. com/australia-news/2023/sep/07/who-are-the-stolen-generations-children-years-and-what-has-happened-to-them.

[2] "Aboriginal and Torres Strait Islander People Enjoy Long and Healthy Lives", The Australian Government Productivity Commission, March 31, 2022, https：// www. pc. gov. au/closing-the-gap-data/dashboard/se/outcome-area1.

[3] "Apology to Australia's Indigenous Peoples", Parliament of Australian, February 13, 2008, https：//www. aph. gov. au/Visit_ Parliament/Art/Icons/Apology_ to_ Aus tralias_ Indigenous_ Peoples.

[4] Hannah Ritchie, "The Voice：Australians Vote No in Historic Referendum", BBC News, October 14, 2014, https：//www. bbc. com/news/world-australia-67110193.

也需要大多数州（6个州中至少4个州，北领地和首都领地只计入全国票数）投赞成票，多半选民早已不看好公投结果。事实上，澳大利亚历史上大多数的公民投票都失败了，自1901年以来共有44次以修改宪法为目的的全民公投，其中只有8次获得通过。[①] 第二，许多选民对成立"原住民议会之声"仍有不小疑虑，认为相关机制的具体功能并不明确，其在保障更多原住民利益的同时可能会损及自身权益。第三，执政党对舆论掌控不力，不仅网络公共平台上充满许多种族歧视言论，执政党也无法有效回应反对阵营的各项批评。[②] 公投未获通过是阿尔巴尼斯上台后遭受的一次重大政治失败，选后民调也显示其支持率出现明显下滑，为工党政府日后各项施政蒙上一层阴影。[③]

表2 2023年澳大利亚"原住民议会之声"公民投票结果

单位：张，%

	赞成		反对	
	票数	得票率	票数	得票率
新南威尔士州	2058764	41.04	2957880	58.96
维多利亚州	1846623	45.85	2180851	54.15
昆士兰州	1010416	31.79	2167957	68.21
西澳大利亚州	582077	36.73	1002740	63.27
南澳大利亚州	417745	35.83	748318	64.17
塔斯马尼亚州	152171	41.06	218425	58.94

---

① 《"原住民之声"的前世今生：一文读懂公投的前因后果》，ABC中文网，2023年9月6日，https：//www.abc.net.au/chinese/2023-09-06/everything-you-need-to-know-about-indigenous-voice-to-parliament/102817908。

② Laura Tingle，"The Brutal Truth of the Referendum Result"，ABC News，October 15，2023，https：//www.abc.net.au/news/2023-10-15/referendum-result-yes-campaign-political-inferno/102977030。

③ Dominic Giannini，"Albanese, Labor Take Newspoll Hit after Voice Defeat"，*The Canberra Times*，November 6，2023，https：//www.canberratimes.com.au/story/8412890/albanese-labor-take-newspoll-hit-after-voice-defeat/。

续表

	赞成		反对	
	票数	得票率	票数	得票率
北领地	43076	39. 70	65429	60. 30
首都领地	176022	61. 29	111192	38. 71
全国	6286894	39. 94	9452792	60. 06

资料来源：澳大利亚选举委员会，2023 年 11 月。

二　2023年澳大利亚外交政策的主轴

（一）与美国合作打造更具远程与攻击性的国防武力

强化澳军远程防卫能力是阿尔巴尼斯政府的新战略。澳国防部于 2023 年 4 月公布了最新版国防战略评估报告，其以增强澳大利亚军队的远程威慑能力为核心目的。该报告认为"导弹时代"的到来在很大程度上弱化了澳大利亚的地理优势，因此澳大利亚必须提升陆、海、空军的远程打击能力，加速北部地区军事基地的建设，同时扩大与"印太地区"同盟国家的军事合作。[1] 其中，优化导弹与核动力潜艇等武器平台的部署是与美国合作提升远程攻击能力的重点。首先在导弹方面，华盛顿于 2023 年 3 月批准向澳大利亚出售 200 多枚"战斧"巡航导弹，并在 8 月与堪培拉正式完成价值 8.3 亿美元订单合同的签署。"战斧"巡航导弹的最大射程约为 1500 公里，将部署在澳海军霍巴特（Hobart）级驱逐舰，甚至是未来服役的核潜艇上，可望

---

[1] "Release of the Defence Strategic Review", Australian Department of Defence, April 24, 2023, https：//www. minister. defence. gov. au/media－releases/2023－04－24/release－defence－strategic－review.

大幅提升澳海军的远程攻击能力。① 在核潜艇研发方面，2023 年 3 月，澳、英、美三国领导人在美国圣迭戈举行会晤，三方同意加速"澳英美安全伙伴关系"（AUKUS）的推进，并共同研发新款 AUKUS 级核潜艇（SSN-AUKUS），美国负责关键信息技术的分享，澳英两国负责联合生产与部署。在该型号核潜艇正式服役前，美国将在 21 世纪 30 年代初期先出售最多 5 艘"弗吉尼亚"级（Virginia-class）核潜艇给澳方，以阶段性填补澳海军水下作战能力的空白。②

建造 AUKUS 级核潜艇是近年澳美军事合作的最大亮点，也意味着两国同盟将从防御性同盟转变为进攻性同盟，但澳大利亚国内仍不乏质疑与反对的声音。第一，"AUKUS"协议整体上还是由美国主导，建造潜艇的核心技术同样为美国所垄断，部分澳大利亚政客与学者认为建造 AUKUS 级核潜艇将会扩大澳军对美军的依赖，甚至将使澳大利亚被整合进美国的军工体系，不利于澳大利亚的国防与外交自主。第二，核潜艇项目几乎是一项从零开始的工程，研发、建造、测试等一系列行动所需的经费将十分惊人，据估计，8 艘 AUKUS 级核潜艇将自 2040 年起陆续服役，全部经费将高达 2400 亿美元。③ 然而澳大利亚年度国防预算仅为 300 亿美元左右，核潜艇项目高昂的费用势必影响到其他国防建设项目，一旦研发进度有所拖延，将加重政府

---

① Renju Jose, "Australia to Buy U. S. Tomahawk Missiles to Boost Long-Range Strike Capability", Reuters, August 21, 2023, https://www.reuters.com/business/aerospace-defense/australia-buy-us-tomahawk-missiles-boost-long-range-strike-capability-2023-08-21/.

② "Biden Announces Deal to Sell Nuclear-Powered Submarines to Australia", CBS News, March 13, 2023, https://www.cbsnews.com/news/australia-submarine-deal-biden-san-diego-aukus/.

③ Anna Henderson, "The Cost of the AUKUS Nuclear Submarine Deal Has Been Revealed", SBS News, March 14, 2023, https://www.sbs.com.au/news/article/the-cost-of-the-aukus-nuclear-submarine-deal-has-been-revealed/ezt8260hs.

的财政负担。即便澳大利亚智库洛伊研究所（Lowy Institute）发布的民意调查结果显示，有超过六成澳大利亚民众支持政府建造更多先进的核潜艇，① 但由澳大利亚研究院（Australian Institute）所做的民调研究也指出，约六成受访者反对以加税方式来支付核潜艇项目的费用，不乐见核潜艇项目成为政府的财政黑洞。②

（二）与中国交流升温，贸易争端基本解决

工党在 2022 年重新赢得政权后迅速调整前政府的对华政策，中澳两国在政治、经济、社会文化方面的互动渐趋热络，这势头在进入 2023 年后更为明显，可从政经互动与民间交流两个层面看出来。在高层政治互动层面，2023 年澳大利亚政界人士陆续访问中国，外交部长等部长级官员，以及维多利亚、西澳大利亚、昆士兰三州州长等地方官员相继赴中国访问。更高层的政治互动也不例外，阿尔巴尼斯在 2023 年 9 月召开的雅加达东亚合作领导人系列会议期间与中国国务院总理李强举行会谈，两个月后在北京会晤中国国家主席习近平，这是他上台不到两年内第二次与习近平主席见面。③ 此外，澳大利亚与中国的贸易纠纷也随着政治气氛的回温而化解，澳大利亚煤炭、原木、大麦出口中国的禁令都已基本解除，中澳双方对于如何解决澳大利亚葡萄酒倾销问题也达成共识，该问题有望在 2024 年上半年获得

① "Lowy Institute Poll 2023: Acquiring Nuclear-Powered Submarines", Lowy Institute, June 21, 2023, https://poll.lowyinstitute.org/charts/acquiring-nuclear-powered-submarines/.

② Andrew Tillett, "Voters Say No Tax Hike to Pay for AUKUS Submarines", *Financial Review*, April 4, 2023, https://www.afr.com/politics/federal/voters-say-no-tax-hike-to-pay-for-aukus-submarines-20230404-p5cxxl.

③ Katharine Murphy, "Albanese China Trip: PM Meets Xi Jinping in Beijing and Hails Diplomatic Thaw", *The Guardian*, November 6, 2023, https://www.theguardian.com/australia-news/2023/nov/06/albanese-china-visit-xi-jinping-trust-china-australia-relationship.

最终的解决。①

中澳民间交流也逐步回归正常轨道。随着疫情的缓和与边境管控措施的取消，自 2023 年初起澳大利亚绝大多数的教育单位已经恢复线下授课，要求各国留学生回校上课，中国学生也在返校之列。依据澳教育部门的统计，2023 年第一季度中国学生新签证批准数量为 18785人，较 2019 年同期增长了 43.4%。② 2023 年中国留学生总数达到 16.6万人，占整体留学生人数的 21.2%，与 2022 年同期相比增长了 6.0%（见表 3）。此外，澳大利亚政府在 2023 年 3 月取消了自年初起重新收紧的针对中国入境旅客的新冠检测要求，9 月重新开放中国旅行团的旅游签证办理，赴澳的中国游客数量至 2023 年底已恢复至疫情前的 45%左右，并为澳大利亚带来可观的观光收益。③ 中澳交流的回温也反映在澳大利亚民众对中国的态度上，一项由洛伊研究所在 2023 年6 月进行的民意调查显示，56%的受访者乐见中澳恢复高层政治互动，且视中国为威胁的受访者比例也从 2022 年的 63%降至 52%。虽然澳大利亚民众对中国的态度已改变，但比起 2018 年超过八成的澳大利亚民众视中国为经济伙伴的对中高度正面态度仍有不小差距。④

---

① Sam McKeith, "Australia Confident of End to China Wine Tariffs Early in 2024", Reuters, December 17, 2023, https://www.reuters.com/world/asia-pacific/australia-confident-end-china-wine-tariffs-early-2024-2023-12-17/.

② 齐磊：《〈2023 澳大利亚留学报告〉发布》，中国日报中文网，2023 年 5 月 23 日，http://cn.chinadaily.com.cn/a/202305/13/WS645f6774a310537989373f7d.html。

③ Samuel Yang, "Chinese Visitors to Reach Pre-Pandemic Levels by Year's End as Federal Government Allows Group Travel to Resume", ABC News, September 25, 2023, https://www.abc.net.au/news/2023-09-25/chinese-tourists-return-ads-group-travel-resume/102891772；梁有昶：《专访：期待中国再次成为澳大利亚最大旅游客源市场——访澳旅游局局长哈里森》，新华网，2024 年 2 月 16 日，http://www.news.cn/world/20240216/215ad129d7294d8982d195468ef896a9/c.html。

④ Stephen Dziedzic, "Poll Finds Most Australians Glad Relations with China Thawing", ABC News, June 21, 2023, https://www.abc.net.au/news/2023-06-21/poll-finds-most-australians-glad-relations-with-china-thawing/102490874.

表3 2023年澳大利亚外国留学生人数排名

单位：人，%

排名	国家	人数	占比	年增长率
1	中国	165983	21.2	6.0
2	印度	126442	16.1	27.7
3	尼泊尔	62310	7.9	10.5
4	哥伦比亚	39224	5.0	80.0
5	菲律宾	35447	4.5	99.9
6	越南	32681	4.2	45.6
7	泰国	25758	3.3	38.1
8	巴西	24581	3.1	32.5
9	巴基斯坦	23337	3.0	49.6
10	印度尼西亚	21242	2.7	26.1

资料来源："International Student Numbers by Country, by State and Territory", Australian Department of Education, November 16, 2023, https：//www.education.gov.au/international–education–data–and–research/international–student–numbers–country–state–and–territory。

（三）强化与"印太地区"国家在传统及非传统安全议题上的合作

澳大利亚与印度、日本、菲律宾等国的合作在2023年取得里程碑式进展。首先，澳大利亚与印度在3月及5月进行了两国元首的互访，就贸易、移民、能源等方面的合作达成多项共识，同时签署了一份移民协定，鼓励更多双向留学、移民与商务交流。[1] 值得一提的是，印度总理莫迪（Narendra Modi）是中断了近十年后首次访问澳大利亚的印度领导人，他的访澳之行对澳印双边关系的发展具有高度象征意义。[2] 其次，澳日签署的《互惠准入协定》于8月13日正式

---

[1] 《澳洲和印度寻求更紧密经济联系与关键矿产合作》，《联合早报》2023年5月24日，https：//www.zaobao.com.sg/realtime/world/story20230524-1397632。

[2] Rick Rycroft and Rod McGuirk, "Indian Prime Minister Modi Strikes New Agreements on Migration and Green Hydrogen in Australia", The Associated Press, May 24, 2023, https：//apnews.com/article/australia–india–modi–albanese–agreements-3b70959f01502aecb56897161d297237.

生效，两国 F-35 战机随即在日本石川县小松基地（Komatsu Airbase）与澳大利亚北领地廷德尔皇家空军基地（RAAF Base Tindal）开展联合训练，这不仅是澳军 F-35 战机首次出现在日本本土，也是日本战机首次部署海外，两国的"准同盟"关系得到提升。① 最后，澳菲两国安全合作也有突破性成果。2023 年 9 月，阿尔巴尼斯与菲律宾总统马科斯（Ferdinand Marcos）签署《战略伙伴关系联合宣言》，共同强化包含南海在内的海事与防务合作。该宣言内容立即得到落实，两国在 11 月启动了史上第一次联合海空巡逻，以菲律宾专属经济区为巡逻重点，澳方的护卫舰与反潜侦察机参与了巡逻任务。②

非传统安全议题上的合作向来是澳大利亚对太平洋岛国外交工作的重点，相对于立场保守的莫里森，阿尔巴尼斯更愿意与岛国共同应对气候问题所造成的冲击，相关作为在 2023 年有不少亮点。首先，澳大利亚先后与图瓦卢、巴布亚新几内亚签署安全协议，合作涵盖基建、公安、防灾与经济援助层面，以提升岛国应对气候变化的韧性。其次，澳大利亚协助所罗门群岛强化救灾能力，并扩大派驻当地的澳大利亚警察规模与延长部署期限。③ 除与个别国家签署协议外，阿尔巴尼斯参与 2023 年第 52 届太平洋岛国论坛

---

① "Japanese F-35 Jets Visit Australia in First Deployment Abroad", *The Japan Times*, August 28, 2023, https://www.japantimes.co.jp/news/2023/08/28/japan/asdf-f35-arrive-australia/; "Aussie F-35s Deploy to Japan for the First Time", Defence Connect, September 6, 2023, https://www.defenceconnect.com.au/air/12737-aussie-f-35s-deploy-to-japan-for-the-first-time.

② Andrew Greene, "Australia and Philippines Begin Joint Naval Drills in South China Sea Where Regional Tensions with Beijing Are Growing", ABC News, November 25, 2023, https://www.abc.net.au/news/2023-11-25/australia-philippines-naval-drills-south-china-sea/103151124.

③ 澳大利亚于 2021 年 12 月派遣警察特遣队至所罗门群岛，以协助平息反政府骚乱并维护社会稳定，原定在 2023 年底结束任务。

（Pacific Islands Forum）领导人会议期间，表示将资助岛国3.5亿澳元以应对气候变化，这笔经费主要用于基础设施的升级，部分则投入可再生能源项目的发展。① 另外，澳大利亚政府在2023年第28届联合国气候变化大会（COP28）上承诺，愿意提供价值1.5亿澳元的气候融资给太平洋岛国，协助较为贫穷与脆弱的国家应对复杂的挑战。②

三 2023年澳大利亚经济形势

（一）通胀压力稍微缓解，但经济持续不振

新冠疫情期间，世界各国均受到不同程度的经济冲击，澳大利亚国内经济同样陷入严重衰退，2023年四个季度的增长率分别为0.6%、0.5%、0.3%以及0.2%，皆不到1%，且逐步下滑（见图1）。2023年全年的经济增长率也仅为1.5%，比起2022年的2.7%减少近一半。③ 此外，澳大利亚国内通货膨胀问题也相当严重，2022年全年的居民消费价格指数（CPI）飙升至7.8%，也是32年来的

① "Strengthening Regional Ties Through the Pacific Islands Forum", Prime Minister of Australia, November 10, 2023, https：//www. pm. gov. au/media/strengthening - regional-ties-through-pacific-islands-forum.

② "Australia Commits AUD $150m to Climate Finance for Vulnerable Pacific Countries", Pacific News Service, December 8, 2023, https：//pina. com. fj/2023/12/08/australia- commits - aud150m - to - climate - finance - for - vulnerable - pacific-countries/.

③ "Australian National Accounts：National Income, Expenditure and Product", Australian Bureau of Statistics, March 6, 2024, https：//www. abs. gov. au/statistics/economy/national - accounts/australian - national - accounts - national - income - expenditure-and-product/latest-release.

新高点。[①] 高通胀在进入 2023 年后随着疫情威胁的降低终于出现了缓和势头，CPI 增长数值也有向下修正的趋势，特别是攸关民生需求的食品和非酒精饮料、家居用品等类别都有比较明显的降幅，全年的数值也降至 4.1%（见表 4），低于全球 6.8%的平均值[②]。即便通胀问题有所缓解，但通胀率仍远高于澳大利亚央行设定的 2%~3%的目标区间。为了平抑物价，澳央行在 2023 年内共进行了 5 次加息，使得银行基准利率从 2022 年底的 3.1%提升到了 2023 年底的 4.35%，涨幅高达四成。[③]

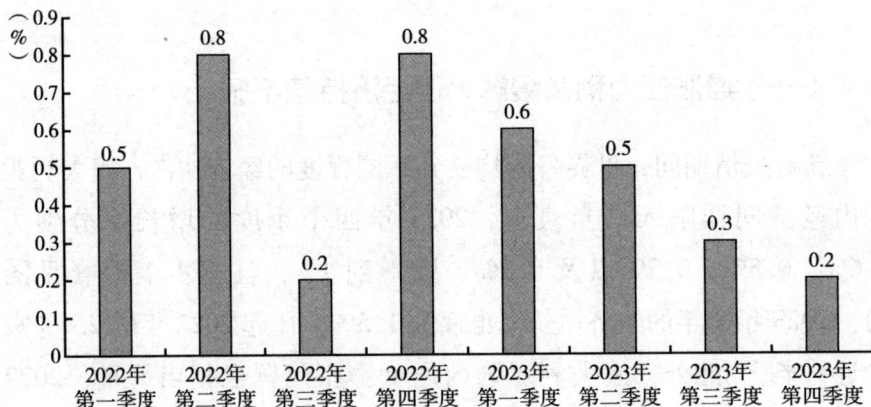

图 1　2022~2023 年澳大利亚经济增长趋势

资料来源：澳大利亚国家统计局，2024 年 3 月。

---

① Jihye Lee, "Australian Inflation Hits A Post-1990 Peak", CNBC News, January 25, 2023, https://www.cnbc.com/2023/01/25/australian-inflation-hits-a-post-1990-peak.html.

② *World Economic Outlook, October 2023: Navigating Global Divergences*, Washington, D. C.: International Monetary Fund, 2023, https://www.imf.org/en/Publications/WEO/Issues/2023/10/10/world-economic-outlook-october-2023.

③ 王琪：《澳大利亚央行宣布将基准利率上调至 4.35%》，新华网，2023 年 11 月 7 日，http://www.news.cn/world/2023-11/07/c_1129962825.htm。

表4　2023年澳大利亚居民消费价格指数

单位：%

类别	2022年全年	2023年第一季度	2023年第二季度	2023年第三季度	2023年第四季度	2023年全年
整体CPI	7.8	1.4	0.8	1.2	0.6	4.1
食品和非酒精饮料	9.2	1.6	1.6	0.6	0.5	4.5
酒类和烟草	4.4	1.1	1.0	1.4	2.8	6.6
服装与鞋类	5.3	−2.6	0.6	0.4	0.5	−1.1
住房	10.7	1.9	0.8	2.2	1.0	6.1
家居用品	8.4	−0.5	2.1	−0.8	−1.0	−0.2
健康医疗	3.8	3.8	−0.1	0.8	0.6	5.1
交通	8.0	0.6	−0.1	3.2	−0.2	3.7
通信	1.3	0.1	−0.4	2.1	0.4	2.2
娱乐文化	9.0	0.2	−0.2	0.2	0.3	0.5
教育	4.6	5.3	−0.2	−0.4	−0.1	0.5
保险和金融	5.0	1.9	3.0	1.4	1.7	8.1

资料来源：澳大利亚国家统计局，2024年1月。

澳大利亚央行大幅度加息的措施虽然在短期内对平抑物价有一定的成效，但同时也产生不少副作用，其中最显著的便是贷款压力的增大。随着加息政策接连出台，澳大利亚民众负担的各项贷款（包括住房、投资、个人理财等方面）的利息压力增加，这使得有贷款的家庭不得不削减其他消费支出，以避免贷款逾期，个人信用受损。雪上加霜的是，澳大利亚国内失业率不断提高，从2023年初的3.5%逐渐增长到2024年1月的4.1%，日后更可能提高至4.5%。[①] 贷款压

[①] Michael Janda and Gareth Hutchens, "Unemployment Jumps 'Quite Sharply', Passing 4 Percent with Scarcely Any Jobs Added in January", ABC News, February 15, 2024, https：//www. abc. net. au/news/2024 − 02 − 15/unemployment − abs − labour−force−data−january−2024/103470154.

力与失业率的上升将严重抵消政府振兴国内消费与激发市场活力的政策成效，澳大利亚消费者信心指数（CCI）的起伏即反映出此问题。数据显示，澳大利亚 CCI 自 2022 年 2 月起就已跌到小于 100 的弱信心区间，2023 年全年都在 78~86 的区间徘徊，低于前两年的平均值（见图 2），如此弱的消费者信心自然不利于经济的振兴。依据澳央行的预测，未来两年澳大利亚的 GDP 增长率仅为 1.5%~2.3%，经济尚未出现明显复苏的势头。[①]

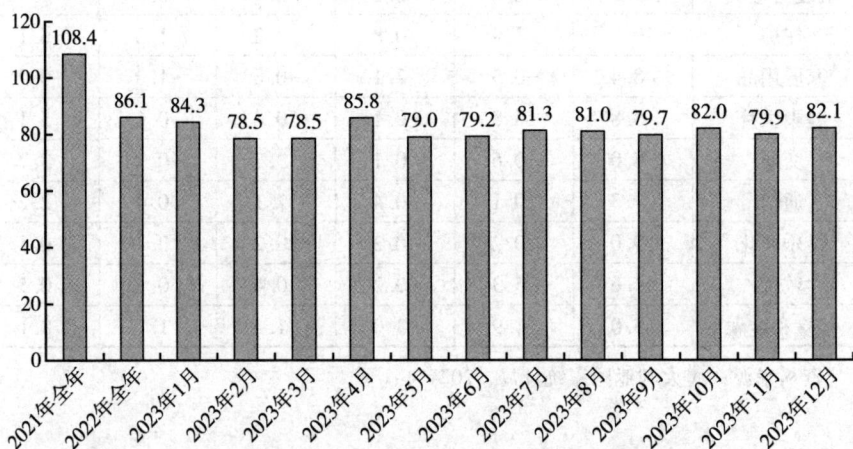

图 2 2023 年澳大利亚消费者信心指数

资料来源：西太平洋银行，2024 年 1 月。

（二）对外贸易成绩持续亮眼

对外贸易向来是澳大利亚经济发展的重要推手，自 2017 年以来对外贸易便呈现稳定顺差，即便全球贸易在疫情期间遭受重创，澳大利亚对外贸易顺差的势头依旧没有改变。2022~2023 财年总

[①] "Australian Forecasts-Growth to Remain Subdued in the Short Term", The Australian Industry Group, February 12, 2024, https://www.aigroup.com.au/resourcecentre/research-economics/economics-intelligence/2024/australian-forecasts-february/.

出口额为 6860.4 亿澳元，比上一年增长 15.8%；总进口额为5271.7 亿澳元，也有着 18.4% 的年增长率；全年贸易顺差为1588.7 亿澳元，比起 2021~2022 财年的贸易顺差额多了 109.4 亿澳元。① 外贸成绩斐然主要归因于大洋洲大陆丰富的天然资源，包括铁矿、煤矿、天然气、农牧产品等，以及澳大利亚和主要伙伴经贸往来的持续升温。2022~2023 财年澳大利亚的前 5 大出口国依次为中国、日本、韩国、美国、印度，5 国出口额占总数的63.1%，除了出口印度的金额与上一年相比有小幅下滑外，其他四国皆有增长（见表 5）。前 5 大进口国则为中国、美国、日本、韩国、新加坡，5 国进口额占总数的 48.9%，贸易金额与上一年相比亦有增长，其中日本进口澳大利亚的商品总额更增长了一倍以上（见表 6）。

表 5　2021~2023 年澳大利亚主要出口贸易伙伴贸易金额

单位：百万澳元，%

国家	2021~2022 财年	2022~2023 财年	2022~2023 财年占比	2022~2023 财年增长率
中国	179769	203498	29.7	13.2
日本	92945	114969	16.8	23.7
韩国	48554	49546	7.2	2.0
美国	27073	32556	4.7	20.3
印度	33358	32405	4.7	-2.9

资料来源：澳大利亚国家统计局，2023 年 12 月。

---

① "International Trade: Supplementary Information, 2022 - 23 Financial Year", Australian Bureau of Statistics, December 14, 2023, https://www.abs.gov.au/statistics/economy/international - trade/international - trade - supplementary - information-financial-year/2022-23#key-statistics.

表6　2021~2023年澳大利亚主要进口贸易伙伴贸易金额

单位：百万澳元，%

国家	2021~2022财年	2022~2023财年	2022~2023财年占比	2022~2023财年增长率
中国	103672	113375	21.5	9.4
美国	49364	62071	11.8	25.7
日本	14028	28401	5.4	102.5
韩国	20047	28036	5.3	39.9
新加坡	25277	25604	4.9	1.3

资料来源：澳大利亚国家统计局，2023年12月。

自由贸易协定是澳大利亚对外贸易逐年增长的幕后大功臣。自1983年《澳大利亚-新西兰更紧密经济关系协定》（ANZCERTA）生效后，40多年来已有18份经贸协议陆续生效，最新的一份为《澳大利亚-英国自由贸易协定》（A-UKFTA）（见表7）。该协定于2023年5月正式生效，有望大幅度提高两国贸易量，预计双边贸易将有超过50%的增幅。① 除了已经生效的，澳大利亚目前尚有三份经贸协议正在洽谈，合作伙伴分别为印度、阿联酋、欧盟。澳印谈判从2023年初开始，旨在将2022年底正式生效的《澳大利亚-印度经济合作与贸易协定》进行升级。与阿联酋的谈判则是在2023年12月启动，也是澳大利亚首次尝试与海湾地区国家签署自由贸易协定。相对于上述两份新协议，澳大利亚-欧盟自由贸易协定的谈判自2018年起已经进行了近6年，但双方在农牧产品开放市场程度方面仍有不少分歧，以致谈判中断了数次，加上2024年是欧洲议会的选举年，这些使得不确定因素增加，谈判进程恐再遭延宕。②

---

① 欧阳开宇：《英国与澳大利亚、新西兰自贸协议生效》，中国新闻网，2023年6月2日，https：//www.chinanews.com.cn/gj/2023/06-02/10018001.shtml.

② 《澳洲欧盟自贸协定谈判再破局》，《联合早报》2023年10月30日，https：//www.zaobao.com.sg/news/world/story20231030-1446813。

表 7　澳大利亚已生效的经贸协议

协定中文名称	协定英文缩写	生效时间	贸易伙伴所在区域
《澳大利亚-新西兰更紧密经济关系协定》	ANZCERTA	1983 年 1 月 1 日	南太平洋
《新加坡-澳大利亚自由贸易协定》	SAFTA	2003 年 7 月 28 日	东南亚
《澳大利亚-美国自由贸易协定》	AUSFTA	2005 年 1 月 1 日	北美洲
《泰国-澳大利亚自由贸易协定》	TAFTA	2005 年 1 月 1 日	东南亚
《澳大利亚-智利自由贸易协定》	ACI-FTA	2009 年 3 月 6 日	南美洲
《东盟-澳大利亚-新西兰自由贸易协定》	AANZFTA	2010 年 1 月 1 日	东南亚、南太平洋
《马来西亚-澳大利亚自由贸易协定》	MAFTA	2013 年 1 月 1 日	东南亚
《韩国-澳大利亚自由贸易协定》	KAFTA	2014 年 12 月 12 日	东北亚
《日本-澳大利亚经济伙伴关系协定》	JAEPA	2015 年 1 月 15 日	东北亚
《中国-澳大利亚自由贸易协定》	CHAFTA	2015 年 12 月 20 日	东亚
《全面与进步跨太平洋伙伴关系协定》	CPTPP	2018 年 12 月 30 日	亚太地区
《澳大利亚-中国香港自由贸易协定》	A-HKFTA	2020 年 1 月 17 日	东亚
《秘鲁-澳大利亚自由贸易协定》	PAFTA	2020 年 2 月 11 日	南美洲
《印尼-澳大利亚全面经济伙伴关系协定》	IA-CEPA	2020 年 7 月 5 日	东南亚
《太平洋更紧密经济关系协定》	PACER Plus	2020 年 12 月 13 日	南太平洋
《区域全面经济伙伴关系协定》	RCEP	2022 年 1 月 1 日	亚太地区

续表

协定中文名称	协定英文缩写	生效时间	贸易伙伴所在区域
《澳大利亚-印度经济合作与贸易协定》	AI-ECTA	2022 年 12 月 29 日	南亚
《澳大利亚-英国自由贸易协定》	A-UKFTA	2023 年 5 月 31 日	西欧

资料来源：澳大利亚外交部，2023 年 12 月。

四　总结与展望

2023 年澳大利亚的内外政经形势都出现变化，阿尔巴尼斯政府陆续出台了多项政策，有成功也有失败。得益于疫苗的普遍接种与新世代疫苗的持续研发，澳大利亚已经摆脱新冠疫情的阴霾，确诊人数大幅减少，社会秩序基本恢复到疫情前的正常水平。阿尔巴尼斯也积极推动实施更具野心的节能减排政策，以实现 2050 年净零排放的最终理想，并持续利用加息等货币政策手段来稳定飙升的国内物价，通胀问题获得了一定程度的缓解。此外，澳大利亚与美国、日本等传统伙伴的关系均有突破性的发展，澳大利亚在对外贸易上更是交出了一张亮丽的成绩单，外贸出超总额增幅持续扩大。然而，阿尔巴尼斯力推的"原住民议会之声"公民投票惨遭滑铁卢，全澳 8 个行政区中只有首都领地的赞成票数过半，再加上国内经济增长依旧呈现疲软态势、失业率节节上升，其个人政治声望与工党政府的支持率均备受考验。

展望未来，阿尔巴尼斯政府依旧面临不少内外挑战。首先，各界普遍预测未来国内经济形势不会有明显的好转，处于高位的通货膨胀率恐将维持一段时间，高利率和高生活成本将持续给澳大利亚民众带来沉重压力。此外，澳大利亚面临的外部环境也相当棘手。

美国在 2024 年 11 月举行总统选举，特朗普（Donald Trump）卷土重来，依旧高举保守孤立主义大旗，猛烈批评拜登（Joe Biden）的施政成效。特朗普胜选上台后，势必大幅修正拜登的外交战略，冲击美国与包括澳大利亚在内的诸多盟国的军事合作关系，"AUKUS"协议都可能生变，加上特朗普与阿尔巴尼斯对环境保护与气候变化等议题的态度有较大差异，澳美两国关系将增添更多不确定因素。同样地，2023 年澳大利亚与中国的关系虽然明显回温，但中美关系、南海争端等国际地缘政治结构性因素在短期内不会出现太大变化，加上国内保守势力掣肘不断，阿尔巴尼斯对华政策回旋的空间将十分有限。

B.3
2023年新西兰内政外交回顾与展望

张梦迪*

摘 要： 2023 年是新西兰的选举年，决策者和公众对国内政治议题的关注度大于对外交议题的关注度。新西兰的经济开始衰退，高生活成本问题加剧，加上自然灾害的影响，许多行业因此受到重创。执政党工党在大选中失败，国家党与友党行动党以及重返议会的优先党联合执政。优先党与其他两党针锋相对的历史、在部分议题上的意见相左、涉及毛利人权利的改革和政策让联合政府面临挑战。在外交方面，新西兰对战略环境的评估发生改变，因此新西兰在强调传统的多边主义原则和独立外交原则的同时，全面巩固与太平洋岛国的关系。此外，新西兰在追求稳定和多样化的经济关系的同时，更加重视与安全伙伴的关系。

关键词： 新西兰 大选政治 平衡外交

在 2023 年的选举年里，新西兰经济和民生都受到更大的冲击。新西兰政界也发生频繁的职位更替。经济衰退加上严重的自然灾害和工党成员问题导致执政党工党在大选中失败。然而国家党、行动党和优先党组成的联合政府由于内部矛盾和外部治理难题也面临挑战。随着局部战争的加剧和国际环境的复杂化，新西兰对国际战略环境做出悲观的评估。政府在坚持多边主义原则和

---

* 张梦迪，新西兰惠灵顿维多利亚大学博士研究生，厦门大学新西兰研究中心兼职研究员，主要研究领域为经济与安全联系、中国与新西兰及太平洋国家外交问题。

独立外交原则的基础上，全面巩固与太平洋岛国的关系，在安全和经济领域都进一步靠近安全伙伴。

一 2023年新西兰内政评述

新西兰的国际声誉在 2023 年依然良好，其在全球可持续贸易指数排名中位居第一[①]，在全球清廉指数排名中位居第三[②]。然而，国内经济开始衰退，生活成本激增导致民生问题严重，制造业和教育业等行业受到重创。在 2023 年的大选后，国家党、行动党和优先党组成联合政府，但联合政府内部的矛盾让新政府面临挑战，部分涉及毛利人的新政让新政府与毛利人的关系更加紧张。

（一）严峻的经济形势

新西兰 2023 年的经济表现疲软，进入衰退期。在 2023 年第一季度的 GDP 降低 0.1%后[③]，第二季度的 GDP 增长 0.9%[④]。基于第二季度的数据，时任财政部长格兰特·罗伯逊（Grant Robertson）认为新西兰经济从未衰退，并且表现比预期强劲。[⑤] 然而，第三季度 GDP

[①] "Sustainable Trade Index 2023", Hinrich Foundation, October 24, 2023, https: // www. hinrichfoundation. com/research/wp/sustainable/sustainable-trade-index-2023/.

[②] "Corruption Perceptions Index", Transparency International, https: //www. transparency. org/en/cpi/2023.

[③] "Gross Domestic Product: March 2023 Quarter", Stats NZ, June 15, 2023, https: //www. stats. govt. nz/information-releases/gross-domestic-product-march-2023-quarter/.

[④] "Gross Domestic Product: June 2023 Quarter", Stats NZ, September 21, 2023, https: //www. stats. govt. nz/information-releases/gross-domestic-product-september-2023-quarter/.

[⑤] Grant Robertson, "There is no Recession in NZ, Economy Grows Nearly 1 Percent in June Quarter", New Zealand Government, September 21, 2023, https: //www. beehive. govt. nz/release/there-no-recession-nz-economy-grows-nearly-1-percent-june-quarter.

降低 0.3%，年度 GDP 增长率预测为 1.3%，比市场预期要低。[①] 并且第二季度的数据在修正后也呈负增长，新西兰经济出现衰退。

新西兰的国际货物贸易减少，但外国投资保持净流入。截至 2023 年第四季度，年度货物出口额为 687 亿新西兰元，较 2022 年减少 33 亿新西兰元（4.5%）；年度货物进口额为 823 亿新西兰元，较 2022 年减少 43 亿新西兰元（5%），年度货物贸易逆差达到 136 亿新西兰元。[②] 出口额减少主要是由于单价降低，其中奶粉和羊肉受到的影响最大。[③] 在投资方面，新西兰第三季度外国对新西兰的投资为 26 亿新西兰元，净投资流入为 16 亿新西兰元。[④]

同时，自然灾害影响了部分经济活动，加重了新西兰政府的财政负担。"加布里埃尔"（Gabrielle）飓风和暴雨相继席卷新西兰，北岛北部和南岛部分地区受灾严重，多处建筑和道路等基础设施受到严重破坏，旅游业、种植业等行业严重受损。[⑤] 政府在预算案中拨款 1 亿

---

① "Gross Domestic Product: September 2023 Quarter", Stats NZ, December 14, 2023, https://www.stats.govt.nz/information-releases/gross-domestic-product-september-2023-quarter/.

② "Exports and Imports Down Compared with 2022", Stats NZ, January 29, 2024, https://www.stats.govt.nz/news/exports-and-imports-down-compared-with-2022/.

③ "Exports and Imports Down Compared with 2022", Stats NZ, January 29, 2024, https://www.stats.govt.nz/news/exports-and-imports-down-compared-with-2022/.

④ "Balance of Payments and International Investment Position: September 2023 Quarter", Stats NZ, December 13, 2023, https://www.stats.govt.nz/information-releases/balance-of-payments-and-international-investment-position-september-2023-quarter/#:~:text=of%20%20241.6%20billion.-,Current%20account,widening%20of%20the%20goods%20deficit.

⑤ Barbara Edmonds, "Further Business Support for Cyclone-affected Regions", New Zealand Government, September 20, 2023, https://www.beehive.govt.nz/release/further-business-support-cyclone-affected-regions.

新西兰元对受灾地区进行防洪加固。① 在新西兰的财政赤字高达 306 亿新西兰元（见表 1）时，受灾地区的重建和恢复无疑使财政雪上加霜。

表1 2023年新西兰经济发展情况

单位：%，亿新西兰元

	2022 年	2023 年
GPD 增长率	2.5	1.3(截至 9 月)
失业率	3.3	4.0(截至 12 月)
通货膨胀率	7.2	4.7(截至 12 月)
政府赤字	311	306(截至 9 月)
利率	4.25	5.50(截至 12 月)

资料来源：新西兰议会每月经济评论2024年2月月报。

新西兰经济衰退对各行业的冲击逐渐显现。截至 2023 年 12 月，新西兰 16 个行业中的 7 个行业都出现衰退。其中，制造业衰退 3.4%，交通运输和仓储业衰退 4.5%。② 新西兰 8 所高校也因学生入学率未恢复至疫情前水平面临财政困难，高校陆续发布了削减课程和人员的计划，预计将裁减数千个岗位。③ 在多个全国性的抗议活动

---

① "Cyclone Recovery Package Builds Protection for the Future", New Zealand Government, May 14, 2023, https：//www. beehive. govt. nz/release/cyclone - recovery-package-builds-protection-future; "Flood and Cyclone Recovery Package Covers the Basics", NZ Labour Party, May 16, 2023, https：//www. labour. org. nz/news-flood_ and_ cyclone_ recovery_ package.

② "Monthly Economic Review：February 2024", New Zealand Parliament, February 14, 2024, https：//www. parliament. nz/media/10882/monthly-economic-review-february-2024. pdf.

③ John Gerritsen, "All the Jobs Likely Going and Already Gone from New Zealand's Universities in 2023", RNZ, November 25, 2023, https：//www. rnz. co. nz/ news/national/503209/all-the-jobs-likely-going-and-already-gone-from-new-zealand-s-universities-in-2023.

后，政府对于高校的财政问题出台了 1.28 亿新西兰元的支持计划。①

虽然通货膨胀问题稍有缓解，但在经济衰退和自然灾害的影响下，居民生活成本激增，民生问题严重。截至 2023 年 12 月，居民的平均生活成本较 2022 年上升了 7%。其中，利息支付上涨 31.2%、私人交通供给和服务（如汽油）上涨 9.0%、房租上涨 5.1%。② 同时，失业率达到历史新高 4.0%（见表 1），约 12.2 万人失业。这些民生问题将加重民众的悲观情绪和对政府的不满。

（二）大选时期的政党政治和选举结果

新西兰 2023 年 10 月 14 日举行的大选无疑是最重要的国内政治事件。在选举年之初，工党总理杰辛达·阿德恩（Jacinda Ardern）宣布提前卸任，克里斯·希普金斯（Chris Hipkins）于 1 月 25 日继任总理，领导工党完成竞选。在竞选期间，各党和民众关注的议题主要是：如何应对通货膨胀、住房和生活成本危机，如何解读《怀唐伊条约》和据此处理族裔问题（如健康资源、平等问题），如何应对气候变化。涉及的极少数国防外交议题包括是否增加新西兰的国防开支和如何应对可能的台海冲突。③

---

① "Government Announces Extra $128m for Cash-strapped Universities, Tertiary Institutions", RNZ, June 27, 2023, https：//www.rnz.co.nz/news/political/492705/government-announces-extra-128m-for-cash-strapped-universities-tertiary-institutions.

② "Household Living Costs Increase 7.0 Percent", Stats NZ, February 1, 2024, https：//www.stats.govt.nz/news/household-living-costs-increase-7-0-percent/.

③ Russell Palmer, "Newshub Leaders' Debate：The New Commitments and Refusals to Rule Out", RNZ, September 28, 2023, https：//www.rnz.co.nz/news/election-2023/498906/newshub-leaders-debate-the-new-commitments-and-refusals-to-rule-out; Alexander Gillespie, "Foreign Policy Has Been Missing from NZ's Election Campaign-Voters Deserve Answers to These Gig Questions", The Conversation, September 29, 2023, https：//theconversation.com/foreign-policy-has-been-missing-from-nzs-election-campaign-voters-deserve-answers-to-these-big-questions-214633.

有趣的是，在两次领导人辩论中，除了涉及毛利人的具体政策外，希普金斯和国家党党魁克里斯托弗·拉克森（Christopher Luxon）在应对激增的犯罪率、减少儿童贫困等问题上都相互认同，[①] 体现了两个大党在执政方针上的一致性，但并不利于部分选民根据鲜明的政策立场做出选择。选举前的舆情显示，工党和国家党的支持率相近，国家党在 5 月后反超（见表2）。

表2　2023 年新西兰大选前党派支持率民调结果变化

单位：%

	工党	国家党	行动党	绿党	优先党	毛利党
2023 年 1 月	37	36	10	8	3	2
2023 年 3 月	36	35	11	10	3	2
2023 年 5 月	35	37	11	7	3	2
2023 年 7 月	33	35	12	10	3	3
2023 年 8 月	29	37	13	12	4	3
2023 年 9 月	27	38	11	10	5	2
2023 年 10 月	27	36	13	10	6	2

资料来源：1 News-Kantar Public Poll。

根据最终选举结果（见表3），国家党以得票率 38.08%领先执政党工党，获得组建政府的机会。国家党党魁克里斯托弗·拉克森当选新任总理。虽然国家党的得票数最多，但因其与友党行动党获得的议会席位未超过半数，两党无法单独组建政府，需要寻求第三党绿党或优先党的支持。因为绿党已排除与国家党和行动党组建政府的可能，

---

① "Leaders' Debate ＃1, Election 2023：The Verdicts", Spinoff, September 19, 2023, https：//thespinoff. co. nz/politics/19-09-2023/leaders-debate-1-election-2023-the-verdicts；"Leaders' Debate #2, Election 2023：The Verdicts", Spinoff, September 27, 2023, https：//thespinoff. co. nz/politics/27－09－2023/leaders-debate-2-election-2023-the-verdicts.

两党只能与优先党协商组建政府。该联合政府成为新西兰采用混合成员比例代表（mixed-member proportional representation）选举制度下首个由三党实质共同执政的政府。

表3 2023年新西兰大选的党派选举结果

政党	得票数（票）	得票率（%）	获得席位（席）	席位增减（席）
国家党	1085851	38.08	48	+15
工党	767540	26.91	34	−31
绿党	330907	11.60	15	+5
行动党	246473	8.64	11	+1
优先党	173553	6.08	8	+8
毛利党	87844	3.08	6	+4

注：官方结果公布后，国家党候选人在怀卡托港选区的补选中胜选，这使国家党额外1名成员根据政党列表顺位替补进入议会，因此此届议会中国家党有49名议员，议会席位也增加至123席。

资料来源：New Zealand Electoral Commission 2023 and 2020 General Election Official Result。

工党的失败主要有两个原因。第一，民众对经济和民生问题的强烈不满。虽然在领导人更换后，工党的支持率有短暂的上升，但希普金斯个人的魅力无法超越阿德恩，也无法改变选民寻求改变的决心。在新西兰历史上，也没有选举年继任总理成功实现连任的先例。第二，工党成员问题不断，进一步降低选民对工党的信任，比如工党警察部长斯图尔特·纳什（Stuart Nash）泄露信息事件、司法部长基里·艾伦（Kiri Allan）的酒驾和精神健康问题、[1] 议员沙南·霍尔伯特（Shanan

---

[1] Anna Rankin, "New Zealand: Ministerial Scandals Put Labour Further Behind in Polls Ahead of Election", *The Guardian*, August 3, 2023, https://www.theguardian.com/world/2023/aug/03/new-zealand-ministerial-scandals-put-labour-further-behind-in-polls-ahead-of-election.

Halbert）的霸凌事件等。① 这些问题增加了民众对工党的团结性和克里斯·希普金斯领导力的担忧，加剧了工党的选举困境。

此外，此次选举中，小党派行动党、绿党和毛利党的席位都增加了，优先党也获得超过 5% 的得票率，返回议会，表现出新西兰小党实力增强、政治多元化的特点。小党总体表现亮眼，绿党候选人在重要的惠灵顿中心选区和 Rongotai 选区胜过工党候选人，毛利党 21 岁的候选人在豪拉基-怀卡托（Hauraki-Waikato）选区胜过时任外长纳纳娅·马胡塔（Nanaia Mahuta）。然而，虽然此次选举中小党的席位增多，但这种多元性受到大党国家党和工党自身问题和相似立场的影响。该多元性是否能持续也与两个大党的调整，以及小党派新议员的成长速度息息相关。

（三）国家党领导的联合政府和百日计划

虽然国家党成功与行动党以及优先党联合执政，但新政府面临挑战。竞选期间三党领导人的表态、组建政府的过程，以及最终的联合政府协议反映了部分挑战。第一，在竞选期间，拉克森和行动党党魁大卫·西摩（David Seymour）都表示不想与优先党党魁温斯顿·彼得斯（Winston Peters）合作，特别是西摩和彼得斯的个人关系并不融洽。在此之前的 27 年，优先党也都未选择与国家党合作。② 第二，联合政府历时近一个月才组建完成。在组阁协商阶段，优先党因获得

---

① Thomas Coughlan, "Election 2023: Labour MP Shanan Halbert Rocked by Bullying Allegations", *New Zealand Herald*, September 21, 2023, https://www.nzherald. co.nz/nz/politics/election-2023-labour-mp-shanan-halbert-rocked-by-bullying-allegations/XOHX4DUHSRHY3AD6JJ5HHZ2DYA/.

② "National Warns of 'Second Election' if NZ First Talks Fail", 1 News, October 8, 2023, https://www.1news.co.nz/2023/10/08/national-warns-of-second-election-if-nz-first-talks-fail/; Richard Shaw, "Winston Peters Back in the Driver's Seat for Coalition Negotiations", The Conversation, November 6, 2023, https://theconversation.com/winston-peters-back-in-the-drivers-seat-for-coalition-negotiations-217045.

超过预期的得票数而具有更大的话语权，三党在职位分配和日常管理的协商方面也一度陷入僵局。① 第三，最终的联合政府协议由国家党与行动党和优先党分别签订的两份协议组成，并采用彼得斯和西摩轮流担任副总理的机制，反映了三方相互冲突的利益和最终的妥协。此外，三党在具体议题上意见不一致。行动党和优先党对于国家党的财政计划和百日计划部分保留意见，国家党此前提出的允许外国投资者购买高价房产的计划未获协商通过，国家党也不支持行动党提出的对《怀唐伊条约》进行公投的计划。类似的三方博弈会增加新政府未来的内部矛盾和决策的难度。②

联合政府组建后迅速出台了小微预算案和百日计划。该计划的核心问题是重建经济和缓解生活成本飙升问题，49 项行动中的 24 项都以此为核心。其中包括取消清洁能源车的补助、恢复企业 90 天的试用期、缩减公共部门的开支、考虑修改海外投资法案以使建房出租项目开发更容易等。③ 在社会问题方面，联合政府将立法禁止帮派标志和公共集会、增加警察数量以应对激增的犯罪率、废除烟

---

① Jenna Lynch, "Election 2023: Christopher Luxon, David Seymour Fly Back to Auckland after No-show from Winston Peters", Newshub, November 14, 2023, https://www.newshub.co.nz/home/politics/2023/11/election-2023-christopher-luxon-david-seymour-fly-back-to-auckland-after-no-show-from-winston-peters.html.

② Richard Shaw, "Three Parties, Two Deals, One Government: The Stress Points Within New Zealand's 'Coalition of Many Colours'", The Conversation, November 24, 2023, https://theconversation.com/three-parties-two-deals-one-government-the-stress-points-within-new-zealands-coalition-of-many-colours-217673; "Labour Leader Chris Hipkins: 'This Is Going to Be A Government That Drives People Apart'", RNZ, November 24, 2023, https://www.rnz.co.nz/news/political/503175/labour-leader-chris-hipkins-this-is-going-to-be-a-government-that-drives-people-apart.

③ "Coalition Government 100-Day Plan", New Zealand Government, November 29, 2023, https://www.beehive.govt.nz/sites/default/files/2023-12/100%20Day%20Plan%20%281%29.pdf.

草修正案以增加税收、禁止学生在校使用手机和建立公屋排队优先分类等。①

联合政府多项涉及毛利人的政策造成毛利人与政府的关系紧张。其中最敏感的政策便是行动党提出的《怀唐伊条约》原则法案，若法案通过，将可能引起新西兰的"宪法危机"。② 新政府为了精简机构和人员，决定撤销毛利健康管理局（Māori Health Authority）；为了增加税收，取消强制禁烟的决定。毛利人认为这些决定会对本就处于健康资源分配不平衡一端的毛利人不利。同时，新政府取消在官方名称中使用毛利语的强制规定进一步加重了毛利人和分析人士的担忧。新西兰各地在12月组织了对新政府涉及毛利人和《怀唐伊条约》政策的抗议。毛利国王也在紧张的氛围下召开了公众讨论会议以督促政府为其行为负责，然而新任总理缺席了该会议。③

二　2023年新西兰外交评述

2022年下半年至2023年6月底，新西兰总督、总理和部长进行

---

① "Coalition Government 100-Day Plan", New Zealand Government, November 29, 2023, https：//www. beehive. govt. nz/sites/default/files/2023－12/100% 20Day% 20Plan%20%281%29. pdf.

② Michelle Duff, "'A Massive Unravelling': Rears for Māori Rights as New Zealand Government Reviews Treaty", *The Guardian*, December 2, 2023, https：//www. theguardian. com/world/2023/dec/02/fears－for－maori－rights－as－new－zealand－government－reviews－waitangi－treaty.

③ Ella Stewart, "The Three Big Weeks about to Unfold in the New Government's Relationship with Māori", RNZ, January 19, 2024, https：//www. rnz. co. nz/news/in－depth/507079/the－three－big－weeks－about－to－unfold－in－the－new－government－s－relationship－with－maori.

了 50 多次涉外访问，接待外宾 40 多次。① 然而，2023 年新西兰发布的多份战略和安全文件中都表现出对国际战略竞争加剧、国际规则体系受到冲击、国际关系从经济关系转变为安全竞争的担忧。这些政策文件认为良性的战略环境已不存在，尤其是认为贸易自由化趋势已发生改变，释放出对外交战略环境的悲观情绪。整体上，新西兰依然在坚持和强调独立外交原则，积极参与国际多边制度，巩固与太平洋岛国的外交关系，维护与亚太国家的稳定关系。在议题上，新西兰的外贸关系依然是外交的优先项，但政府对于安全议题的政策讨论和资源投入有所增加。

（一）对竞争的战略环境的担忧

2023 年，新西兰总理和内阁部、外交和贸易部以及国防部发布了数份重要的政策文件，一致认为战略环境恶化，以自由和规则为基础的国际制度受到挑战。总理和内阁部发布的新西兰首份《国家安全战略》提出了新西兰面临的 12 个主要安全问题和 4 个相关安全问题。12 个主要安全问题包括战略竞争和以规则为基础的国际体系，新兴、关键和敏感的技术，虚假信息，外国干涉和间谍活动，恐怖主义和暴力极端主义，跨国有组织犯罪，经济安全，太平洋地区的韧性和安全，海洋安全，国境安全，网络安全，太空安全。② 虽然该战略的制定是为了响应 2019 年清真寺恐怖袭击事件调查报告的建议，但

① New Zealand Ministry of Foreign Affairs and Trade, *MFAT Annual Report 2022－23*, 2023, p. 75, https：//www. mfat. govt. nz/assets/About － us － Corporate/MFAT － corporate － publications/MFAT － Annual － Report － 2023/MFAT － Annual － Report － 2023. pdf.

② New Zealand Department of the Prime Minister and Cabinet, "National Security Strategy", 2023, https：//www. beehive. govt. nz/sites/default/files/2023 － 09/National% 20Security% 20Strategy% 2C% 20Secure% 20Together% 20 －% 20To% 20Tatou%20Korowai%20Manaaki. pdf.

随着国际环境的变化，该战略也涉及由战略竞争和气候变化带来的安全问题。其在关于战略竞争的观点上与随后外交和贸易部以及国防部发布的战略文件相似，都提出战略竞争的严峻性及其对新西兰利益的损害。

外交和贸易部的《战略外交政策评估2023》认为国际环境发生了三个主要的转变：从规则向权力的转变，从经济向安全的转变，从效率向韧性的转变。[1] 对于从规则向权力的转变，新西兰认为许多国家拥有实力和倾向于挑战国际规则及其自由基础，比如俄乌冲突。对于从经济向安全的转变，新西兰认为经济关系会受到日渐激化的军事竞争的影响；战略竞争者之间的经济相互依赖越来越被视为战略弱点。[2] 对于从效率向韧性的转变，新西兰认为经济行为将更多受增强韧性、强调社会问题和可持续性的驱动。《国防政策战略声明2023》中的观点与以上评估基本一致，其认为新西兰的国防利益受到数十年未有的威胁。[3] 在此基础上，《未来军事力量设计原则2023》提出11项原则，强调要加大对国防力量的投入力度。[4]

---

[1] New Zealand Ministry of Foreign Affairs and Trade, *Strategic Foreign Policy Assessment 2023*, July 2023, p. 18, https：//www. mfat. govt. nz/asset/About－us－Corporate/MFAT－strategies－and－frameworks/MFATs－2023－Strategic－Foreign－Policy－Assessment－Navigating－a－shifting－world－June－2023. pdf.

[2] New Zealand Ministry of Foreign Affairs and Trade, *Strategic Foreign Policy Assessment 2023*, July 2023, p. 22, https：//www. mfat. govt. nz/asset/About－us－Corporate/MFAT－strategies－and－frameworks/MFATs－2023－Strategic－Foreign－Policy－Assessment－Navigating－a－shifting－world－June－2023. pdf.

[3] New Zealand Ministry of Defence, *Defence Policy and Strategy Statement 2023*, August 2023, p. 33, https：//www. defence. govt. nz/assets/publication/file/23－0195－Defence－Policy－and－Strategy－Statement－WEB. PDF.

[4] New Zealand Ministry of Defence, *Future Force Design Principles 2023*, August 2023, https：//www. beehive. govt. nz/sites/default/files/2023－09/Future% 20Force% 20Design%20Principles%202023. PDF.

（二）坚持独立平衡外交和参与多边机制

新西兰参与多边讨论并支持国际组织的发展，提高国际声誉。第一，在联合国的框架下，新西兰被选为2024年第4次小岛屿发展中国家国际会议的共同主席国，促进太平洋岛国参与联合国机制。① 第二，新西兰政府在世界卫生组织的框架下，积极参与《国际卫生条例》的修订工作，参与新的流行病条约的多边协商，并向新设立的流行病基金提供了200万新西兰元的资助。② 第三，新西兰参加在世界贸易组织《电子商务联合声明》与《投资便利化联合声明》框架下的多边协商。③ 第四，新西兰政府通过亚太经济合作组织积极推动保障妇女经济权利、应对气候变化和增加原住民的经济参与等重点议题。此外，新西兰在非法捕捞、全球生物多样性和海洋管理、人权保护、电子贸易规则和裁军议题上积极发声并提出解决方案。

新西兰的良好声誉在东南亚国家联盟（东盟）中也有体现。东盟肯定了新西兰在应对气候变化议题上发挥的重要作用。新西兰积极参与常规的合作机制，如东盟防长扩大会议。新西兰重申在《东盟-

---

① Justin Fepuleai, "United Nations General Assembly: Preparatory Committee for the Fourth International Conference on Small Island Developing States", New Zealand Ministry of Foreign Affairs and Trade, January 23, 2024, https://www.mfat.govt.nz/en/media-and-resources/united-nations-general-assembly-preparatory-committee-for-the-fourth-international-conference-on-small-island-developing-states/.

② New Zealand Ministry of Foreign Affairs and Trade, *MFAT Annual Report 2022-23*, 2023, p. 34, https://www.mfat.govt.nz/assets/About-us-Corporate/MFAT-corporate-publications/MFAT-Annual-Report-2023/MFAT-Annual-Report-2023.pdf.

③ "WTO Plurilateral Discussions on Investment Facilitation for Development", New Zealand Ministry of Foreign Affairs and Trade, https://www.mfat.govt.nz/en/trade/our-work-with-the-wto/wto-plurilateral-discussions-on-investment-facilitation-for-development/.

新西兰行动计划（2021～2025）》中的承诺，截至 2023 年 6 月底，共向该地区提供了超过 1.05 亿新西兰元的援助。① 双方启动了东盟-新西兰贸易研究院（ASEAN-New Zealand Trade Academy），重启青年商业领袖倡议（Young Business Leaders Initiative），以及在官员的学习方面提供奖学金。② 新西兰的软实力在东盟地区进一步得到提升。

新西兰政府通过国际规则和多边制度维护自身的利益，提高影响力。最具有代表性的例子就是通过《全面与进步跨太平洋伙伴关系协定》（Comprehensive and Progressive Agreement for Trans-Pacific Partnership，CPTPP）的争端解决机制，新西兰在与加拿大关于乳制品关税配额的纠纷案中赢得仲裁员小组（Panel of Arbitrators）的有利裁定。新加两国同意加方在 2024 年 5 月前执行仲裁的决定。该案是新西兰根据自由贸易协定提起的第一个纠纷案，也是 CPTPP 成员国依协定提起的第一个纠纷案。③ 同时，新西兰从 2023 年 1 月起担任 CPTPP 的轮值主席国，领导讨论中国、英国等国家和地区的加入申请。

此外，虽然新西兰对于俄罗斯的制裁法案被批评是其倡导的多边主义原则的例外，但新西兰政府认为在俄乌冲突上继续指责俄罗斯并向乌克兰提供支持反映了其维护以规则为基础的国际体系的努力。截至 2023 年 6 月末，新西兰已向乌克兰提供了 8300 万新西兰元的援

---

① New Zealand Ministry of Foreign Affairs and Trade, *MFAT Annual Report 2022-23*, 2023, p. 50, https：//www. mfat. govt. nz/assets/About - us - Corporate/MFAT - corporate - publications/MFAT - Annual - Report - 2023/MFAT - Annual - Report - 2023. pdf.

② "ASEAN, New Zealand Restate Commitment to Intensify Strategic Partnership", ASEAN, March 25 , 2023, https：//asean. org/asean - new - zealand - restate - commitment-to-intensify-strategic-partnership/.

③ Damien O'Connor, "New Zealand Wins CPTPP Dispute against Canada", New Zealand Government, September 6, 2023, https：//www. beehive. govt. nz/release/ new-zealand-wins-cptpp-dispute-against-canada.

助，援助包括补给、设备、材料、后勤和训练方面。其在 2022~2023 年承诺提供新的 5.43 亿新西兰元的援助。新西兰还向国际刑事法院提供了 260 万新西兰元的资助，以确保追究俄罗斯相关人员的法律责任，为受害者伸张正义。①

（三）全面巩固与太平洋岛国关系

随着太平洋地区战略竞争的加剧，时任外长马胡塔重申"太平洋方式"对地区安全的重要性。② 因此，新西兰 2023 年加大了对太平洋地区的外交投入力度。2023 年，新西兰与太平洋岛国地区的交流主要包括：副总理卡梅尔·塞普洛尼（Carmel Sepuloni）2 月参加太平洋岛国特别领导人务虚会和 11 月参加太平洋岛国论坛领导人会议③、经济部副部长大卫·帕克（David Parker）8 月参加太平洋岛国论坛经济部长会议④、斐济总理 6 月访问新西兰。2023 年是新西兰的选举年，这在一定程度上影响了新西兰与太平洋岛国的高层交流。比如时任总理希普金斯为了专注竞选工作，让其副手代为参加太平洋岛

① New Zealand Ministry of Foreign Affairs and Trade, *MFAT Annual Report 2022–23*, 2023, pp. 39–40, https：//www. mfat. govt. nz/assets/About－us－Corporate/MFAT－corporate－publications/MFAT－Annual－Report－2023/MFAT－Annual－Report－2023. pdf.

② Nanaia Mahuta, "Why the Pacific Way Matters for Regional Security", New Zealand Government, May 3, 2023, https：//www. beehive. govt. nz/speech/why－pacific－way－matters－regional－security.

③ "New Zealand to Attend PIF Special Leaders' Retreat", New Zealand Government, February 19, 2023, https：//www. beehive. govt. nz/release/new－zealand－attend－pif－special－leaders%E2%80%99－retreat；"Aotearoa New Zealand to Attend PIF Leaders' Retreat", New Zealand Government, November 7, 2023, https：//www. beehive. govt. nz/release/aotearoa－new－zealand－attend－pif－leaders%E2%80%99－retreat.

④ "Parker to Attend Pacific Island Forum Economic Ministers Meeting", New Zealand Government, August 7, 2023, https：//www. beehive. govt. nz/release/parker－attend－pacific－island－forum－economic－ministers－meeting.

国论坛领导人会议。

新西兰依然坚持在多个议题上对太平洋岛国的支持。第一，新西兰向太平洋岛国提供疫情后的经济复苏资金，以缓解通货膨胀等经济问题。新西兰在此前5.922亿新西兰元的基础上，向太平洋岛国提供了7350万新西兰元的财政支持。① 第二，新西兰的认可季节性雇主（RSE）计划恢复，在2023年约有15650名太平洋岛国公民参与该计划，这是该计划实施以来的最高人数。② 第三，在公共体系方面，新西兰继续为太平洋岛国提供健康和性别知识的培训，支持改善库克群岛和纽埃的教育评估体系。第四，新西兰向斐济、基里巴斯、巴布亚新几内亚、萨摩亚、所罗门群岛、汤加、图瓦卢、瑙鲁八国提供2170万新西兰元以加强其经济治理。③ 第五，新西兰还加强与太平洋岛国的安全关系。在2022年中国和所罗门群岛签订双边安全合作框架协议后，新西兰在2023年5月宣布在所罗门群岛的15名新西兰国防军人员的部署将延长至2023年底，④ 并向所罗门群岛

---

① New Zealand Ministry of Foreign Affairs and Trade, *MFAT Annual Report 2022-23*, 2023，p. 53，https：//www. mfat. govt. nz/assets/About － us － Corporate/MFAT － corporate － publications/MFAT － Annual － Report － 2023/MFAT － Annual － Report － 2023. pdf.

② New Zealand Ministry of Foreign Affairs and Trade, *MFAT Annual Report 2022-23*, 2023，p. 53，https：//www. mfat. govt. nz/assets/About － us － Corporate/MFAT － corporate － publications/MFAT － Annual － Report － 2023/MFAT － Annual － Report － 2023. pdf.

③ New Zealand Ministry of Foreign Affairs and Trade, *MFAT Annual Report 2022-23*, 2023，p. 54，https：//www. mfat. govt. nz/assets/About － us － Corporate/MFAT － corporate － publications/MFAT － Annual － Report － 2023/MFAT － Annual － Report － 2023. pdf.

④ "Security Support to Solomon Islands Extended"，New Zealand Government，May 29，2023，https：//www. beehive. govt. nz/release/security － support － solomon － islands-extended.

派遣了89名军官，以支持2023年太平洋运动会的举办。① 在6月斐济总理访问新西兰时，双方签订了《军事现状协议》（Status of Forces Agreement）。截至2023年，新西兰国防部在互助项目（Mutual Assistance Programme）的框架下向太平洋岛国派遣了10名技术顾问。② 第六，新西兰支持太平洋岛国在气候变化问题上发声。比如，新西兰资助了太平洋岛国地区关于海平面上升的会议，在联合国大会投票时支持瓦努阿图请求国际法庭就气候变化问题提供咨询意见的决议草案，参与游说人权理事会就马绍尔群岛核遗留问题做出决议。③

根据新西兰外交和贸易部的评估指标，新西兰在2023年强化了与太平洋岛国地区12个国家的伙伴关系。与2022年相比，伙伴关系数量持平，其中，与一个国家的关系变得更加紧密，但与两个国家的关系降级。④ 并且新西兰与太平洋岛国的关系正在向军事合作方面扩展。

---

① "NZDF Contingent Returns Home after Supporting Solomon Islands during Pacific Games", New Zealand Defence Force, December 14, 2023, https：//www. nzdf. mil. nz/media－centre/news/nzdf－contingent－returns－home－after－supporting－solomon－islands－during－pacific－games/#：~：text＝A％20group％20of％2089％20New, 2023％20Pacific％20Games％20in％20Honiara.

② Tim Fish, "How New Zealand Is Trying to Expand Military Relations with Its Pacific Island Neighbors", Breaking Defense, July 24, 2023, https：//breakingdefense. com/2023/07/how－new－zealand－is－trying－to－expand－military－relations－with－its－pacific－island－neighbors/.

③ New Zealand Ministry of Foreign Affairs and Trade, *MFAT Annual Report 2022－23*, 2023, pp. 34－36, https：//www. mfat. govt. nz/assets/About－us－Corporate/MFAT－corporate－publications/MFAT－Annual－Report－2023/MFAT－Annual－Report－2023. pdf.

④ New Zealand Ministry of Foreign Affairs and Trade, *MFAT Annual Report 2022－23*, 2023, p. 59, https：//www. mfat. govt. nz/assets/About－us－Corporate/MFAT－corporate－publications/MFAT－Annual－Report－2023/MFAT－Annual－Report－2023. pdf.

（四）多元经济外交和与安全伙伴的更紧密合作

新西兰外交部长彼得斯在新政府组建后关于外交立场的第一次讲话中提出，新西兰在安全和经济问题上应偏向美国领导的安全联盟。[①] 他认为要强化新西兰与美国在战略和安全挑战方面的合作。然而，大部分决策者、分析人士都认为新西兰应维护独立外交原则，避免"选边站"。

根据新西兰的外交评估和战略立场，新西兰与中国的外交关系是"重要且复杂"的关系，在2023年涉及更多的安全议题的负面影响，但新西兰政府维持双边经济关系稳定的目标清晰。在整体经济下行的趋势下，新西兰与中国的年度货物出口额自2023年5月便开始减少，截至2023年第三季度，新西兰出口中国的货物额为193亿新西兰元，占新西兰货物出口额的27%。[②] 另外，新西兰的《战略外交政策评估2023》和《国防政策战略声明2023》指出，因为中国的经济实力增强，中国的外交立场"更加强硬"，这导致地区国家的国防政策的改变。[③] 同

---

① Winston Peters, "Speech to Diplomatic Corps", New Zealand Government, December 11, 2023, https：//www. beehive. govt. nz/speech/speech – diplomatic – corps – 0; "Foreign Affairs Minister Winston Peters Praises US Engagement in the Pacific", RNZ, November 30, 2023, https：//www. rnz. co. nz/news/political/503591/ foreign–affairs–minister–winston–peters–praises–us–engagement–in–the–pacific.

② "Fall in Exports to China Continues in the Year Ended September 2023", Stats NZ, October 20, 2023, https：//www. stats. govt. nz/news/fall–in–exports–to–china– continues–in–the–year–ended–september–2023/.

③ New Zealand Ministry of Foreign Affairs and Trade, *Strategic Foreign Policy Assessment 2023*, July 2023, pp. 20, 22, https：//www. mfat. govt. nz/asset/ About–us–Corporate/MFAT–strategies–and–frameworks/MFATs–2023–Strategic– Foreign–Policy–Assessment–Navigating–a–shifting–world–June–2023. pdf; New Zealand Ministry of Defence, *Defence Policy and Strategy Statement 2023*, August 2023, pp. 13–16, https：//www. defence. govt. nz/assets/publication/file/23–0195– Defence–Policy–and–Strategy–Statement–WEB. PDF.

时，《国防政策战略声明2023》在新西兰的安全关系部分中并未提及新西兰与中国的国防战略对话机制。2023年5月，中新（西兰）两军代表在西安进行会面，这是新冠疫情后的首次战略对话。两国代表交换了对区域安全问题的意见，讨论了加深对话和现有多边合作的可能。① 值得注意的是，两国进行双边军事合作的空间较2015~2016年和2019年被压缩。然而，评估报告也强调，虽然新西兰追求经济关系多样化，但因为欧盟和美国对新西兰关键商品的出口限制，未来十年新西兰大部分商品的出口市场依然是中国。②

多元的经济外交也是新西兰经济复苏的重要因素。继新西兰与英国的自由贸易协定于2023年5月生效后，新西兰和欧盟在7月正式签订了自由贸易协定。此外，新西兰还推动和印度的经济合作协商。③ 同时，新西兰开启了和阿拉伯联合酋长国的贸易对话。④ 虽然新西兰对拉丁美洲经济潜能的关注度没有对亚太地区那么高，但随着新西兰对多样化经济关系的需求增加，新西兰政府也加强了和拉丁美洲国家发展进一步经济关系的对话。

---

① "New Zealand-China Strategic Defence Dialogue", New Zealand Defence Force, May 11, 2023, https：//www. nzdf. mil. nz/media – centre/news/new – zealand – china – strategic – defence – dialogue/#：~：text = The% 20New% 20Zealand% 2DChina% 20Strategic% 20Defence% 20Dialogue% 20is% 20one% 20of, between% 20New% 20Zealand%20and%20China.

② New Zealand Ministry of Foreign Affairs and Trade, *Strategic Foreign Policy Assessment 2023*, July 2023, p. 24, https：//www. mfat. govt. nz/asset/About－us－Corporate/MFAT－strategies – and – frameworks/MFATs – 2023 – Strategic – Foreign – Policy–Assessment–Navigating–a–shifting–world–June–2023. pdf.

③ Damien O'Connor, "NZ and India Progress Economic Partnership", New Zealand Government, August 30, 2023, https：//www. beehive. govt. nz/release/nz – and – india–progress–economic–partnership.

④ Damien O'Connor, "New Zealand and UAE Launch Exploratory Trade Talks", New Zealand Government, September 1, 2023, https：//www. beehive. govt. nz/release/new–zealand–and–uae–launch–exploratory–trade–talks.

相较而言，新西兰与安全伙伴的关系更加紧密。疫情后，新西兰首先恢复与安全盟友澳大利亚的常规互访，包括三次总理的互访，国防、经济、内政和外交部长的互访，以及财政部长和气候变化部长的"2+2"会议。2023 年新西兰和澳大利亚共同主办女子足球世界杯，体现了双方密切的体育文化交流。澳大利亚还针对居住在澳大利亚四年以上的新西兰公民出台了直通澳大利亚公民的政策，进一步促进了人员交往。同时，美国多位高级官员访问新西兰，新西兰总理希普金斯在选举年仍然出访了英国。

在这种紧密的关系下，新西兰在国际冲突、地区安全、技术合作、网络安全的议题上立场更加偏向"五眼联盟"的安全伙伴。新西兰与美国在人工智能技术方面正在寻求双边合作，美国还欢迎新西兰加入"澳英美安全伙伴关系"中有关技术合作的第二支柱。虽然新西兰各界仍在就新西兰是否加入第二支柱进行讨论，并且加入仍然存在很大阻碍，但我们从决策者的话语中可以推断，新西兰与"五眼联盟"安全伙伴的合作关系不可动摇并且更加紧密。此外，新西兰在网络安全问题上与其他国家一同指责与中国相关的所谓"网络攻击行动"。新西兰在 12 月采取和安全伙伴一致的立场，指责与俄罗斯相关的恶意的网络行动。① 同时，新西兰在外国干涉问题上也采取和安全伙伴类似的观点。8 月发布的《新西兰安全威胁环境2023》报告指出，与中国政府有关联的"组织和个人"针对在新西兰的华人群体开展所谓的"干涉活动"。②

---

① Judith Collins, "New Zealand Condemns Malicious Cyber Activity", New Zealand Government, December 23, 2023, https://www.beehive.govt.nz/release/new-zealand-condemns-malicious-cyber-activity.

② New Zealand Security Intelligence Service, *New Zealand's Security Threat Environment 2023*, August 2023, p. 27, https://www.nzsis.govt.nz/assets/NZSIS-Documents/New-Zealands-Security-Threat-Environment-2023.pdf.

与往年较为不同的是，新西兰与安全伙伴在经济方面也呈现合作更加紧密的趋势。2023 年是《澳大利亚-新西兰更紧密经济关系协定》生效 40 周年，双方重申两国的经济贸易承诺和在与太平洋岛国贸易交往中的合作。① 美国外国投资委员会在 2023 年 2 月将新西兰加入"例外国家名单"，与澳大利亚、加拿大和英国的投资者类似，新西兰的投资者也被赋予优惠待遇。② 在美国领导的"印太经济框架"（Indo-Pacific Economic Framework，IPEF）下，新西兰参与了八轮线下的协商，③ 并将和澳大利亚共同主持该框架协定的包容性章节的协商。该框架成员国在 2023 年 11 月签订了《供应链弹性协议》，并且完成了《清洁经济协议》和《公平经济协议》的协商。④ 这些合作从经济层面巩固了"五眼联盟"国家间的关系。

三　总结与展望

在 2023 年选举年里，新西兰国内面临严重的经济衰退和民生问题。随着国家党与行动党、优先党联合执政，经济问题成为该政府的

---

① Damien O'Connor, "Joint Statement: Closer Economic Relations Ministerial Talks in Adelaide", New Zealand Government, August 11, 2023, https: //www. beehive. govt. nz/release/joint-statement-closer-economic-relations-ministerial-talks-adelaide.

② Grant Robertson, "NZ Investors Receive Boost after US Grants Excepted Status", New Zealand Government, February 11, 2023, https: //www. beehive. govt. nz/release/nz-investors-receive-boost-after-us-grants-excepted-status.

③ "Timeline for Negotiations and Updates", New Zealand Ministry of Foreign Affairs and Trade, https: //www. mfat. govt. nz/en/trade/free - trade - agreements/free - trade - agreements - under - negotiation/indo - pacific - economic - framework - for - prosperity/timeline-for-negotiations-and-updates/.

④ "Joint Statement from Indo-Pacific Economic Framework for Prosperity Partner Nations", U. S. Department of Commerce, November 16, 2023, https: //www. commerce. gov/news/press - releases/2023/11/joint - statement - indo - pacific - economic-framework-prosperity-partner.

工作中心。然而，在首次由三党实质联合执政的政府中，在《怀唐伊条约》、税收制度等议题上不同党派间意见不一，新政府面临挑战。同时，毛利人和太平洋岛国族裔与政府的关系也随着新政府百日计划的实施而更加紧张。

在国际问题上，新西兰认为以自由为基础的战略环境已发生变化，国际规则和制度更容易受到挑战，但其依然强调坚持传统的独立外交原则和多边主义原则，巩固与太平洋岛国的关系。新西兰在2023年也基本维持与主要的12个太平洋岛国的伙伴关系。新西兰在国际组织中就贸易自由化、电子贸易、气候变化、裁军和太空合作规则等议题发出重要的声音，具有较高的国际声誉。特别是新西兰与东盟的合作逐渐恢复，其在该地区的软实力进一步增强。在经济问题上，在与英国和欧盟的自由贸易协定陆续生效后，新西兰寻求与印度和阿拉伯联合酋长国的进一步贸易合作。同时，虽然新西兰对中国的出口额自2023年5月起有所下降，但中国未来十年依然是新西兰重要的出口市场。

值得注意的是，新西兰外交政策表现出更加偏向安全伙伴的趋势。新西兰政府不仅深化和安全伙伴在科技方面的合作，而且在对战略环境的评估、在战略地区的军事行动、网络安全和外国干涉等问题上，与以美国和澳大利亚为代表的安全伙伴的立场更加一致。其中新西兰对与中国相关的所谓"网络攻击行动"和"干涉行动"的指责，增加了中新关系的复杂性。同时，新西兰与安全伙伴也加深了经济领域的合作。

总体上，新西兰维持经济关系的稳定和继续推动经济关系多样化对缓解国内严峻的经济形势十分关键。新任总理拉克森的经济背景和选举承诺也会使其更加重视新西兰的经济利益，然而，因为新政府自身面临挑战，以及外交部长彼得斯有民粹倾向，国内政治和外交政策的复杂关系有待观察。可以预见，新西兰短期内依然会保持经济与安全利益的平衡。

B.4
2023年太平洋岛国地区政治
和经济形势评析

吴 艳*

摘　要： 随着外部局势不断变化，大国博弈加剧，太平洋岛国地区的战略重要性也逐步升高，2023年太平洋岛国在政治和经济领域整体依然面临复杂局势。一方面，虽然太平洋岛国的地区主义较往年凝聚力有所增强，但一些国家的内部政治矛盾仍旧存在；另一方面，太平洋岛国面对的气候问题在国际舞台上占据更加重要的地位，但相关行动的落实还存在许多困难。在经济方面，太平洋岛国呈现增长放缓趋势，并逐步回到正常的经济增长速度。在内外部复杂的形势下，太平洋岛国在国内致力于保持政治稳定和经济增长，在国际上积极促进双边和多边合作，主动在国际舞台上发表意见。尽管该地区的发展前景仍充满不确定性，但中国推动的"一带一路"建设在此地区的持续实施，以及中国与太平洋岛国之间日益加深的"全面战略伙伴关系"，为该地区的稳定与繁荣发展提供了关键动力。

关键词： 太平洋岛国地区　政治形势　经济形势

---

* 吴艳，博士，广东外语外贸大学太平洋岛国战略研究中心副主任，主要研究领域为美国问题、太平洋岛国地区政治。

一 2023年太平洋岛国地区政治形势评述

近几年国际局势恶化加剧，国际争端显著增加，太平洋岛国地区的战略价值也随着国际形势的变化而不断上升。在美国拜登政府提出的"印太战略"下，太平洋岛国地区暗流涌动，其战略价值亦因受到各国的重视而进一步提升。美澳等国意图把控太平洋岛国地区，将其划归到自己的势力范围之中，进一步扩大自身的"小圈子"。在"印太战略"的视域下，太平洋岛国地区近年来已经逐渐成为兵家必争之地。因而在2023年，太平洋岛国地区正在成为大国竞争旋涡的中心地带。在紧张的外部形势下，太平洋岛国地区自身也存在一定的内部问题，这给太平洋岛国地区的未来发展带来更多的不稳定因素。

（一）大国增强地区战略部署，太平洋岛国保持谨慎态度

美国对于太平洋岛国地区的政策主要基于美国"印太战略"，即通过加强联盟，利用经济、安全、贸易、政治等合作进一步控制太平洋岛国地区，以抵御中国的影响。2023年1月和2月，美国与帕劳、马绍尔群岛和密克罗尼西亚联邦三个《自由联系协定》国家签署了有关经济合作的谅解备忘录；① 2月1日，美国正式重启已关闭30年的驻所罗门群岛大使馆；5月9日，美国开设驻汤加大使馆；5月21~22日，美国国务卿布林肯访问巴布亚新几内亚，提出为太平洋岛国地区提供超8.1亿美元新资金援助的计划，两国签署了双边《防

---

① "Marshall Islands, Feeling Neglected by the U.S., Enjoys New Leverage", *The Washington Post*, January 27, 2023, https：//www.washingtonpost.com/world/2023/01/27/us-marshall-islands-china-pacific-power/.

务合作协议》（DCA）和《打击非法跨国海上活动行动协议》。① 根据美国国际开发署（USAID）的信息，美国在 2023 年 3 月拨款 320 万美元用于人道主义援助，以支持瓦努阿图的自然灾害救援工作，并宣布"提供 550 万美元的 9 项新赠款，以支持太平洋岛国增强应对气候变化的能力，保护社区的生计和福祉"②。2023 年 1 月，美国贸易发展署（USTDA）发布"太平洋岛国战略性基础设施倡议"（Pacific Island Strategic Infrastructure Initiative），鼓励美国公司在斐济、基里巴斯、马绍尔群岛等 12 个太平洋岛国开展基建项目。③ 2023 年 9 月，在第二届美国-太平洋岛国论坛峰会结束后，美国方面对太平洋岛国地区做出新承诺，将在自身对太平洋岛国地区的诉求下进一步调整相关战略，包括在第一届峰会的声明的基础上，继续加大对太平洋岛国地区的投资力度，在外交方面承认库克群岛和纽埃的主权国家地位，在气候方面加大气候融资力度和增加气候问题应对方案，增加与太平洋岛国的贸易往来，加强在太平洋岛国地区的基础设施建设和与太平洋岛国的人文关系。④ 此外，美国还积极利用盟友，通过"太平洋四

① "US and Papua New Guinea Sign Defense Pact as Washington, Beijing Vie for Influence in the Pacific", CNN World, May 22, 2023, https：//edition. cnn. com/2023/05/22/asia/us-papua-new-guinea-defense-cooperation-agreement-intl-hnk/index. html.

② "USAID Announces Additional Funding to Pacific Island Countries to Respond to Tropical Cyclones and Bolster Climate Resilience", USAID, March 23, 2023, https：//www. usaid. gov/news-information/press-release/mar-23-2023-usaid-announces-additional-funding-pacific-island-countries-respond-tropical-cyclones-and-bolster-climate-resilience.

③ "Call for Proposals：Pacific Island Strategic Infrastructure Initiative", USTDA, January 11, 2023, https：//www. ustda. gov/call-for-proposals-pacific-island-strategic-infrastructure-initiative/.

④ "FACT SHEET：Enhancing the U. S. -Pacific Islands Partnership", The White House, September 25, 2023, https：//www. whitehouse. gov/briefing-room/statements-releases/2023/09/25/fact-sheet-enhancing-the-u-s-pacific-islands-partnership.

方防务协调小组"机制，加强与太平洋岛国的安全关系。一些域外国家也响应美国"印太战略"，配合美国完善布局，同时推动实现自己的地缘政治目标。①

然而，针对美国一系列的措施和方案，太平洋岛国则显得没有那么主动，因为该地区大部分国家面临气候变化和环境危机等带来的重大发展问题，不想过多地卷入大国竞争之中，始终保持对地缘战略竞争的警惕。2023年5月，巴布亚新几内亚当地因本国与美国签署相关防务协议举行游行示威；2023年8月，瓦努阿图总理伊斯梅尔·卡尔萨考（Ishmael Kalsakau）因与澳大利亚签署安全协议而遭到不信任投票，从而下台。美国和平研究所在分析文章中表示，"太平洋岛国希望华盛顿为了自己的利益与它们接触，而不是将它们视为一场大游戏中的棋子"②。

（二）地区主义发展虽有波折但整体稳固

2023年，太平洋岛国地区主义虽遭遇部分挫折，但较往年更加具有凝聚力。作为太平洋岛国地区最具影响力的区域组织，也是该地区合作和地区主义的象征，太平洋岛国论坛（PIF）一直在为促进太平洋岛国地区和平稳定、共同发展做出努力，起到"黏合剂"的关键作用。

然而，由于气候危机和大国竞争等外部因素的干扰，加上太平洋岛国地区各国内部都有不同的问题，太平洋岛国论坛经常会出现不确定因素。2023年11月，第52届太平洋岛国论坛领导人会议在

---

① 秦升：《域外国家"扎堆"加强南太外交投入》，《世界知识》2023年第17期，第48~50页。

② "U. S. Strengthens Ties with Key Pacific Island Partners", U. S. Institute of Peace, June 1, 2023, https：//www. usip. org/publications/2023/06/us-strengthens-ties-key-pacific-island-partners.

库克群岛举行，但在举行前，新西兰、巴布亚新几内亚、所罗门群岛和瓦努阿图已经宣布国家首脑将不参加此次会议，将派出部长级代表出席会议。萨摩亚前总理马利埃莱额奥伊（Tuilaepa Sailele Malielegaoi）12月在萨摩亚观察者网上发表题为《太平洋岛国论坛一片混乱》的署名文章。他认为太平洋岛国论坛已不再像过去那样是一个具有凝聚力、受人尊敬的区域性机构。萨摩亚曾在两次会议上警告说，由于论坛各成员国更多地关注各自的区域优先事项，论坛的团结正在瓦解。①

虽然地区主义发展有波折，但整体趋势是乐观的。虽然之前太平洋岛国论坛饱受"集体退群"闹剧的影响，但在2023年2月，基里巴斯的回归缓解了论坛的分裂危机，促进了论坛的统一。之后，瑙鲁前总统瓦卡（Waqa）被任命为太平洋岛国论坛秘书长，表明各成员国通过协商进程已经兑现了其承诺，并预示着一个更强大、更团结的太平洋岛国论坛向前迈进。2023年11月的太平洋岛国论坛领导人会议的主要成果是通过了《蓝色太平洋2050年战略》实施方案，该方案于2022年初步制定，而在2023年就获通过，证明太平洋岛国对于优先事项执行的紧迫性和有关共识达成了高度一致。关岛和美属萨摩亚也申请成为太平洋岛国论坛的成员，但由于关岛和美属萨摩亚属于美国的海外领土，现在还是论坛的特别观察员，它们想在论坛当中有一席之地，以参与直接影响自身领土的相关政策的讨论和决策过程，也想进一步地加强与其他太平洋岛国的合作。②

---

① "The Pacific Leaders Forum in Disarray", Samoa Observer, December 9, 2023, https：//www. samoaobserver. ws/category/letters/107096.

② "Guam and American Samoa's Bid for Membership in Pacific Islands Forum under Federal Review", Pacific News Service, February 28, 2024, https：//pina. com. fj/2024/02/28/guam - and - american - samoas - bid - for - membership - in - pacific - islands-forum-under-federal-review/.

（三）气候治理合作得到国际重视但难以落实到位

一直以来，太平洋岛国地区都是受气候变化影响最明显的区域，许多国家都受到海平面上升等带来的恶劣的影响，这阻碍了许多太平洋岛国的经济和农业发展，在极大程度上威胁了当地民众的生命安危。所以如何应对气候变化一直都是与太平洋岛国地区生存发展息息相关的重要议题。

2023年11月30日至12月13日在阿联酋召开的第28届联合国气候变化大会（COP28）上，各国领导人达成"阿联酋共识"，主要包括将全球平均气温升幅控制在工业化前水平以上的1.5摄氏度以内，增加对发展中国家的气候融资，并紧急扩大对气候适应的投资力度，终结化石燃料的使用，正式启动"损失和损害基金"，承诺到2030年将可再生能源产能增加两倍等。2024年2月，在由太平洋区域环境规划署秘书处（SPREP）举行的关于COP28的研讨会上，太平洋小岛屿发展中国家（PSIDS）主席卡洛（Kalo）赞赏在COP28上发出的"一个太平洋"的声音，他认为太平洋岛国作为受到气候变化影响的前沿，需要为了共同目标和子孙后代的生存而进一步努力抵御气候变化的影响，他还认为太平洋岛国将在以后遇到更多的挑战，但是只要各国凝聚共识和一起努力就可以战胜未来将遇到的所有挑战。[①]

然而，各国的行动共识达成了很多，但是真正的落实工作难以执行到位。马绍尔群岛的气候问题特使在接受采访时表示，资金援助必须优先考虑保护世界上最易受气候变化影响的脆弱国家，她认为COP28对于太平洋岛国的重视程度不够，最终达成的协议有许多漏洞，包括出现的融资缺口，她认为要加大对太平洋岛国的资金援助力

---

① "One Pacific Reflects on COP28", Pacific News Service, March 1, 2024, https://pina.com.fj/2024/03/01/one-pacific-reflects-on-cop28/.

度，因为气候变化导致很多太平洋国家出现债务危机，需要资金支持。她也提出，各国需要落实好COP28成果，履行相应的承诺。① 这样的话语不无道理，从COP28的最终成果来看，新一期的"损失和损害基金"只会将最小比例的资金分配给最不发达国家和小岛屿发展中国家。② 从数据来看，COP28虽然完成了《巴黎协定》首次全球盘点，但结果不容乐观。在减缓方面，盘点后的成果文件强调了持续存在的排放差距——到2030年全球仍面临203亿~239亿吨二氧化碳当量的执行缺口。在适应方面，文件指出，虽然全球适应气候变化的信心有所提升，但"大多数努力都是碎片化、渐进式、针对特定部门的，并且在各区域分布不均"。在资金方面，文件指出，目前的气候资金流量和实施手段与"实现《巴黎协定》目标，特别是发展中国家目标所需的投资、需求和优先事项"还不相称。预计到2030年，发展中国家所面临的资金缺口将高达5.9亿美元，其中全球每年的适应资金缺口在1940亿美元与3660亿美元之间。③ COP28为联合国发起的2023年适应基金筹集了1.88亿美元，但仍未达到每年捐款3亿美元的目标，也远少于发展中国家每年所需的2150亿美元。而COP28取得的一个重要成果是，"损失和损害基金"开始运作，获得了超过7.26亿美元的资金，用于支持受气候变化影响最严重的国家。但实际上筹集资金只占所需资金的0.2%。④ 总而言之，在2023年，

---

① "Climate Envoy for the Marshall Islands Tina Stege: We Put Our Heart and Soul into Climate Negotiations...It's about Survival for Us", Pacific News Service, February 7, 2024, https://pina.com.fj/2024/02/07/climate-envoy-for-the-marshall-islands-tina-stege-we-put-our-heart-and-soul-into-climate-negotiationsits-about-survival-for-us/.

② "The UAE Consensus Negotiations Outcome", COP28, https://www.cop28.com/en/the-uae-consensus-negotiations-outcome.

③ 江思羽：《极端气候下全球气候治理的合作与博弈》，《世界知识》2024年第4期。

④ 李军平、〔斯里兰卡〕哈桑德拉·维杰希纳、〔西班牙〕莱亚·巴巴拉：《COP28：成果盘点和前景展望》，《世界科学》2024年第2期。

各国达成很多行动共识，但如何将这些共识真正落到实处，如何真正在气候治理方面帮助最需要帮助的国家，各国可以说是任重而道远。

（四）整体政局稳定但部分国家内部政治矛盾凸显

在经历2022年部分太平洋岛国的大选混乱后，太平洋岛国吸取了教训并总结了经验，所以在2023年总体上大选顺利进行，政局保持稳定，但也有部分国家依然在政府成员或选举过程方面存在争议。

部分太平洋岛国已经顺利完成选举，塔格拉吉（Tagelagi）在2023年5月再次当选纽埃总理，并且宣布了新内阁成员名单，新内阁首次包含两名女性部长，保证了性别平衡。[①] 泰奥也在2024年的图瓦卢大选中毫无阻碍地当选总理。[②] 此外，未举行选举的国家为了保证选举顺利进行采取了相应行动。瓦努阿图国会议员预计将获得每人高达100万瓦图（8343美元）的财政支持，以加强和支持全国公投"赞成"运动。内政部长约翰尼·科阿纳波（Johnny Koanapo）证实了这一点，并补充说，该笔资金是议会为增强全民投票意识工作而拨付的3.5亿瓦图（290万美元）的一部分，主要用于帮助议员制定相应计划，保障选举活动顺利进行。[③] 瓦努阿图选举委员会将采取新的选举管理条例，涉及选民登记程序、竞选活动的持续时间、计票程

---

① "Dalton Tagelagi Forms Niue's First Gender-balanced Cabinet", Pacific News Service, May 16, 2023, https：//pina. com. fj/2023/05/16/dalton - tagelagi - forms-niues-first-gender-balanced-cabinet/.

② "Feleti Teo Elected Unopposed as Tuvalu's New Prime Minister", Pacific News Service, February 26, 2024, https：//pina. com. fj/2024/02/26/feleti - teo - elected-unopposed-as-tuvalus-new-prime-minister/.

③ "Vanuatu MPs Expects to Receive up to VT1M for Referendum 'Yes' Campaign, Based on Work Plans", Pacific News Service, February 26, 2024, https：// pina. com. fj/2024/02/26/vanuatu- mps - expects - to - receive - up - to - vt1m - for - referendum-yes-campaign-based-on-work-plans/.

序、结果核实和结果宣布规程等方面，以保证选举的公开透明。①
2024年5月，巴布亚新几内亚和所罗门群岛的政府商讨关于由巴布
亚新几内亚警察部队为所罗门群岛大选提供援助的问题，以保证当地
大选平稳进行。②

　　然而，也有部分国家内部矛盾凸显。近几年政局比较混乱的巴布
亚新几内亚，在由马拉佩（Marape）领导的新政府上台后政局回归
平稳，但巴布亚新几内亚的反对派在2024年初提出对马拉佩的不信
任动议，并且与马拉佩的政府针锋相对，但最终马拉佩赢得信任投
票，他说："这届政府不会破裂。"③ 斐济妇女、儿童和减贫部长塔布
娅（Tabuya）由于丑闻和相关指控，在2024年3月被罢免人民联盟
党（PAP）的副主席职务。④

　　整体来看，除少部分国家依然存在政局不稳的现象，2023年太
平洋岛国的政局较之前而言保持平稳，反映出大部分岛国吸取了之前
发生的乱象带来的教训，总结了暴露出来的问题，为更好地发展本国
的经济和团结太平洋岛国地区奠定了良好的基础。

---

① "Vanuatu Electoral Commission Prepares for Referendum with New Regulation Order", Pacific News Service, February 29, 2024, https：//pina. com. fj/2024/ 02/29/vanuatu－electoral－commission－prepares－for－referendum－with－new－ regulation－order/.

② "PNG, Solomon Lslands in Talks for Help During Polls", Pacific News Service, March 5, 2024, https：//pina. com. fj/2024/03/05/png－solomon－islands－in－ talks－for－help－during－polls/.

③ "PNG PM Wins Vote of Confidence Motion, Opposition MPs Storm Out", Pacific News Service, February 15, 2024, https：//pina. com. fj/2024/02/15/png－pm－ wins-vote-of-confidence-motion-opposition-mps-storm-out/.

④ "Minister for Women Tabuya Removed as Fiji's Ruling People's Alliance Deputy Party Leader", Pacific News Service, March 5, 2024, https：//pina. com. fj/2024/03/ 05/minister-for-women-tabuya-removed-as-fijis-ruling-peoples-alliance-deputy- party-leader/.

二 2023年太平洋岛国地区经济形势评述

2023 年，太平洋岛国的经济增长有所放缓，预计 2024 年将继续减速，因为由新冠疫情缓和带来的经济复苏和暂时提振效应消退，各国的财政政策开始收紧，加上后疫情时代国际局势日益紧张，不同国家和地区之间爆发不同程度的冲突和对抗，这些都极大地恶化了太平洋岛国地区的外部环境，同时也给岛国内部的经济发展带来了恶劣影响。

亚洲开发银行的数据显示，2023 年多数太平洋岛国的经济增长呈现放缓趋势，且一半的国家通胀率上升（见表1），反映出太平洋岛国地区在经过 2022 年经济复苏之后，经济又回到较为平缓的增长速度。世界银行的报告《太平洋经济更新》（Pacific Economic Update）表明，在从新冠疫情中恢复的第一年（2022），太平洋岛国呈现历史上最高的经济增长率，为 9.1%，而在 2023 年，太平洋岛国的经济增长放缓至 5.5%。其中，斐济的经济增长放缓最为明显。斐济 GDP 增长率在 2022 年飙升至 20.0%之后，在 2023 年降至 8.3%。但在旅游业复苏和国内消费强劲的支持下，斐济的经济增长依然保持强大的韧性，其在太平洋岛国地区占据一半的经济产出量。[①] 斐济在 2023 年的经济增长速度回到新冠疫情暴发之前的水平，预计斐济将朝着长期经济增长正常化的方向发展。除斐济外，其他太平洋岛国在经历了连续三年的收缩后，在 2023 年实现了 2.7%的回升。像萨摩亚、汤加和帕劳等以旅游业和汇款为主导的国家在经历了连续三年的收缩后，经济出现了显著反弹。这种复苏归因于游客的大量增加，尤其是来自澳大利亚

---

① "Pacific Economic Update: Recovering in the Midst of Uncertainty", World Bank, August 2023, https://www.worldbank.org/en/country/pacificislands/brief/pacific-economic-update-recovering-in-the-midst-of-uncertainty-august-2023.

和新西兰的游客。① 总体来看，太平洋岛国地区经济增长依然保持良好的态势，虽然没有2022年的强劲，但是整体趋于平稳，回归到比较正常的经济增长水平。同时，在国际局势的不断升温下，风险仍然存在，这源于不确定的国际环境，最明显的是地缘政治紧张局势加剧，造成全球经济、贸易和旅游业的不利变化，从而可能会对经济前景和贫困治理构成挑战。世界银行高级经济学家辛格（Singh）认为经济增长缓慢是由各国的具体情况造成的，比如边境重新开放的时间、航班中断和自然灾害。她认为太平洋国家需要提高生产力，包括扩大在健康、教育、技能和有效的社会保护计划方面的投资，以及建设适应气候变化的高质量基础设施，并且建议太平洋国家努力实现经济多元化。她同时强调通货膨胀"仍然是太平洋地区的敌人"。"太平洋岛国严重依赖该地区以外的大宗商品。"她说，平均通货膨胀率已从2022年的7.5%降至2023年的6.5%。②

表1　2022~2023年太平洋岛国经济数据

单位：%

	GDP 增长率			年均通胀率		
	2022	2023	2024p	2022e	2023p	2024p
库克群岛	10.5	14.5	9.1	4.2	13.0	2.3
密克罗尼西亚联邦	2.0	4.1	0.5	5.0	3.6	0.4
斐济	20.0	8.3	3.7	4.3	3.0	3.0
基里巴斯	1.8	2.3	2.8	5.0	6.0	3.0

---

① "Pacific Economic Growth Slowing after Post-pandemic Rebound", Pacific News Service, March 6, 2024, https://pina.com.fj/2024/03/06/pacific-economic-growth-slowing-after-post-pandemic-rebound/.

② "Pacific Recovery Picks up Amid Uncertain Global Outlook", World Bank, August 8, 2023, https://www.worldbank.org/en/news/press-release/2023/08/08/pacific-recovery-picks-up-amid-uncertain-global-outlook.

续表

	GDP 增长率			年均通胀率		
	2022	2023	2024p	2022e	2023p	2024p
马歇尔群岛	(0.9)	2.2	2.5	3.3	3.7	3.7
瑙鲁	2.8	1.6	1.6	1.0	5.5	4.2
纽埃	…	…	…	…	…	…
帕劳	(1.0)	3.8	6.5	10.2	8.0	5.0
巴布亚新几内亚	3.2	2.0	2.6	5.3	5.0	5.0
萨摩亚	(5.3)	8.0	4.2	8.8	12.0	5.3
所罗门群岛	(4.2)	3.0	2.5	5.5	5.5	3.7
汤加	(2.2)	2.8	2.6	8.5	10.3	4.5
图瓦卢	0.7	3.0	2.5	12.2	6.2	3.3
瓦努阿图	2.0	1.0	3.1	6.7	9.0	5.0

注：2024 年为预测数据。

资料来源：Asian Development Bank，*Asian Development Outlook December 2023*，Manila：Asian Development Bank，2023。

然而，作为国际地缘政治战略竞争的重点，太平洋岛国地区越发受到世界各国的重视。世界主要大国和中等强国在外交政策中都将太平洋岛国地区纳入自己的"关照领域"，2023 年相关国家给予太平洋岛国的国际援助不断增加。而在 2023 财年，美国对太平洋岛国的援助总额达 3.9 亿美元，与 2022 年相比涨幅较大。①

三　2023年中国与太平洋岛国的发展合作

自 2018 年习近平主席同建交太平洋岛国领导人举行集体会晤以来，中国与太平洋岛国的关系越来越深厚，双方在近几年，尤其是在新冠疫情期间，守望相助，相互尊重，携手渡过难关，将双边关系提升为全面战略伙伴关系，也让越来越多的国家看到中国的真心实意，

---

① "U. S. Foreign Assistance Data"，https：//foreignassistance.gov.

在 2024 年初，太平洋岛国瑙鲁就宣布与台湾"断交"，与中国复交。① 而 2023 年中国同太平洋岛国更是在多领域、多方面展开合作，双边关系迈上新台阶。

（一）政治上强化全面战略伙伴关系合作框架

一是首脑互动密切。2023 年中国与太平洋岛国领导人进行多次会晤，共同表示愿为加强政治互信、深化政治合作一道做出努力。习近平主席在 2023 年 10 月与巴布亚新几内亚总理马拉佩举行会晤，习近平主席表示，巴新是最早同新中国建交的太平洋岛国之一。建交 47 年来，两国全面战略伙伴关系日益成熟稳健。巴新为中国同太平洋岛国共建"一带一路"发挥了带头示范作用。中方愿同巴新继续高质量共建"一带一路"。巴布亚新几内亚总理马拉佩也表示，两国将继续坚定相互支持，在"一带一路"倡议框架内继续深化和加强各领域合作，促进太平洋岛国地区与中国的互利合作。② 11 月 16 日，习近平主席在旧金山会见斐济总理兰布卡并指出，斐济是最早同新中国建交的太平洋岛国，几天前迎来中斐建交 48 周年。中方愿同斐方一道，夯实政治互信，拓展务实合作，深化人文交流，推动中斐全面战略伙伴关系不断发展。③ 二是强化关键领域合作。第二次中国-太平洋岛国执法能力与警务合作部级对话 2023 年 12 月 8 日在北京举行，双方表示要加强执法安全合作，维护岛国安全，深化双边关系，真正做到互惠互利，合作共赢。此次对话充分肯定首次部级对话以来取得的丰

---

① 张崇防、刘锴、孔张艳：《中瑙复交开启两国交流合作新篇章》，《新华每日电讯》2024 年 1 月 25 日，第 7 版。

② "Xi Meets Papua New Guinean PM", *China Daily*, Octorber 17, 2023, https：//www. chinadaily. com. cn/a/202310/17/WS652e10a4a31090682a5e8f9e. html.

③ 《习近平会见斐济总理兰布卡》，中国一带一路网，2023 年 11 月 17 日，https：//www. yidaiyilu. gov. cn/p/0LDUEGS0. html。

硕成果，决定将"让合作更专业、更高效、更友好，让岛国更安全"确定为部级对话永久主题，并就未来合作形成广泛共识。① 三是巩固和完善现有合作机制。2023 年 4 月 26 日，中共中央对外联络部举行第三届中国-太平洋岛国政党对话会，会议主题为"加强交流对话，携手共谋发展"。与会太平洋岛国政党政要热烈祝贺中国在改革开放以来几十年间所取得的辉煌成就，认为中国的成功经验为包括太平洋岛国在内的广大发展中国家实现现代化提供了重要借鉴，愿加强同中国共产党的交流合作。感谢中方在基础设施、绿色发展、防灾减灾、公共卫生等方面向岛国提供的宝贵支持和帮助，表示将继续坚定奉行一个中国政策，愿推动太平洋岛国发展战略与共建"一带一路"对接，与中方一道落实全球发展倡议、全球安全倡议、全球文明倡议，共同应对气候变化等全球性挑战，维护地区和平与繁荣，携手构建人类命运共同体。② 10 月 18 日，第三届"一带一路"国际合作高峰论坛海洋合作专题论坛在国家会议中心举行。此次论坛发布了"一带一路"蓝色合作成果清单，其中涉及中国与太平洋岛国的内容有：推出海洋发展合作支持项目、小岛屿国家应对气候变化合作支持项目；推动中国-太平洋岛国渔业合作发展论坛长效化、机制化；中国与斐济、汤加、瓦努阿图等共同发布《气候变化下小岛屿国家海平面上升状况报告》。③ 11 月 10 日，中国政府太平洋岛国事务特使钱波在库克群岛出席第 52 届太平洋岛国论坛对话会并发言。钱波阐述了中国发展同太平洋岛国关系的"四个充分尊重"政策，强调中国式现代化和高质量共建"一带一路"为

---

① 《第二次中国-太平洋岛国执法能力与警务合作部级对话举行 王小洪与萨摩亚警察部部长法乌阿诺共同主持》，《现代世界警察》2024 年第 1 期。

② 《第三届中国-太平洋岛国政党对话会举行》，中共中央对外联络部，2023 年 4 月 26 日，https：//www.idcpc.gov.cn/bzhd/wshd/202304/t20230426_ 151819.html。

③ 《〈"一带一路"蓝色合作倡议〉及蓝色合作成果清单发布》，中国政府网，2023 年 11 月 4 日，https：//www.gov.cn/lianbo/bumen/202311/content_ 6913613.htm。

岛国落实《蓝色太平洋 2050 年战略》带来重大机遇。中方愿同岛国加强发展战略对接，推动构建更加紧密的中国-太平洋岛国命运共同体。钱波还分别同密克罗尼西亚联邦、汤加、巴布亚新几内亚、瓦努阿图等岛国与会领导人进行了友好交流。[①]

（二）经济上深化经贸投资架构建设合作

一是经贸合作平台构建持续推进。在中国与太平洋岛国搭建的多领域合作平台的基础上，2023 年，双方继续加强相关合作平台的建设，巩固和深化双边合作关系。3 月 22 日，中国-太平洋岛国菌草技术示范中心揭牌启用仪式在斐济首都苏瓦举行，中斐政府官员、中国驻斐济大使周剑、太平洋岛国驻斐济使馆代表以及中资企业和华侨华人代表等应邀出席。[②] 5 月，2023 年中国-太平洋岛国农渔业部长会议在南京举行。此次会议以"构建新时期中国-太平洋岛国农渔业全方位合作平台，助力岛国农渔业可持续发展"为主题，对于双方更好保障粮食安全、促进海洋保护和可持续利用、加快实现农业现代化具有重要意义。会议发布了《中国-太平洋岛国农渔业合作南京共识》；在会议期间，中国-太平洋岛国农业合作示范中心在江苏省农业科学院揭牌。[③] 11 月，中国-太平洋岛国海洋防灾减灾合作研讨会在福建平潭召开。[④] 与会嘉宾共同为中国-太平洋岛国防灾减灾合作中心海洋防

---

① 《中国政府太平洋岛国事务特使钱波出席太平洋岛国论坛对话会》，中华人民共和国外交部，2023 年 11 月 13 日，https：//www.mfa.gov.cn/web/wjbxw_ 6730 19/202311/t20231113_ 11178993. shtml。

② 《中国-太平洋岛国菌草技术示范中心在斐济揭牌启用》，中国一带一路网，2023 年 3 月 23 日，https：//www. yidaiyilu. gov. cn/p/0PMO2O6R. html。

③ 《中国-太平洋岛国农渔业部长会议举行》，中国共产党新闻网，2023 年 5 月 10 日，http：//cpc. people. com. cn/GB/n1/2023/0510/c64094-32682616. html。

④ 《中国-岛屿国家海洋合作高级别论坛在福建平潭举行》，中国新闻网，2023 年 11 月 9 日，http：//m. chinanews. com/wap/detail/zw/cj/2022/11-09/9890927. shtml。

灾减灾合作分中心揭牌。这些合作平台都秉持"小而美"和"小而惠民"的理念，旨在提供更多公共服务产品，使合作成果更好促进岛屿国家的社会经济发展和民生福祉。二是"一带一路"合作切实推进。中国在近年来已与多个太平洋岛国签署了共建"一带一路"合作谅解备忘录，不断深化与太平洋岛国地区的合作。2023年，中国亦加强落实与太平洋岛国在"一带一路"倡议下的相关合作。托加桥项目由中国中铁一局集团有限公司承建，于2023年3月开工，桥梁总长51.82米，于2024年2月投入使用。斐济方面表示感谢，并表明新修建的托加大桥能够抵御洪水侵袭，能在恶劣的天气条件下为当地社区提供更安全、更可靠的交通选择，对于促进当地人员交往和经济发展具有重要意义。[1] 10月，由中国铁建所属中国土木工程集团有限公司承建的所罗门群岛蒙达国际机场航站楼项目举行移交仪式。该项目位于所罗门群岛西部省新乔治岛，建设内容包括新建机场航站楼及相关配套设施。项目的落成有效增进西部省与所罗门群岛其他地区及邻近国家的交通往来，有望将相关航线年载客量从1.3万人次提升至2.5万人次。[2] 12月15日，中国援所罗门群岛国家转诊医院综合医疗中心项目举行开工仪式。中方表示，中所建交四年来，在习近平主席和索加瓦雷总理的共同引领下，两国关系驶入快车道，实现大发展。希望中所双方携手努力，将该中心打造成两国高水平互信、高质量合作的标杆。所方也对中国政府和人民的慷慨援助致以衷心感谢，高度评价中所卫生合作成果。[3]

---

[1] 《中企承建桥梁项目解决斐济民众出行难》，新华网，2024年2月4日，http：//www.xinhuanet.com/photo/20240204/d93e2daf8e694612a2840d3fdb6738e8/c.html。

[2] 《中国土木承建所罗门群岛蒙达国际机场航站楼项目顺利移交》，中国一带一路网，2023年10月16日，https：//www.yidaiyilu.gov.cn/p/00MFR6VG.html。

[3] 《蔡蔚鸣大使出席援所国家转诊医院综合医疗中心项目开工仪式》，中华人民共和国驻所罗门群岛大使馆，2023年12月16日，http：//sb.china-embassy.gov.cn/sgxw/202312/t20231216_11205142.htm。

（三）升级完善可持续发展框架性合作

一是在基本公共医疗卫生合作领域。中国与太平洋岛国在公共医疗领域已有长时间的合作历史，尤其在新冠疫情期间，中国政府曾多次派出医疗队和援助医疗物资到相关需要救助的太平洋岛国。2023年，虽然疫情有所缓和，但中国政府依然保持对太平洋岛国地区医疗卫生的援助。7月，中国驻巴新大使曾凡华和巴新卫生部秘书长奥斯本·利科代表两国政府签署《中华人民共和国政府和巴布亚新几内亚独立国政府关于派遣中国医疗队赴巴新工作的议定书（2023—2028年度）》。2023年是中国援外医疗队派遣60周年，此次续签议定书有利于促进巴新医疗卫生事业发展，将进一步促进中巴新关系和两国人民友谊，并为推动构建人类卫生健康共同体做出更大贡献。[①]同月，中国海军"和平方舟"号医院船抵达汤加首都努库阿洛法港，开启为期7天的友好访问并提供医疗服务。汤加方面表示，2023年，汤中迎来建交25周年。25年来，两国关系持续快速发展，各领域互利合作不断深化。相信"和平方舟"号医院船此访将进一步巩固两国友好关系，加强两国人文交流，促进两国军事合作，增进汤加民众的健康福祉。[②] 二是在防灾减灾合作领域。2023年2月28日至3月4日，瓦努阿图接连遭受两次超强飓风侵袭，国家遭受巨大的人员和财产损失。3月16日，带着中国政府和人民的情谊，"中国援助"抵达瓦努阿图首都维拉港。中方希望这批物资能够帮助灾民渡过难关，助

---

① 《中国同巴布亚新几内亚续签派遣医疗队议定书》，中华人民共和国驻巴布亚新几内亚独立国大使馆，2023年7月27日，http：//pg. china-embassy. gov. cn/ xwdt/202307/t20230727_ 11118558. htm。

② 《中国海军"和平方舟"号医院船抵达汤加》，中华人民共和国驻汤加王国大使馆，2023年7月31日，http：//to. china-embassy. gov. cn/sgxw/202307/t20230731_ 11120 200. htm。

力瓦灾后重建工作。瓦方感谢中国政府援助的救灾物资，并表示中方援助体现了两国的深情厚谊，对纾解灾民的生活困难意义重大。① 三是在安全合作领域。8月，中国首批援瓦警务专家组工作启动暨援瓦警用物资交接仪式举行。近年来，中瓦警务合作作为双方友好关系重要组成部分取得长足发展。瓦方对中方援助深表感谢，并表示首批警务专家组的到来必将大幅提升瓦警察维护社会治安能力，该批物资亦将改善瓦警察执法条件，助力其更好维护人民利益。② 四是在人文交流合作领域。9月，中国向巴新大学捐赠教学设备。中方表示，中巴新建交以来，中方本着相互尊重、共同发展的精神，持续为促进巴新教育事业发展提供力所能及的帮助，取得积极成果。巴新方面表示，感谢中方捐赠的高科技教学设备，这将有助于提升巴新大学现代化教学水平。巴新大学高度重视对华合作，期待同中方高校加强交流合作，增进学生对中国的了解，为促进两国人文交流合作做出贡献。③

结　语

2023 年，太平洋岛国地区的政治和经济形势整体上仍旧复杂多变。一方面，随着国际局势的不断恶化，由此持续带来的不确定性仍对经济复苏构成威胁，同时该地区的政治局势虽在近一年保持较为平

---

① 《"中国援助"抵达瓦努阿图》，中华人民共和国驻瓦努阿图共和国大使馆，2023 年 3 月 16 日，http://vu.china-embassy.gov.cn/sgdt/202303/t20230316_11043050.htm。

② 《驻瓦努阿图大使李名刚出席中国首批援瓦警务专家组工作启动暨援瓦警用物资交接仪式》，中华人民共和国驻瓦努阿图共和国大使馆，2023 年 8 月 25 日，http://vu.china-embassy.gov.cn/sgdt/202308/t20230825_11132730.htm。

③ 《曾凡华大使出席向巴新大学捐赠教学设备活动》，中华人民共和国驻巴布亚新几内亚独立国大使馆，2023 年 9 月 14 日，http://pg.china-embassy.gov.cn/xwdt/202309/t20230914_11143063.htm。

稳的状态，但也有矛盾浮现；另一方面，大国在该地区的地缘政治竞争愈发激烈，这不仅对太平洋岛国的内政和外交政策产生了影响，也对地区的稳定秩序构成挑战。在面对这一系列复杂严峻的国际和区域挑战时，太平洋岛国通过积极参与双边及多边合作，在国际上保持了其地位，并在全球气候变化治理上取得了一定的成就，但对后期的治理行动落实还需要保持长期的关注。与此同时，中国与这些岛国之间的"全面战略伙伴关系"进一步加深，中国秉持携手构建中国-太平洋岛国命运共同体的理念，真心实意地帮助各岛国，真正做到美美与共，互利共赢。这不仅有助于保障太平洋岛国地区的和平与稳定，推动可持续发展，还在促进国际公正与正义方面发挥了积极作用，成为促进该地区繁荣与稳定发展的关键力量。

专题报告

B.5
中澳推进双边关系的改善及进展

屈彩云*

摘　要：　2023 年以来，中澳双方根据两国领导人巴厘岛会晤共识、《中澳外交与战略对话成果联合声明》，加强外交磋商和对话，重启各领域对话机制，加强地方政府之间的交流，促进双方人民之间的了解和友谊，推动两国关系的逐步改善。安东尼·阿尔巴尼斯在澳大利亚前总理爱德华·高夫·惠特拉姆首次访华 50 周年之际访华具有重要历史意义，进一步推动了中澳关系的改善进程。当前，中澳关系仍在持续改善，仍需双方总结经验教训和共同努力推进。2024 年是中澳全面战略伙伴关系建立 10 周年。双方应抓住机遇，妥善管控分歧，推进合作共赢，推动全面战略伙伴关系的进一步发展。

*　屈彩云，博士，中国社会科学院亚太与全球战略研究院，中国社会科学院澳大利亚、新西兰与南太平洋研究中心助理研究员，主要研究领域为澳大利亚问题。

关键词： 澳大利亚　中国　全面战略伙伴关系

中澳两国自建交以来，保持着长期的传统友谊和紧密的经贸合作关系。2014 年，中澳两国建立全面战略伙伴关系，加强多领域的合作与交流。然而，近年来中澳关系的发展遭遇挫折。由于澳政府执意视中国为"对手"甚至"威胁"，对华采取了一系列不负责任的言行，中澳关系不断恶化并降至冰点。2022 年 5 月，澳大利亚工党领袖安东尼·阿尔巴尼斯（Anthony Albanese）赢得联邦大选，就任澳大利亚第 31 任总理。安东尼·阿尔巴尼斯政府采取务实的对华政策，并表明改善中澳关系的意愿。中澳两国本着相互尊重、互惠互利的精神，推动两国关系的改善。

一　中澳加强外交对话与磋商

安东尼·阿尔巴尼斯上任以来，在对华政策方面持冷静务实的态度，并寻求改善两国关系。2022 年 6 月 12 日，中澳两国国防部长在出席香格里拉对话会期间进行了会晤。对此，安东尼·阿尔巴尼斯表示："对话是件好事。我期待着我们两国政府的部长们进行进一步的对话。"[①] 2022 年 7 月 8 日，中澳两国外交部长在出席巴厘岛二十国集团外长会期间进行了会晤。澳大利亚外交部长黄英贤（Penny Wong）表达了改善对华关系的意愿，并表示："中国仍然是澳大利亚的全面战略伙伴……我们应该坚定而务实地致力于稳定两国

[①] "Television Interview-ABC 7：30 with Leigh Sales", Prime Minister of Australia, June 23, 2022, https：//www. pm. gov. au/media/television – interview – abc – 730 – leigh–sales.

关系……如果中国与澳大利亚进行直接和建设性的接触，我们将做出同样的回应。"① 中国国务委员兼外交部长王毅指出："希望澳方抓住当前契机，付诸实际行动，重塑对华正确认知，为改善中澳关系减少负资产，积累正能量。"② 同时，王毅提出改善中澳关系应坚持的四项原则，即"坚持视中国为伙伴而不是对手""坚持求同存异的相处之道""坚持不针对也不受制于第三方""坚持构建积极务实社会民意基础"。③ 此后，中澳外交部长在出席联合国大会期间进行了会谈，并通过电话会谈的方式，就推进两国关系的改善保持对话沟通。

2022 年 11 月 15 日，中澳两国领导人在巴厘岛二十国集团领导人峰会期间进行了会晤。习近平指出，"中澳关系曾长期走在中国同发达国家关系前列，值得双方珍惜"④，并表示"中方重视澳方近期展现的改善和发展两国关系的意愿。双方应该总结经验教训，探讨如何推动两国关系重回正确轨道并可持续地向前发展"⑤。安东尼·阿尔巴尼斯表示："我们的双边关系很重要。双方致力于在相互尊重和互利的基础上稳定两国关系。"⑥ 对于此次会晤，安东尼·阿尔巴尼

① "Meeting with China's State Councilor and Minister of Foreign Affairs, Wang Yi", Australian Minister for Foreign Affairs, July 8, 2022, https://www.foreignminister. gov.au/minister/penny-wong/media-release/meeting-chinas-state-councilor-and-minister-foreign-affairs-wang-yi.

② 《王毅会见澳大利亚外长黄英贤》，中华人民共和国外交部，2022 年 7 月 9 日，https://www.fmprc.gov.cn/wjbzhd/202207/t20220709_ 10718039.shtml。

③ 《王毅会见澳大利亚外长黄英贤》，中华人民共和国外交部，2022 年 7 月 9 日，https://www.fmprc.gov.cn/wjbzhd/202207/t20220709_ 10718039.shtml。

④ 《习近平会见澳大利亚总理阿尔巴尼斯》，中华人民共和国外交部，2022 年 11 月 15 日，https://www.mfa.gov.cn/web/zyxw/202211/t20221115_ 10975617.shtml。

⑤ 《习近平会见澳大利亚总理阿尔巴尼斯》，中华人民共和国外交部，2022 年 11 月 15 日，https://www.mfa.gov.cn/web/zyxw/202211/t20221115_ 10975617.shtml。

⑥ "Opening Remarks-Bilateral Meeting-Bali, Indonesia", Prime Minister of Australia, November 15, 2022, https://www.pm.gov.au/media/opening-remarks-bilateral-meeting-bali-indonesia.

斯表示："这是朝着稳定中澳关系又迈出的重要一步。"① 中澳领导人巴厘岛会晤为中澳关系的发展指明了方向。

基于中澳领导人巴厘岛会晤共识，双方以积极的态度加强沟通与协商，共同推动两国关系的逐步改善。2022 年 12 月 21 日是中澳建交 50 周年纪念日。值此之际，中澳两国领导人互致贺电，澳大利亚外交部长访华，两国外交部长会晤并举行第 6 轮中澳外交与战略对话。这反映了中澳珍视传统友谊，致力于推进中澳全面战略伙伴关系发展的意愿。中澳外交与战略对话形成推动两国关系改善的重要成果。在联合声明中，双方同意，中澳关系应符合两国全面战略伙伴关系定位，在此基础上相互尊重、平等互利、管控分歧；保持高层交往，启动或重启双边关系、经贸问题、领事事务、气候变化、防务、地区和国际问题领域的对话沟通；支持两国人文交流，包括 1.5 轨高级别对话、中澳工商界首席执行官圆桌会和两国商业团组互访。②

此后，中澳积极落实双方外交与战略对话成果，重启不同层级的交流机制，持续对话沟通，推动双方关系的改善。2023 年以来，中澳外交部长借出席新德里二十国集团外长会之机进行了会晤，中国外交部副部长同澳大利亚外交和贸易部秘书长举行了中澳外交部政治磋商，就推动两国关系的缓和、共同关心的国际与地区问题进行对话与交流。7 月 13 日，王毅在雅加达出席会议期间与黄英贤进行会晤。王毅指出："在双方共同努力下，中澳关系止跌回稳，得到改善和发展。"③ 黄英贤表示："相互尊重、坦率和建设性的讨论有助于我们找到一条既能

---

① "Meeting with China's President Xi Jinping", Prime Minister of Australia, November 15, 2022, https://www.pm.gov.au/media/meeting-chinas-president-xi-jinping.

② 《中澳外交与战略对话成果联合声明》，中华人民共和国外交部，2022 年 12 月 21 日，https://www.mfa.gov.cn/web/wjbzhd/202212/t20221221_10993385.shtml。

③ 《王毅会见澳大利亚外长黄英贤》，中华人民共和国外交部，2023 年 7 月 14 日，https://www.fmprc.gov.cn/zyxw/202307/t20230714_11113045.shtml。

发展关系又能维护自身利益的道路。"① 9 月 7 日，中澳两国总理在出席雅加达东亚合作领导人系列会议期间进行了会晤。李强指出："中方愿同澳方抓紧重启和恢复各领域交流，继续推进外交、经贸、教育、领事等领域的机制性对话磋商，为两国关系改善发展提供坚实支撑。"② 安东尼·阿尔巴尼斯表示："澳方对两国关系取得的进展感到鼓舞，愿同中方本着相互尊重精神推进对话交流，深化经贸等领域合作，扩大人文交往，妥善管控分歧，构建稳定和建设性的澳中关系。"③

中澳不同层级对话的重启，加深了双方的交流、理解和认知。在中澳双方的共同推动和努力下，两国关系呈现积极改善的态势。2023 年 11 月 4~7 日，澳大利亚总理安东尼·阿尔巴尼斯访华并出席第六届中国国际进口博览会。11 月 6 日，习近平在与安东尼·阿尔巴尼斯的会晤中指出："中澳两国应该顺应时代潮流，从两国共同利益出发，共同构建平等相待、求同存异、互利合作的中澳关系，推动中澳全面战略伙伴关系不断向前发展。"④ 安东尼·阿尔巴尼斯表示："在这段时间里，我们在推进两国关系方面取得了非常积极的进展……我们两国之间的牢固关系将有益于未来。"⑤ 11 月 7 日，李强与安东

① "Meeting with China's Director of the Office of the Central Commission for Foreign Affairs Wang Yi—Opening Remarks", Australian Minister for Foreign Affairs, July 13, 2023, https：//www.foreignminister.gov.au/minister/ penny－wong/speech/meeting－chinas－director－office－central－commission－foreign－affairs－wang－yi－opening－remarks.

② 《李强会见澳大利亚总理阿尔巴尼斯》，中华人民共和国外交部，2023 年 9 月 7 日，https：//www.mfa.gov.cn/zyxw/202309/t20230907_ 11139676.shtml。

③ 《李强会见澳大利亚总理阿尔巴尼斯》，中华人民共和国外交部，2023 年 9 月 7 日，https：//www.mfa.gov.cn/zyxw/202309/t20230907_ 11139676.shtml。

④ 《习近平会见澳大利亚总理阿尔巴尼斯》，中华人民共和国外交部，2023 年 11 月 6 日，https：//www.fmprc.gov.cn/zyxw/202311/t20231106_ 11174786.shtml。

⑤ "Meeting with President Xi Jinping", Prime Minister of Australia, November 6, 2023, https：//www.pm.gov.au/media/meeting-president-xi-jinping.

尼·阿尔巴尼斯进行会晤，并共同发表了《中澳总理年度会晤联合成果声明》。两国领导人同意继续和拓展在政治对话，双边贸易，气候变化、能源和环境，人文交流等领域的接触。双方同意恢复中澳总理年度会晤、中澳外交与战略对话、中澳战略经济对话、中澳部长级经济联委会及其他政府间对话机制；"尽早在澳举行中澳自贸协定联委会会议，举办中澳首席执行官圆桌会会议"，推进实施《区域全面经济伙伴关系协定》，推动达成标准、计量、知识产权、竞争、教育、食品安全等领域的合作谅解备忘录等；恢复中澳气候变化和能源领域对话，启动关于土壤碳检测和气候智慧型农业实践的技术合作；制定1981年《中澳文化合作协定》第15个落实计划，开展文化、体育、教育、创新、学术、航空、卫生、旅游等领域交流等。[1]

安东尼·阿尔巴尼斯在澳大利亚前总理爱德华·高夫·惠特拉姆（Edward Gough Whitlam）首次访华50周年之际访华，这是一次承前启后的访问，是中澳两国关系面向新的50年的一次重要访问。[2] 这对于巩固中澳关系改善的良好态势、推动中澳全面战略伙伴关系的进一步发展具有重要意义。

二　中澳重启多层面官方对话

根据中澳领导人巴厘岛会晤共识、《中澳外交与战略对话成果联合声明》，两国重启经济、农渔业、教育、执法、国防等多领域的对话机制，加强交流沟通。

---

① 《中澳总理年度会晤联合成果声明（全文）》，中华人民共和国外交部，2023 年 11 月 7 日，https：//www.fmprc.gov.cn/zyxw/202311/t20231107_ 11175351. shtml。
② 《驻澳大利亚大使肖千在〈澳金融评论报〉就澳总理阿尔巴尼斯即将访华发表署名文章》，中华人民共和国驻澳大利亚联邦大使馆，2023 年 11 月 3 日，http：//au. china-embassy. gov. cn/dshd/。

（一）中澳重启经贸领域对话

中澳重启多层面的经贸对话机制，推动两国经贸合作重回正轨。2023 年 2 月 6 日，中国商务部部长王文涛和澳大利亚贸易与旅游部长唐·法瑞尔（Don Farrell）举行了视频会谈。王文涛表示："中方愿与澳方重启经贸交流机制；拓展在气变、新能源等新兴领域的合作空间，推动两国经贸关系高质量发展。……希望澳方……为中国企业提供公平、开放、非歧视的营商环境。"[①] 唐·法瑞尔表示："中澳之间的贸易与投资一直是我们双边关系的基础。今天，我们希望让这个基础更加牢固。中国在很大程度上是，并将继续是澳大利亚最大的贸易伙伴，也是我们重要的投资来源。"[②] 此次视频会谈是 2019 年以来中澳贸易部长的首次会晤，反映了双方重启对话、推动经贸合作重回正轨的意愿。此后，中国商务部国际贸易谈判代表兼副部长王受文相继与澳大利亚助理贸易部长蒂姆·艾尔斯（Tim Ayres）、澳大利亚外交和贸易部副秘书长蒂姆·茵德（Tim Yeend）举行会谈，就推进中澳经贸关系、妥善解决彼此经贸关切、加强新兴领域合作进行交流与对话。2023 年 5 月 11~13 日，唐·法瑞尔访华，与王文涛会晤，并参加第 16 届中澳部长级经济联合会。中澳双方同意"重启自贸协定联委会、高级别贸易救济对话等经贸对话机制，加强绿色低碳、奥运基础设施建设等合作，推动省州经贸对接，并支持两国企业在数字贸

[①] 《商务部部长王文涛与澳大利亚贸易部长法瑞尔举行视频会谈》，中华人民共和国商务部，2023 年 2 月 6 日，http：//melbourne. mofcom. gov. cn/article/zyhdtp xw/202303/20230303399692. shtml。

[②] "Meeting with China's Minister for Commerce Wang Wentao," Australian Minister for Trade and Tourism, February 6, 2023, https：//www. trademinister. gov. au/minister/ don-farrell/transcript/meeting-chinas-minister-commerce-wang-wentao.

易和电子商务领域开展合作"①。中澳多项经贸对话机制的重启，为促进双方经贸沟通与磋商、发展双方经贸关系、推进双方务实合作奠定了基础。对于此次会晤，唐·法瑞尔曾表示："这是一次非常热烈和建设性的讨论，坦率地说，是一次坦诚的讨论，我认为我们在稳定这一关系方面取得了一些进展。"②

中澳不同层面经济对话的逐步开展，推动了双方就彼此经贸关切、解决贸易争端的交流与磋商。2023 年 5 月，双方在澳大利亚原木进口问题上取得突破。中国海关总署发布通知："基于对澳方整改措施的评估结果，依据我国相关法律法规和国际植物检疫措施标准，现决定自 2023 年 5 月 18 日起恢复澳大利亚原木进口。"③ 8 月，双方在"中国对原产于澳大利亚的进口大麦征收反倾销税和反补贴税"上的贸易争端得到解决。中国商务部裁定：鉴于中国大麦市场情况发生变化，对原产于澳大利亚的进口大麦继续征收反倾销税和反补贴税已无必要，从 2023 年 8 月 5 日起终止对其征收反倾销税和反补贴税。④ 10 月，双方在关于澳大利亚对自中国进口的风塔征收反倾销税的贸易争端方面出现新变化。澳大利亚反倾销委员会于 16 日公布对华风塔反倾销日落复审基本事实披露报告。该报告建议："对从中国

---

① 《第 16 届中澳部长级经济联委会在京召开》，中华人民共和国商务部，2023 年 5 月 13 日，http：//perth. mofcom. gov. cn/article/jmxw/202305/20230503410894. shtml。

② "Interview with Sabra Lane, ABC AM", Australian Minister for Trade and Tourism, May 15, 2023, https：//www. trademinister. gov. au/minister/ don - farrell/transcript/ interview-sabra-lane-abc-am。

③ 《海关总署动植物检疫司关于恢复澳大利亚原木进口的通知》，中华人民共和国海关总署，2023 年 5 月 18 日，http：//www. customs. gov. cn//customs/302249/ zfxxgk/zfxxgkml34/5040704/index. html。

④ 《商务部公告 2023 年第 29 号　关于原产于澳大利亚的进口大麦所适用反倾销措施和反补贴措施复审裁定的公告》，中华人民共和国商务部，2023 年 8 月 4 日，http：//perth. mofcom. gov. cn/article/sqfb/202308/20230803425654. shtml。

出口至澳大利亚风塔的反倾销措施于 2024 年 4 月 16 日到期终止。"①
11 月,双方在关于"中国对原产于澳大利亚的进口相关葡萄酒采取
反倾销和反补贴措施"的贸易争端方面取得新进展。中国商务部决
定自 2023 年 11 月 30 日起对原产于澳大利亚的进口相关葡萄酒所适
用反倾销措施和反补贴措施进行复审。② 中澳对相关贸易分歧和摩擦
的妥善处理,有利于促进双方经贸务实合作与发展。

(二)中澳加强农渔林业领域对话

中澳都为农业大国,在农渔林业领域有长期合作的历史。在两国关
系回暖的背景下,中澳在农渔林业领域重启高层对话,推动农业合作的
稳定发展。2023 年 4 月 17 日,中国农业农村部副部长马有祥赴澳大利亚,
与澳农渔林业部秘书长安德鲁·梅特卡夫(Andrew Metcalfe AO)共同主
持了中澳农业联委会第 14 次会议。双方就加强农渔业领域合作进行对话,
并提出今后相关合作方向。中澳农业联委会达成下步合作的重要共识:
"一是用好农业联委会及框架下各种机制,保持战略对接和工作对话,确
保农渔业合作健康稳定。二是加强粮食安全、气候智慧型农业等重要议
题交流,促成在粮食减损、土壤健康、动物疫病防控、产业促进等领域
的创新合作,以稳定市场预期,引领农业可持续发展。三是聚焦农业经
贸不断增长,重点在市场准入的技术措施、市场主体的互动交流等方面
展开合作。四是增进多边场合协同互动,照顾彼此关切,展示大国应有

---

① "Statement of Essential Facts No. 621", Department of Industry, Science and
Resources of Australian Government, October 16, 2023, https://www. industry.
gov. au/sites/default/files/adc/public-record/2023-10/621_ -_ 11_ -_ report_ -_
adc_ -_ statement_ of_ essential_ facts_ -_ sef_ 621. pdf.

② 《商务部公告 2023 年第 52 号 商务部关于对原产于澳大利亚的进口相关葡萄
酒所适用反倾销和反补贴措施发起复审调查的公告》,中华人民共和国商务部,
2023 年 11 月 30 日,http://trb. mofcom. gov. cn/article/cs/202311/20231103457
521. shtml。

的形象和影响。"① 马有祥与澳大利亚农渔林业部部长默里·瓦特
（Murray Watt）就推动两国农业合作进行会晤。马有祥表示："中方
愿与澳方一道，加快把双方各自优势转化为更多务实合作成果。"②
默里·瓦特表示："我欢迎稳定双边关系的进程，并重申我致力于推
进中澳农业合作的长期传统。"③ 2023 年 6 月 30 日，中国农业农村部
部长与澳大利亚农渔林业部部长在参加联合国粮农组织大会第 43 届
会议期间进行会晤，就加强双方在现有机制下的合作与创新、推进农
渔业合作的健康稳定发展进行对话。这是中国农业农村部部长和澳大
利亚农渔林业部部长自 2019 年以来的首次会晤。默里·瓦特表示：
"这次会晤为继续稳定两国关系和探讨共同合作提供了机会。"④

（三）中澳加强教育领域交流

教育合作是促进人文交流、增进各国人民相互理解和友谊的重要
桥梁。中澳加强教育领域的对话与交流，推进双方合作的深化。2023
年 3 月 28 日，中国教育部部长怀进鹏与到访中国的澳大利亚维多利
亚州州长就促进高等教育领域的持续合作，特别是研究生交流、特殊
教育、职业教育与培训等领域进行交流。3 月 30 日，中国教育部副

---

① 《马有祥会见澳大利亚农渔林业部部长瓦特》，中华人民共和国农业农村部，2023
年 4 月 18 日，http：//www.moa.gov.cn/xw/zwdt/202304/t20230418_ 6425598.htm。
② 《马有祥会见澳大利亚农渔林业部部长瓦特》，中华人民共和国农业农村部，2023
年 4 月 18 日，http：//www.moa.gov.cn/xw/zwdt/202304/t20230418_ 6425598.htm。
③ "Media Statement：Statement on Meeting with Chinese Vice Minister"，Department
of Agriculture, Fisheries and Forestry of Australian Government, April 18, 2023,
https：//minister.agriculture.gov.au/watt/media-releases/statement-on-meeting-
with-Chinese-Vice-Minister.
④ "Australian and Chinese Agriculture Ministers Hold Face-to-face Talks in Rome",
Department of Agriculture, Fisheries and Forestry of Australian Government, July 2,
2023, https：//minister.agriculture.gov.au/Watt/media-releases/australian-and-
chinese-ag-ministers-hold-face-to-face-talks-in-rome.

部长陈杰与澳大利亚昆士兰大学校长就两国高校教育交流合作进行交流。8 月 14~15 日，中国教育部部长怀进鹏访问澳大利亚，与澳教育部部长、技能培训部部长、维多利亚州州督和维多利亚州州长、澳 15 所高校的校长等进行了会谈。访问期间，双方教育部门举行第 6 次中澳教育研究联合工作组磋商会议，就推动中澳学生交流、联合科研、合作办学、数字教育等领域的合作进行交流和对话。

此外，中澳加强安全与执法领域的对话，举行了第 8 次中澳国防部工作会晤、第 10 次中澳执法合作工作组年度会晤，推动双方在相关领域的沟通、协调与合作。通过重启多领域官方对话机制，双方重建联系，加强沟通与磋商，推动各层面合作的正常化。

三 中澳地方政府之间加强联系

地方政府之间的交流是促进双方人民之间的了解、增进友谊的重要方式。中澳地方政府之间加强对话沟通，积极推进双方合作与两国关系的改善。

澳大利亚维多利亚州长期以来与中国保持着传统的友好关系。在促进中澳关系逐步改善与加强双方对话的进程中，维多利亚州迈出了积极的一步。2023 年 3 月 26 日，维多利亚州政府发布该州州长丹尼尔·安德鲁斯（Daniel Andrews）访问中国的公告，并表示："丹尼尔·安德鲁斯工党政府正在巩固维多利亚州与中国之间牢固而持久的关系"，期待"继续我们与中国在贸易和文化方面的长期关系，并进一步加强我们的深厚联系"。[①] 2023 年 3 月 28 日，丹尼尔·安德鲁斯抵达中国，开始为期 4 天的访问。在访问期间，他访问了北京、江苏

① "Cementing Victoria's Relationship with China", Premier of Victoria, Australia, March 26, 2023, https：//www. premier. vic. gov. au/cementing-victorias-relationship-china.

省和四川省，围绕旅游、贸易、投资、创新、再生能源、卫生与医学研究、文化交流等领域与中国地方政府进行对话。维多利亚州分别与江苏省、四川省决定成立工作小组来落实双方优先事项，推进双方合作。丹尼尔·安德鲁斯是新冠疫情发生以来访问中国的首位澳大利亚州领导人，这是其自 2019 年以来的首次正式出访，也是其第七次访问中国。丹尼尔·安德鲁斯的中国之行推动了维多利亚州与中国地方政府的交流与合作。正如丹尼尔·安德鲁斯所言："这是维多利亚州和中国在疫情后进行建设性和互利接触的重要一步。"① 同时，丹尼尔·安德鲁斯的中国之行也得到了澳大利亚联邦政府的支持。澳大利亚助理贸易部长蒂姆·艾尔斯表示："维多利亚州州长的这次访问，是另一个层级的政府为了国家利益而进行的访问。这是一件好事，也是一个好迹象。"②

西澳大利亚州在推动中澳经贸合作发展方面发挥着重要作用。2022 年，西澳大利亚州对华货物贸易出口 1360 亿澳元，远高于其过去 10 年对华货物贸易出口 820 亿澳元的平均水平，占澳大利亚对华货物贸易出口总额的 79%。2018 年，"中国-西澳大利亚州战略对话"于北京启动，旨在加强西澳大利亚州与中国的贸易与投资关系。截至 2023 年，该战略对话已举行了四届，是进一步推动西澳大利亚州与中国进行贸易与投资合作的重要对话平台。尤其是在新冠大流行和中澳关系恶化时期，该战略对话是沟通西澳大利亚州和中国的重要桥梁。2023 年 4 月 2 日，西澳大利亚州政府发布了州长马克·麦高

---

① "DPC Travel Outcomes Report: Daniel Andrews' 2023 Travel to China", Victorian Government of Australia, June 29, 2023, https://www.vic.gov.au/dpc-travel-outcomes-report-daniel-andrews-2023-travel-china.

② "Television Interview, ABC News Afternoon Briefing", Department Foreign Affairs and Trade of Australian Government, March 28, 2023, https://ministers.dfat.gov.au/minister/tim-ayres/transcript/television-interview-abc-news-afternoon-briefing.

恩（Mark McGowan）访华的公告，并强调："加大力度重建西澳大利亚州与关键贸易伙伴的联系，保持西澳大利亚州经济强劲发展。"① 这是近四年马克·麦高恩的首次正式访华。马克·麦高恩表示："经过几十年的发展，我们与中国的关系是互利互惠的，我们期待着在未来扩大这种关系。我们与中国的经济关系对于地方经济实力至关重要，为西澳大利亚成千上万的当地就业岗位提供支持。"② 2023 年 4 月 17 日，马克·麦高恩率团访华，并参加第五届"中国-西澳大利亚州战略对话"。来自可再生能源、先进制造业、金融服务业与银行、基础产业等领域的中澳商界领袖就加强双方在相关领域的合作进行对话与交流。

继维多利亚州、西澳大利亚州州长访华后，南澳大利亚州州长彼得·马利纳斯卡斯（Peter Malinauskas）于 2023 年 9 月率团访问中国。彼得·马利纳斯卡斯与中国商务部部长就经贸合作、与中国人民对外友好协会副会长就双方民间交往、与上海大学就教育交流等进行了对话。彼得·马利纳斯卡斯率团访问山东省，双方共同举办了"山东省-南澳州企业对接交流会"，加强了双方政府间对话、经贸投资合作、教育科技交流和民间交往。山东大学与阿德莱德大学续签了《阿德莱德大学和山东大学谅解备忘录》。

2023 年 11 月，澳大利亚昆士兰州州长白乐琪（Annastacia

---

① "Premier to Visit Beijing to Strengthen Economic Links with China", Western Australian Government of Australia, April 1, 2023, https：//www. wa. gov. au/government/media - statements/McGowan - Labor - Government/Premier - to - visit - Beijing-to-strengthen-economic-links-with-China-20230401.

② "Premier leads 5th Western Australia-China Strategic Dialogue with Major Chinese Business Leaders", Western Australian Government of Australia, April 20, 2023, https：//www. wa. gov. au/government/media-statements/McGowan-Labor-Government/Premier-leads-5th-Western-Australia-China-Strategic-Dialogue-with-major-Chinese-business-leaders-20230420.

Palaszczuk）率来自教育业、商业、农业、贸易和旅游业等行业100人的历史上规模最大的贸易代表团访华。白乐琪访问上海市与北京市，参加中国国际进口博览会，出席中澳教育圆桌会议，与中方就促进双方经贸、文化、旅游和青年的交流合作进行对话，并签订了相关合作协定。在中国国际进口博览会上，代表昆士兰州28家企业的73名代表在展馆内宣传其产品。中国与昆士兰州企业签署了多份谅解备忘录，其总价值为2.12亿元人民币。白乐琪表示："我们州与中国有着长期的关系，我们希望随着对贸易和旅行的信心回归，这种关系得到加强。"①

对于维多利亚州、西澳大利亚州等州州长访华，澳大利亚总理阿尔巴尼斯表示赞同。阿尔巴尼斯曾表示："这关乎他们经营自己的州。我希望看到我们与中国在任何可能的地方进行合作。我认为对话总是一件好事。交谈和参与总是很好的。"② 澳大利亚这些州州长的访华之行是重建联系、增进友谊的过程，不仅对于促进双方地方政府之间的交流与合作具有重要意义，对于推进中澳关系的改善进程也发挥着不可替代的作用。澳大利亚贸易与旅游部部长法瑞尔表示："我们不仅鼓励我们自己的官员前往中国，也鼓励各州州长前往中国，努力稳定两国关系。"③

中澳地方政府之间的交流与互动逐步开展。2023年5月23~26日，中国四川省委书记、省人大常委会主任王晓晖率团访问澳大利

---

① "Premier Leads Queensland's Largest Trade Mission to China", Queensland Government of Australia, November 6, 2023, https：//statements. qld. gov. au/statements/99073.

② "Radio Interview-6PR Mornings", Prime Minister of Australia, April 3, 2023, https：//www. pm. gov. au/media/radio-interview-6pr-mornings.

③ "Sky News with Kieran Gilbert", Australian Minister for Trade and Tourism, April 19, 2023, https：//www. trademinister. gov. au/minister/don-farrell/transcript/sky-news-kieran-gilbert-2.

亚，与维多利亚州州督和州长、西澳大利亚州州长会谈，参加四川省-维多利亚州经贸教育对接会、四川省-西澳州工商界见面交流会等。四川省与维多利亚州签订了教育、经贸、航空领域的合作协议。2023 年 7 月 27 日，上海市副市长华源与昆士兰州州长白乐琪在布里斯班签署《2023—2025 年度友好合作备忘录》，以加强在可持续发展、科创、教育、旅游、卫生、文化、体育等领域的合作。在推动中澳关系的改善方面，两国地方政府之间的交流发挥了积极作用。

结　语

在中澳双方的共同努力下，两国关系得到明显改善。2023 年是中澳关系 "交流、对话与改善之年"①。双方开展对话与交流的过程是促进相互理解、增进彼此友谊的过程。当前，中澳关系仍在持续改善，仍需双方总结经验教训和共同努力推进。

中澳建交 50 多年的历程已表明，健康稳定的两国关系符合双方的根本利益，体现了双方人民的根本诉求，有利于促进亚太地区和世界的发展与和平。从中澳建交到中澳建立全面战略伙伴关系的发展历程，是双方努力推进两国关系与合作不断深化的进程。2024 年是中澳全面战略伙伴关系建立 10 周年。双方应抓住机遇，妥善管控分歧，推进合作共赢，推动全面战略伙伴关系的进一步发展。

---

① 《肖千大使举办中澳媒体新年酒会暨媒体吹风会》，中华人民共和国驻澳大利亚联邦大使馆，2024 年 1 月 19 日，http：//au. china-embassy. gov. cn/dshd/202401/t20240118_ 11228595. htm。

B.6

"印太"视阈下2023年澳美同盟新动向

宁团辉[*]

摘　要：　在"印太"框架下，2023年的澳美同盟关系继续向前推进。AUKUS核潜艇项目具体方案公布，澳美在国防工业与情报交流方面的合作更加深化；澳大利亚积极配合美国"印太战略"部署，在南海等问题上紧随美国步伐；澳美同盟对气候变化、清洁能源转型、关键矿产和科技、网络、太空等领域的合作更加重视，同盟的合作范围不断扩大。在此背景下，澳美相互借重的态势更加明显，双方不断对同盟赋予新的内涵。尽管如此，澳美同盟在推进核潜艇项目方面仍面临不少挑战，两国在战略和军事上的捆绑也使得澳大利亚自主空间更加有限。

关键词：　澳美同盟　"印太战略"　气候合作　中美关系　中澳关系

　　当前，大国战略竞争继续推动国际关系格局走向新一轮分化组合，澳大利亚与美国在各自"印太战略"的引领下，以强化同盟关系应对国际与地区权力格局的变化，试图以此维持以美国为首的西方国家主导的地区秩序，制衡中国的影响力。

---

　　* 宁团辉，博士，中国国际问题研究院海洋安全与合作研究中心副研究员，主要研究领域为中国周边外交、澳大利亚和新西兰对外政策、中国与太平洋岛国关系。

一　2023年澳美同盟关系的新动向

在阿尔巴尼斯政府和拜登政府的共同推动下，2023年澳美同盟关系继续得到强化，两国在防务与安全、"印太战略"、气候变化以及前沿科技和太空领域的合作都有新的进展。

（一）深化在防务与安全领域的合作

防务与安全是澳美同盟最重要的合作领域。随着大国竞争的加剧，防务与安全在澳美同盟中的重要性更加凸显，两国的"印太战略"都将拓展和深化与盟友的防务与安全合作视为优先事项。在此背景下，2023年澳美在该领域的合作取得了显著进展。

第一，澳英美三边安全伙伴关系（AUKUS）顺利推进。帮助澳大利亚建造核潜艇是澳美防务合作的头等大事，在AUKUS成立之后，三国围绕澳大利亚获得核潜艇的具体方案进行了密集磋商。2023年3月，澳美英三国领导人在美国加州圣迭戈海军基地举行会晤，公布澳大利亚获得核潜艇的路线图。根据该路线图，从2023年开始，澳大利亚将向美国和英国的海军和潜艇工业基地派驻人员进行学习，美英两国核潜艇将增加对澳大利亚港口的访问，并且双方计划在2027年组建一支由1艘英国"机敏"级核潜艇和最多4艘美国"弗吉尼亚"级核潜艇组成的"西部核潜艇轮值部队"（SRF-West），其将进驻位于珀斯附近的斯特林基地（HMAS Stirling）；美国将从21世纪30年代初开始向澳大利亚出售3~5艘"弗吉尼亚"级核潜艇；同时，三国将联合设计和开发AUKUS级核潜艇（SSN-AUKUS），并计划于2040年初向澳海军交付第一艘在澳大利亚建造的 AUKUS 级核潜艇。① 为配合核潜艇项目建设，澳大利亚国库部长吉姆·查默斯（Jim Chalmers）于 3 月 14 日宣布将投资 80 亿澳元扩建斯特林基地，关于在澳东海岸新建潜艇基地的计划也在加紧实施。5 月，在阿尔巴尼斯与拜登会晤后发表的联合声明中，拜登表示将要求美国国会将澳大利亚增列为《国防生产法》第三章规定的"国内来源"，这将大大简化两国在技术和工业基础领域的合作程序，加快 AUKUS 的实施。② 12 月，第二次 AUKUS 国防部长会议在美国加州举行，三国防长就加强澳皇家海军和潜艇工业人员的教育培训等问题进行了磋商，同时宣布将强化在深空雷达、人工智能和量子计算等高科技领域的合作。③ 同月，美国参众两院表决通过《2024 财年国防授权法案》，12 月 22 日，该法案经拜登签署生效，其中涉及 AUKUS 的内容包括：授权向澳大利亚转让 3 艘"弗吉尼亚"级核潜艇；允许接受澳大利亚对美国潜艇工业的投资；授权澳技术人员在澳大利亚维护美国潜艇；授权澳大利亚工人、承包商以及军事人员在美国造船厂进行培训，以支持澳潜艇工业的发展。澳大利亚国防工业部长帕特·康罗伊（Pat Conroy）表示，《2024 财年国防授权法案》的通过是美国两党对 AUKUS 强有力支持的明确信号，是

---

① "Joint Leaders Statement on AUKUS", The White House, March 13, 2023, https：//www. whitehouse. gov/briefing-room/statements-releases/2023/03/13/joint-leaders-statement-on-aukus-2/？_gl=1*poptwi*_gcl_au*MTY2NTMyNjMwMi4xNzA5MDkyMDY1.

② "Australia-United States Joint Leaders' Statement—An Alliance for Our Times", The White House, May 20, 2023, https：//www. whitehouse. gov/briefing-room/statements-releases/2023/05/20/australia-united-states-joint-leaders-statement-an-alliance-for-our-times/.

③ "AUKUS Defense Ministers Meeting Joint Statement", U. S. Department of Defense, December 1, 2023, https：//www. defense. gov/News/Releases/Release/Article/3604511/aukus-defense-ministers-meeting-joint-statement/.

AUKUS 发展的一个历史性时刻。①

第二，军购订单不断，国防工业合作取得突破。阿尔巴尼斯政府延续了莫里森时期加强军备建设的政策路线，继续加大对武器采购的投入力度。美国向来是澳大利亚武器采购的主要渠道，2023 年两国又敲定多个军购订单。1 月，澳大利亚宣布将向美国购买"海马斯"（HIMARS）高机动火箭炮系统，同时确认将花费 28 亿澳元向美国订购"黑鹰"直升机。8 月，澳大利亚国防部宣布将斥资 13 亿澳元向美国采购 200 多枚"战斧"巡航导弹，以增强海军的远程打击能力。澳大利亚因此将成为除美国和英国外，第三个拥有"战斧"巡航导弹的国家。除了"战斧"巡航导弹，澳大利亚还将花费 4.31 亿澳元从美国购买 60 多枚先进的反辐射制导导弹。同时，2023 年，澳美在国防工业领域的合作也取得突破。在 2023 年澳美"2+2"会谈期间，美国承诺将加大对澳国防工业的支持力度，帮助澳大利亚在 2025 年之前在本土生产制导多管火箭系统。美国帮助澳大利亚建立本土导弹制造工业，一方面是为了拉拢澳大利亚，使得澳大利亚在战略上更多与美国捆绑；另一方面是为了获得更多的可信赖的进口来源，解决可能出现的导弹短缺问题。

第三，进一步深化情报合作。澳大利亚与美国在双边同盟和"五眼联盟"的框架下都保持着密切的情报交流与合作。随着"印太战略"的推进，美国对印太地区的关注度骤增，美国迫切需要加强与盟友之间的情报合作，以增强其对地区的监控能力。作为美国在印太地区的核心盟友，澳大利亚自然是美国开展情报合作的优先对象，在 2023 年 7 月举行的澳美"2+2"会谈期间，两国就深化情报合作

---

① "US Congress Progresses AUKUS", Australian Department of Defence, December 18, 2023, https：//www. minister. defence. gov. au/statements/2023－12－18/us－congress-progresses-aukus.

达成协议。根据协议，美国军事情报人员将被派往澳大利亚国防情报组织（Australia's Defence Intelligence Organisation）工作，且美澳将在该组织内建立澳大利亚联合情报中心（Combined Intelligence Centre-Australia），以加强两国长期的情报合作。澳大利亚国防部长马尔斯（Richard Marles）表示，澳大利亚联合情报中心的建立代表着两国向"无缝"情报关系迈出了重要一步。① 12月，澳国家情报办公室负责人安德鲁·希勒（Andrew Shearer）对外表示，澳大利亚正在研发一种"绝密"情报云，并计划与美国和英国间谍网络共享互用。②

（二）加强在"印太"框架下的协调与配合

澳大利亚和美国都将"印太"视为对外战略的核心区域，两国在推进各自"印太战略"部署的过程中相互支持与配合，企图重塑以美国为中心的地区秩序，继续维持对地区事务的主导能力。

第一，频繁举行联合军演，彰显存在感。举行各类军事演习是美国显示对印太地区重视和对盟友安全承诺的重要手段。2023年，澳大利亚积极配合美国，主办了两场大型军演。7月，由美国和澳大利亚主导的"护身军刀2023"联合军事演习在澳大利亚举行。此次演习规模为历届之最，除澳美之外，参加演习的国家还包括日本、韩国、法国、英国、德国、加拿大、斐济、印度尼西亚、新西兰、巴布亚新几内亚和汤加。另外，菲律宾、新加坡、泰国和印度作为观察员

① Stephen Dziedzic, "US Military Analysts to Embed in Australia's Defence Department to Monitor Regional Threats in Wake of AUSMIN Talks", ABC News, July 30, 2023, https://www.abc.net.au/news/2023-07-30/us-military-analysts-defence-regional-security-richard-marles/102666972.

② "Australia Developing 'Top Secret' Intelligence Cloud to Work with US, UK Spy Agencies", Breaking Defense, December 5, 2023, https://breakingdefense.com/2023/12/australia-developing-top-secret-intelligence-cloud-to-share-with-us-uk-spy-agencies/.

参演。各国出动了20多艘舰艇、60多架军机和大量装甲车，参演总兵力超过3万人。8月，澳大利亚首次主办"马拉巴尔"海上联合军演，美国、日本、印度都派军舰参加该演习。同时，澳大利亚还积极参加美国主导的各类演习，显示其对美国战略部署的配合。12月，澳大利亚首次参加代号为"山樱"（Yama Sakura）的美日陆军联合军演，以增强三国军队的互操作性。

第二，继续高调介入南海问题。2023年澳美在南海问题上的动作不断，企图通过搅动南海局势破坏地区和平稳定。双方在2023年澳美"2+2"会谈的联合声明中再次对南海问题指手画脚，并重申2016年"南海仲裁"的所谓裁决是"最终裁决"，"对各方均有约束力"。[①] 2023年8月，美日澳菲四国首次在南海举行联合演习，澳大利亚还派出大型主力战舰参演。同月，澳大利亚与菲律宾在南海举行联合军事演习，澳副总理兼防长马尔斯对此宣称，澳大利亚的大部分贸易活动都要经过南海，因此维护国际规则是与菲律宾"共同的战略利益"。[②] 11月25日至27日，澳大利亚紧随美国步伐，也与菲律宾举行了联合海空巡逻。

第三，巩固和增强在太平洋岛国的影响力。拜登政府将太平洋岛国视为推进"印太战略"的关键一环，持续增加对太平洋岛国的关注和投入。阿尔巴尼斯政府也将巩固和强化与太平洋岛国的关系作为"印太战略"的优先事项，试图重塑澳大利亚在太平洋岛国地区的影响力。因此，太平洋岛国成为澳美双方对外政策协调与合作

[①] "Joint Statement on Australia-United States Ministerial Consultations（AUSMIN）2023", Australian Minister for Foreign Affairs, July 29, 2023, https：//www.foreignminister. gov. au/minister/penny－wong/media－release/joint－statement－australia－united－states－ministerial－consultations－ausmin－2023.

[②] 索炎琦：《澳菲在南海联合军演，澳防长又炒作：澳在南海有安全利益》，环球网，2023年8月25日，https：//mil. huanqiu. com/article/4EGkyoohEAf。

的重点。2023年5月和12月，美澳分别与巴布亚新几内亚签署防务合作协议和安全协议，显示两国对南太平洋防务与安全事务的深度介入。同时，澳美就强化在太平洋岛国地区的存在和影响进行密集磋商，在2023年澳美"2+2"会谈的联合声明中，两国表示要与太平洋岛国合作推动气候行动、网络能力建设和人道主义救援物资储备等措施落地。为增强与太平洋岛国军队的互操作性，澳美将继续支持与太平洋岛国举行军事演习，并邀请斐济、巴布亚新几内亚和汤加参加"护身军刀2023"联合军事演习。10月，阿尔巴尼斯访问美国期间，澳美共同宣布将为澳大利亚、斐济和法属波利尼西亚之间新的海底光缆系统提供资金支持，该系统还将在未来几年内延伸至其他岛屿；两国将共同资助基里巴斯的重要海事基础设施项目，包括修复塔拉瓦的坎顿码头（Kanton Wharf）和查理码头（Charlie Wharf）。

（三）重视气候、清洁能源与关键矿产合作

气候变化、清洁能源、关键矿产资源是澳美同盟新兴的合作领域。气候变化问题是全球性重大挑战，清洁能源转型是应对气候变化的必然选择，关键矿产资源则是实现清洁能源转型的核心支撑，这也是澳美将三者联系起来的原因所在。拜登政府上台后，美国重返《巴黎协定》，再度将应对气候变化作为内外政策的中心议题，试图借此推动美国清洁能源经济的发展并恢复美国在气候问题上的领导地位。澳大利亚在工党政府上台后也采取了更加积极的应对气候变化政策举措，以消除联盟党消极气候政策造成的负面影响。

2023年5月，澳美签署《气候、关键矿产和清洁能源转型契约》。根据该契约，澳美将协调清洁能源供应链，加速市场开发与投资，支持清洁能源经济的发展；同时，两国将支持"印太"及其他

地区的气候变化减缓行动、适应能力和气候韧性。① 10 月 17 日，澳美举行首届清洁能源部长级对话会，为加强合作，两国将组建澳美清洁能源产业委员会，其将就清洁能源产业的发展与合作向两国政府提供建议。此外，澳美将在"净零技术加速伙伴关系"框架下共同资助与电网现代化技术发展和长期储能有关的项目；将与第三国协商，探索在"清洁能源需求倡议"（Clean Energy Demand Initiative）下开发合作项目的机会。在联合应对气候危机方面，澳美强调必须解决非二氧化碳污染物的问题，两国将继续在国内采取有力的甲烷减排行动，并考虑为印太地区发展中国家在甲烷减排能力建设上提供援助；共同支持《蒙特利尔议定书》的实施工作，以最大限度发挥该议定书实施带来的气候效益；支持成立澳大利亚新的国家环境保护机构——澳大利亚环境保护局，并推动两国环保合作；为澳美气候和清洁能源研究提供 1630 万美元的支持；澳美还通过"四边机制"合作，加速印太地区清洁能源转型和安全、多元化清洁能源供应链的发展。②

澳大利亚矿产资源丰富，是全球最大的锂生产国、第三大钴生产国和第三大稀土生产国，在全球关键矿产资源市场中占有重要地位。随着清洁能源经济的发展和主要国家对关键矿产供应链的关注，澳美在该领域的布局与合作也更加紧密。2023 年 5 月，澳大利亚和美国就协调政策和投资，以支持澳大利亚关键矿产的发展达成协议，美国将大力支持澳关键矿产行业发展。阿尔巴尼斯称，该协议将促进澳大

① "Australia-United States Climate, Critical Minerals and Clean Energy Transformation Compact", The White House, May 20, 2023, https：//www. whitehouse. gov/ briefing－room/statements－releases/2023/05/20/australia－united－states－climate－critical-minerals-and-clean-energy-transformation-compact/.

② "FACT SHEET：Delivering on the Next Generation of Innovation and Partnership with Australia", The White House, October 25, 2023, https：//www. whitehouse. gov/ briefing-room/statements-releases/2023/10/25/fact-sheet-delivering-on-the-next-generation-of-innovation-and-partnership-with-australia/.

利亚关键矿产的可持续供应和加工，并支持清洁氢、电池技术和其他清洁能源产品的发展。澳大利亚的关键矿产和可再生能源供应商，还可凭借该协议享受美国《国防生产法》给予美国国内生产商的优惠。[1] 为强调关键矿产对清洁能源转型的核心作用，澳大利亚与美国建立了部长级的澳美关键矿产工作组，其由美国国家安全委员会与澳大利亚工业、科学和资源部的负责人领导，并吸纳工业界和相关政府机构的主要利益攸关方。10 月 23 日，澳美关键矿产工作组举行了第一次会议，并于 10 月 24 日召集政府官员和相关企业举行了关键矿产行业圆桌会议，阿尔巴尼斯在会上表示，清洁能源经济将成为 21 世纪最重大的变革之一，而关键矿产是清洁能源经济的基石；对关键矿产的需求将重塑全球经济，同时为澳美兑现净零排放承诺和增强关键矿产供应链的韧性提供了契机。[2]

（四）推动科技、网络、太空等领域合作

澳美高度重视在新兴技术领域的合作，将开发和利用新兴技术视为维护科技、军事和经济霸权的基础。2023 年 5 月，澳美领导人发表的联合声明指出，两国将在 2021 年 11 月签署的《美澳两国关于量子科学技术合作的联合声明》和澳大利亚 2023 年 5 月发布的《国家量子战略》的基础上，抓住量子和先进技术带来的机遇，深化量子技术领域的合作，并为新兴技术制定负责任的规范和标准。[3] 在人工

---

[1] 达乔、王佳琳、任重：《澳美搞关键矿产合作针对中国？》，环球网，2023 年 5 月 23 日，https：//world. huanqiu. com/article/4DOIMcMFhwf。

[2] "Opening Remarks—Critical Minerals and Industry Roundtable", Prime Minister of Australia, October 24, 2023, https：//www. pm. gov. au/media/opening-remarks-critical-minerals-and-industry-roundtable.

[3] "Australia-United States Joint Leaders' Statement—An Alliance for Our Times", The White House, May 20, 2023, https：//www. whitehouse. gov/briefing-room/statements-releases/2023/05/20/australia-united-states-joint-leaders-statement-an-alliance-for-our-times/。

智能领域，美国国家科学基金会（NSF）和澳大利亚联邦科学与工业研究组织（CSIRO）开展了新的人工智能合作，双方共出资620万美元，以推动负责任和道德的人工智能解决方案的突破性研究。澳美在网络安全方面的合作也取得新进展。在2023年10月访美期间，阿尔巴尼斯在和微软总裁布拉德·史密斯（Brad Smith）会晤后宣布，微软将帮助澳大利亚建立一个"网络盾牌"，以抵御全球网络威胁。阿尔巴尼斯称，这是澳大利亚网络安全战略的第一步，该战略旨在使澳大利亚到2030年成为"世界上网络最安全的国家"[①]。

太空合作在最近几年日益受到澳美同盟的关注，美国更是将澳美太空合作视为其与中国竞争的关键。在美国看来，澳大利亚的地理位置和研究能力对于美国开展太空战略竞争具有重要价值。2023年5月，阿尔巴尼斯与拜登重点就加强两国太空合作进行了讨论，美国计划在澳大利亚建设一座新的地面站，使其为美国航天局的"阿尔忒弥斯"（Artemis）月球探索计划提供通信支持。10月，澳美签署《美澳技术保障协定》（U. S.-Australia Technology Safeguards Agreement），该协定旨在为美国公司在澳大利亚进行航天发射提供法律和技术框架，同时确保妥善处理敏感技术。

二　2023年澳美同盟关系的特征

新的国际形势和战略需求推动了澳美同盟关系的发展，澳美同盟关系的发展又重塑了同盟关系：一方面，美国对澳大利亚的借重有所上升，原来同盟关系中不对称相互依赖的局面有所改善；另一方面，

---

① Brad Ryan, "Microsoft to Help Australia Build 'Cyber Shield', Anthony Albanese Announces in Washington", ABC News, October 24, 2023, https://www. abc. net. au/news/2023-10-24/anthony-albanese-in-washington-dc-microsoft-deal/103012802.

同盟关系的发展导致两国的合作领域扩大，使得同盟的内涵更加丰富。

（一）澳美相互借重的态势更加明显

随着大国战略竞争重回国际舞台，澳美同盟也逐步完成新一轮的转型，在此过程中，澳美相互借重的态势更加明显。长期以来，澳美同盟都呈现鲜明的不对称性，这种不对称性不仅体现在双方力量的巨大差异上，也表现在双方对彼此的依赖完全不成比例上。然而，随着中美力量差距的缩小，美国更加注重借助盟友的力量来实施对华遏制战略，以弥补自身实力的不足。作为美国在亚太地区的核心盟友，澳大利亚被美国寄予厚望，成为美国推进"印太战略"的得力助手。这是因为澳大利亚拥有美国所需要的东西：对美忠诚、对"中国威胁"的共同认知以及重要的地理位置。[①] 因此，美国对澳大利亚的依赖度也在上升。

为了拉拢澳大利亚，美国对澳大利亚的投资和支持力度也在加大。在军事上，拜登政府继续推进 AUKUS 核潜艇项目，在本国潜艇工业产能有限的情况下仍然决定向澳大利亚转让 3~5 艘核潜艇，并且在澳大利亚核潜艇没有到位之前先派遣美国核潜艇进驻澳大利亚，显示美国意图通过 AUKUS 使澳大利亚与其深度捆绑。不仅如此，美国还大力支持澳大利亚国防工业的发展，帮助澳大利亚建设生产导弹的能力，并且与澳大利亚联合研制最前沿的超高音速武器。在外交上，拜登政府大力支持澳大利亚在太平洋岛国地区巩固影响力的行动，并通过"重返"太平洋岛国地区的方式对澳大利亚予以支持。在处理对华关系方面，美国也继续为澳大利亚撑腰，并配合澳大利亚

---

① "Australia Is Becoming America's Military Launchpad into Asia", *The Economist*, August 23, 2023, https：//www.economist.com/asia/2023/08/23/australia-is-becoming-americas-military-launch-pad-into-asia.

对华发声。

与此同时，阿尔巴尼斯政府也不断强调对澳美同盟的支持与配合。阿尔巴尼斯上台后就急于完成与拜登政府的信任重建，表明其领导的澳大利亚政府不会削弱对澳美同盟的支持。2023年，阿尔巴尼斯用实际行动证明了其对澳美同盟的重视，这首先体现在阿尔巴尼斯与拜登之间密集的互动上。2023年3月，阿尔巴尼斯赴美国参加AUKUS领导人会议；尽管拜登5月因为国内债务问题而放弃访澳行程，但在日本举行的"四方安全对话"峰会上，阿尔巴尼斯与拜登举行了会晤；10月，阿尔巴尼斯在访华之前先对美国进行了正式访问，并与拜登举行了会谈；11月，阿尔巴尼斯赴美参加APEC领导人非正式会议，再度与拜登会面。在政策层面，2023年4月发布的《国防战略评估报告》阐述了澳大利亚对当前战略环境的担忧，强调与美国的同盟关系正变得越来越重要。①

阿尔巴尼斯政府之所以如此强调澳美同盟的重要性，主要原因有以下几点。首先，推进AUKUS尤其是核潜艇项目需要美国的大力支持。AUKUS被视为澳美同盟的里程碑，将极大改变澳大利亚的军事能力。作为该机制的主导者，美国对AUKUS的支持极其重要，可以说是该机制能否顺利落地的最重要的因素。因此，确保AUKUS顺利推进不仅是阿尔巴尼斯管理澳美同盟关系能力的体现，也是其执政能力的象征。其次，制衡中国影响力的需要。虽然工党上台后中澳关系有所改善，但澳大利亚对华负面认知没有彻底扭转，其外交与军事布局中对华制衡的一面仍然十分突出。为了实现制衡中国影响力的目标，澳大利亚仍然需要美国的支持。最后，为了以澳美同盟为基础拓展与其他"志同道合"国家的关系。除了与美国的同盟关系，澳大

---

① "National Defence: Defence Strategic Review 2023", Australian Department of Defence, https://www.defence.gov.au/about/reviews-inquiries/defence-strategic-review.

利亚也注重拓展与日本、印度、菲律宾等国的安全关系，但发展与这些国家的关系或多或少都会受到美国的影响。

（二）澳美同盟不断增添新内涵

在澳美的共同推动下，澳美同盟的合作领域不断扩大，双方对一些新兴议题的关注度显著上升，这使得澳美同盟的合作内容更加丰富。

第一，大幅提升气候和清洁能源合作在澳美同盟中的地位。阿尔巴尼斯政府和拜登政府在应对气候变化问题上的相近立场为两国强化在相关领域的合作提供了条件，同时也为澳美同盟增添了新内涵。2023 年，在阿尔巴尼斯和拜登的共同主持下，应对气候变化和发展清洁能源经济成为澳美同盟的核心议题，两国在相关领域的合作不断取得新的突破。5 月，阿尔巴尼斯在与拜登会晤时表示，气候行动是国家安全问题，是澳美同盟关系的新增元素，[①] 在双方发表的联合声明中，气候和清洁能源合作更是被明确列为美澳同盟的第三大支柱。[②]

第二，更加重视科技合作在澳美同盟中的作用。随着新一轮科技革命和产业变革的深入发展，大国之间的科技竞争日趋激烈，科技研发合作因此日益受到澳美同盟的重视。澳美都认识到科技竞争在大国战略竞争中的重要性，两国在加大各自科技研发投入力度的情况下，

---

① "Remarks by President Biden and Prime Minister Anthony Albanese of Australia before Bilateral Meeting", The White House, May 20, 2023, https：//www. whitehouse. gov/briefing－room/speeches－remarks/2023/05/20/remarks－by－president－biden－and－prime－minister－anthony－albanese－of－australia－before－bilateral－meeting－2/.

② "Australia-United States Joint Leaders' Statement-An Alliance for Our Times", The White House, May 20, 2023, https：//www. whitehouse. gov/briefing－room/statements－releases/2023/05/20/australia－united－states－joint－leaders－statement－an－alliance-for-our-times/.

也希望通过与盟国开展科研合作实现优势互补。2023年10月，阿尔巴尼斯与拜登在会谈后发表《美澳关于建立创新联盟的联合声明》，宣布将以建立"创新联盟"为引领，在科学、关键和新兴技术方面开拓新的合作领域。"创新联盟"的建立不仅丰富了澳美同盟的内涵，也为两国开展科研合作提供了助力。

第三，加大对澳大利亚本土国防工业的扶持力度。2023年澳美防务合作值得特别关注的一个点是，美国对澳大利亚本土国防工业的扶持，包括帮助澳大利亚建立生产导弹等先进武器装备的能力，意在提升澳大利亚军工生产能力，使其成为美国在印太地区可信赖的军火来源。美国此举是吸取对乌克兰军援导致弹药短缺带来的教训，同时也是为了提升美军在印太地区的后勤保障能力。尽管如此，美国的直接帮助对于澳大利亚国防工业发展有非常重要的推动作用，此举也有助于提升澳大利亚的军事能力和军事地位。

三　澳美同盟发展前景展望

2023年澳美同盟的发展使得澳美关系呈现日益紧密的状态，双方对彼此的重视程度和期待都在上升。不过，这并不意味着澳美同盟将会一直一帆风顺，同样也不是说同盟关系只会带来好处而没有代价和风险。

（一）澳大利亚核潜艇项目推进面临的风险与挑战

澳大利亚的核潜艇项目是 AUKUS 的核心工程，该项目的进展在澳美英三国都受到了高度关注。尽管核潜艇项目在2023年确定了具体方案，澳美英三国领导人也都表示要推动方案尽快落地，但该项目最终能否顺利实施仍存在一些不确定因素。

第一，美国国会对澳大利亚核潜艇项目的推进可能产生的制约。根据 2023 年 3 月达成的协议，美国将从 21 世纪 30 年代初开始向澳大利亚出售 3~5 艘"弗吉尼亚"级核潜艇，但美国的潜艇工业现有产能无法做到在按计划为美国海军建造核潜艇的同时为澳大利亚建造核潜艇。也就是说，美国面临的困境是要优先保障本国海军的需求还是优先保障澳大利亚海军的需求。鉴于此，早在帮助澳大利亚建造核潜艇的具体方案出炉前，美国参议院军事委员会主席、民主党参议员杰克·里德（Jack Reed）和共和党参议员詹姆斯·英霍夫（James Inhofe）就在 2023 年 1 月致信拜登，要求取消向澳大利亚出售核潜艇的计划，以避免使美国潜艇工业承受过大的产能压力，并强调要优先保障美国海军核潜艇的需求。① 即使在具体方案公布后，争议仍未平息。7 月，包括共和党参议院领袖米奇·麦康奈尔（Mitch McConnell）在内的 23 名共和党参议员联名致信拜登，对美国向澳大利亚出售"弗吉尼亚"级核潜艇的提议表示反对，认为此举将"不可接受地削弱"美国潜艇部队的实力，并影响美国与中国的竞争。② 尽管《2024 财年国防授权法案》已经授权美国向澳大利亚转让核潜艇，但该项目的实施还取决于美国国会对拨款的批准情况，而美国国会围绕拨款产生的争议将影响核潜艇项目的进度。③

---

① Paul Karp, "US Senators Urge Joe Biden Not to Sell 'Scarce' Nuclear Submarines to Australia", *The Guardian*, January 6, 2023, https：//www. theguardian. com/world/2023/jan/06/us－senators－urge－joe－biden－not－to－sell－scarce－nuclear－submarines－to－australia.

② Matthew Knott, "'A Risk We Should Not Take'：Republican Resistance Mounts to Nuclear Submarine Plan", *The Sydney Morning Herald*, July 28, 2023, https：//www. smh. com. au/politics/federal/a－risk－we－should－not－take－republican－resistance－mounts－to－nuclear－submarine－plan－20230728－p5ds0c. html.

③ Tom Corben and Alice Nason, "Are Biden and Congress Playing Chicken with AUKUS?", The United States Studies Centre, February 29, 2024, https：//www. ussc. edu. au/are－biden－and－congress－playing－chicken－with－aukus.

第二，美国政府更迭对核潜艇项目可能产生的影响。拜登政府改变了特朗普以"美国优先"原则处理盟友关系的作风，更加重视盟友在美国对外战略中的作用，AUKUS的建立就是拜登政府聚合盟友力量开展对华"战略竞争"的重要举措，也是拜登政府重整联盟网络的一大功绩。然而，特朗普再次当选美国总统，澳美同盟恐将再次受到冲击，特朗普"美国优先"的外交理念和对盟友苛刻的行事风格难以确保复杂的核潜艇项目能够按照既有计划顺利推进。

第三，澳大利亚国内对核潜艇项目的质疑声音。核潜艇项目的长周期和高投入意味着该项目的实施充满了不确定性。核潜艇项目是澳大利亚历史上最大规模的军事能力投资项目，整个项目预算高达3680亿澳元，项目周期超过30年。这使得澳大利亚不得不将更多的财政开支用于军费，这自然会影响政府民生领域的投入。在经济状况不错和政府财政收入良好的情况下，澳大利亚能够保持对核潜艇项目的持续投资，但一旦经济和财政出现问题，民众对该项目的质疑和反对就会增加。为了停靠核潜艇，澳大利亚政府打算在东海岸建造核潜艇基地，然而，核潜艇基地选址问题在国内引发了不小的抗议。2023年5月，新南威尔士州数千名民众在肯布拉港集会，抗议联邦政府在该港口建造核潜艇基地。未来东海岸核潜艇基地的选址问题将会继续困扰联邦政府。

（二）澳美战略与军事深度绑定带来的安全隐忧和风险

第一，美国的前沿部署导致澳大利亚遭受军事打击的风险上升。为增强美军在印太地区的威慑能力，美国不断扩大在澳大利亚的前沿军事部署。在2023年澳美"2+2"会谈中，双方表示将继续推进包括澳大利亚皇家空军达尔文基地和廷德尔基地在内的澳大利亚北部主要军事基地的升级工作，并将澳大利亚皇家空军谢尔格（Scherger）基地和科廷（Curtin）基地列入新的基础设施升级名单；美国还打算在澳大利亚轮换美国海军海上巡逻和侦察机，以强化美国对印太地区海域状况的监测。美国国防部长奥斯汀表示，升级澳大利亚北部军事基地将强化美国对地区危机的应变能力，同时增强美澳的协同作战能力。① 此外，根据核潜艇项目实施方案，澳大利亚允许美国核潜艇进驻位于西澳大利亚州的斯特林基地，其将来还可能进入位于澳大利亚东海岸的新建核潜艇基地，这样的话，美国海军对印太地区的战略威慑能力将大为提升。2023 年 8 月 4 日，美国海军"弗吉尼亚"级核潜艇"北卡罗来纳"号在"护身军刀 2023"联合军演结束后，停靠斯特林基地，这是 AUKUS 协议达成以来美军核潜艇首次访问澳军事基地，也说明澳美正逐步落实美国核潜艇增加对澳大利亚访问的计划。然而，美军在澳大利亚的前沿部署也增加了澳大利亚遭受军事打击的风险。相比美国在关岛和日本等地的太平洋军事基地，美国的这些举动与其说是为了保卫澳大利亚，不如说是将澳大利亚转变为其进攻亚洲和太平洋地区的基地。②

第二，澳美强化军事安全合作增加了澳大利亚"被牵连"的风险。"被抛弃"和"被牵连"是军事同盟的安全困境。作为澳美同盟中较弱的一方，澳大利亚长期存在"被抛弃"的恐惧，这种恐惧驱使澳大利亚更加积极主动地追随美国，澳大利亚试图以此证明其作为美国盟友的价值，来换取美国的安全保障，以减少被美国抛弃的可能

① "Secretary Antony J. Blinken Secretary of Defense Lloyd J. Austin Ⅲ, Australian Deputy Prime Minister and Minister for Defense Richard Marles, and Australian Foreign Minister Penny Wong at a Joint Press Availability", U. S. Department of State, July 29, 2023, https: //www. state. gov/secretary - antony - j - blinken - secretary-of-defense-lloyd-j-austin-iii-australian-deputy-prime-minister-and-minister-for-defense-richard-marles-and-australian-foreign-minister-penny-wong-at-a-joint-pr/.
② 《英媒："美把澳转变为进攻亚太的基地"》，新华网，2023 年 8 月 2 日，http: //www. news. cn/mil/2023-08/02/c_ 1212251165. htm.

性。美国帮助澳大利亚建造核潜艇、强化在澳大利亚的前沿部署、支持澳大利亚国防工业发展、增强两国军队之间的互操作性，从根本上来说是为了维护其在地区的军事霸权地位，但如果美国在地区发动军事行动，澳大利亚势必卷入其中，这就使澳大利亚成为美国维护霸权地位的牺牲品。洛伊研究所国际安全项目主管、澳大利亚国家评估办公室前高级战略分析师萨姆·罗格文（Sam Roggeveen）就此评论称，澳大利亚"这些决定可能会使澳大利亚卷入一场与我们安全利益无关、可能会以核灾难结束的战争中"①。

第三，澳大利亚的战略自主性将继续被削弱。随着澳美同盟的持续强化和两国在众多领域合作的日益深化，澳美同盟更加"亲密无间"，这会给澳大利亚带来很多好处，但也在直接或间接地削弱澳大利亚的战略自主性。例如，在对外政策上，澳大利亚将会更多地受到美国的影响，主动按照美国坐标来确定澳大利亚应该采取的立场，即使在一些问题上澳美存在差异和分歧，澳大利亚可能也"不得不"按照美国的意愿行事。在军事上，虽然阿尔巴尼斯声称澳大利亚对核潜艇的运营拥有"100%的主权"②，但这种"完全的主权"只存在于澳大利亚与美国战略方向一致的情况之下，并非真正意义上的完全自主权。

结　语

澳美同盟的持续强化和发展反映出澳大利亚在中美战略博弈中更

---

① Daniel Hurst，"Supporting US Military against China Could Draw Australia into Nuclear War, Expert Warns"，*The Guardian*，July 16，2023，https：//www.theguardian.com/australia-news/2023/jul/17/supporting-us-military-against-china-could-draw-australia-into-nuclear-war-expert-warns.

② Damien Cave and Edward Wong，"Australia to Buy U.S. Nuclear-Powered Submarines in Deal to Counter China"，*The New York Times*，March 9，2023，https：//www.nytimes.com/2023/03/09/us/politics/australia-nuclear-submarines-china.html.

多地选择站在美国一边，并联合美国制衡中国的影响力。当前，澳美同盟、中美战略博弈、中澳关系三者相互交织、相互影响，澳美同盟的增强会加剧中美战略博弈中对抗的一面，同时也会给中澳关系增添更多的负面因素。虽然澳大利亚已经在战略上选择了继续追随美国，但完全与美国捆绑并追随美国与中国进行全面对抗并不符合澳大利亚的利益。相较于联盟党政府，阿尔巴尼斯政府在强化澳美同盟的同时也注重改善对华关系，这也是对莫里森政府偏执和极端的对华政策的反思。这也说明，澳大利亚在处理对华关系时不应被澳美同盟牵制，否则将会丧失本来就已经有限的自主空间，并将损害澳大利亚的自身利益。

2023~2024年日本与大洋洲国家关系

郭 锐 沈好文*

摘 要: 2023年,国际格局仍处于深刻调整期。美国受俄乌冲突、中东局势与国内大选等牵制,在对太平洋地区的领导上分身乏术。在此背景下,日本与澳大利亚、新西兰、太平洋岛国等大洋洲国家旨在通过凝聚价值观共识保持战略同频、通过开展绿色能源合作保障可持续发展能力、通过推进利益置换满足各自诉求,从而在实现对美国领导补位的同时,进一步提升其对印太地区事务的影响力和掌控力。未来一段时间,日本将更多携手大洋洲国家在太平洋区域建立更深的立足点,加快将外交视野延伸至整体化的印太地区秩序构建,借助小多边合作机制加强防务安全及价值观外交,遏制所谓的区域竞争者崛起。

关键词: 大洋洲国家 印太构想 军事捆绑 价值观外交 小多边合作

2023年,日本与大洋洲国家以太平洋区域合作为支点,着力推进多领域外交互动,彰显主导印太地区秩序的企图。日本与澳大利亚关系方面,防务安全和能源经济两大议题热度不减,但具体合作侧重点

---

* 郭锐,博士,吉林大学行政学院国际政治系主任、吉林大学国家发展与安全研究院副院长,教授、博士生导师,主要研究领域为东亚安全与军备控制、当代中国外交、日本政治与对外政策、国际关系理论与方法等;沈好文,吉林大学国家发展与安全研究院国家安全学硕士研究生,主要研究领域为日本政治与对外政策、海洋安全与海洋战略。

有所调整。同时，日澳为提升对华威慑力，不断拉盟伴入局，从而强化面向中国的包围圈建构。日本与新西兰关系方面，价值观外交成为两国营造战略互信氛围的重要手段，以粉饰双方在安全事务和区域话语权上的合作诉求。日本与太平洋岛国关系方面，日本理解并支持太平洋岛国的发展意愿，尊重太平洋岛国的发展需求和议程安排，但这一完美形象的背后是日本用利益影响太平洋岛国对核污水排海的态度，更是一场推销"自由开放的印太"构想的"交友"活动。总而言之，2023 年日本与大洋洲国家从"印太战略"整体布局出发，在关注安全、经济等实际领域合作的同时，借共同价值观为彼此战略互信注入强效黏合剂。未来，日本与大洋洲国家将延续灵活的小多边合作模式，加强防务安全和价值观外交。

一　日本与澳大利亚关系

2023 年，日澳特殊战略伙伴关系得到大幅度提升。日澳在不断密切军事和政治关系的同时，着力提升防务安全合作的规范化程度，即通过双边合作机制来保障军事战略同频发展。同时，日澳携手推进能源合作，向绿色发展看齐，旨在刺激两国经济迸发新增长活力。为构建印太地区对华包围圈，日澳联手利用人权、贸易、军事议题等渲染"中国威胁论"，从而拉盟伴入局，旨在增加对华竞争的筹码和胜算。

（一）加紧防务安全合作制度化布局

2023 年，日澳持续强化军事和政治关系，加紧防务安全合作制度化布局。6 月 4 日，日澳为促进军事技术层面的具体合作，签署了简化联合防务技术研究程序的备忘录。这期间，日澳就提升防务安全的软联通水平达成一致意见。澳大利亚国防部长理查德·马尔斯

（Richard Marles）强调，"日澳往来是本国安全的重要保障"①。除在技术资源层面开"共享绿灯"外，日澳还有计划地推进武装部队间的联合行动。8月13日，日澳《互惠准入协定》正式生效，澳大利亚成为继美国后第二个同日本分担防务责任的国家。该协定服务于日澳防务安全一体化目标，旨在简化两国军队互访流程，为举行双边军事演习、拓展参训兵种等提供合法化支撑。对此，时任日本外务大臣林芳正表示，"澳大利亚是首个同日本签署军队互动便利化协定且协定生效的国家，这充分展现出彼此亲密的安全合作伙伴关系，同时期待两国为印太地区的和平与稳定做出更多贡献"②。可以说，2023年日澳在保持高频率军事接触的同时，着重提升防务对接的规范化程度，竭力保障双边安全互动的持久性和稳定性。

（二）借力清洁能源培育合作新增长点

在全球绿色发展的大背景下，日澳于2023年强势推进低碳转型，从清洁能源切入，为双边经济合作注入新动力。一方面，日澳借力多边合作汇聚新能源发展动力。3月4日，亚洲零排放共同体（AZEC）首次部长级会议在东京召开，日澳等11国发表联合声明，承诺在保障整体经济可持续增长的前提下发挥各国产业优势，加快地区能源转型。岸田首相特意发视频寄语展望AZEC前景，高调宣布"将携手澳大利亚打造首条绿色氢能供应链，并逐步同亚洲各国建立广域供应网络"③。区

---

① 『日豪防衛相　防衛装備品の技術分野での協力推進へ覚書に署名』，NHK，2023 年 6 月 4 日，https：//www3. nhk. or. jp/news/html/20230604/k10014089371000. html。

② 『日豪　安全保障協力強化に向け「円滑化協定」13 日発効へ』，NHK，2023 年 8 月 8 日，https：//www3. nhk. or. jp/news/html/20230808/k10014157661000. html。

③ 『アジア・ゼロエミッション共同体（AZEC）閣僚会合における岸田内閣総理大臣ビデオメッセージ』，首相官邸，2023 年 3 月 4 日，https：//www. kantei. go. jp/jp/101_ kishida/discourse/20230304message. html。

域化的能源协调机制，不仅有效分解了日澳绿色转型压力，还强劲助力两国开展海外新能源战略布局。

另一方面，日澳推进一对一绿色互联，借助双边合作扩大清洁能源产业的利益汇合点，为两国经济合作注入新稳定剂。2023年10月8日，日澳举行经济部长对话，两国就深化能源安全保障达成共识。澳大利亚贸易与旅游部长唐·法瑞尔（Don Farrel）表示，澳大利亚"有能力成为日本可靠而稳定的能源供应国"。而日本经济产业大臣西村康稔则高度赞扬了日澳能源伙伴关系，强调"期待两国进一步的低碳减碳合作"。① 回顾2023年，日澳联手加速清洁能源技术开发及商业化运用，致力于增强可持续发展能力，为两国经济合作注入新能量。

（三）拉帮结派意图坐实中国的"假想敌"属性

基于共同的遏华倾向，日澳于2023年持续渲染"中国威胁论"，借助"小圈子"孤立主义加大对华围堵力度。第一，编造人权谎言，挑起中西方价值观对立。2023年2月17日，由日本、澳大利亚、美国、欧洲各国议员组成的对华政策跨国议会联盟（IPAC）呼吁升级对华制裁。②

第二，炒作"中国经济胁迫论"，引发他国对与中国合作的恐慌。2023年6月9日，日本、澳大利亚、美国、英国、加拿大、新西兰六国发表联合声明，妄称对所谓"中国经济胁迫行为"表示严重关切，指责

---

① 『西村経産相　豪閣僚と会談　エネルギー安全保障の強化へ連携確認』，NHK，2023年10月8日，https：//www3. nhk. or. jp/news/html/20231008/k1001 421949 1000. html。

② 『中国人権状況巡り国際会議トラス前英首相ら参加』，産経新聞，2023年2月17日，https：//www. sankei. com/article/20230217 - EQBKY2HW2JKSROLM5 A63AUEWFM/。

中国利用限制出口等"非正当手段损害"多边贸易体系，"威胁"全球经济安全。①

第三，以"受害者"形象勾结盟伴，升级对华军事挑衅。日澳通过夸大"中国军事威胁"的方式来正当化其伙同盟友对华军事叫嚣的无理行为。2023 年 11 月 10 日，日美澳加菲五国海军在太平洋区域举行军事演习。回顾 2023 年，日澳勾结盟伴企图左右国际舆论，通过混淆视听的方式制造地区紧张态势，其无意于改变制衡中国之心不言自明。

二 日本与新西兰关系

2023 年，日新在太平洋区域的合作多元化、纵深化发展态势迅猛。日新将"自由开放的印太"构想作为整体合作框架和发展目标指引，通过价值观外交助力双边发展战略捆绑，为后续经济、政治、外交深度互动铺路。日新在逐步升级防务安全合作的同时，以双边关系为主线、以美澳等盟伴为节点编织遏华关系网，试图以非传统安全合作为抓手深耕印太地区话语权建设。

（一）着力推进价值观外交

2023 年，日新更加注重运用外交软权力，即以价值共识的名义增进双边战略互信，为后续开展全方位合作打下坚实基础。1 月 26 日，岸田首相向新西兰总理克里斯·希普金斯（Chris Hipkins）致就职贺词，强调"日新是建立在共同价值观基础上的战略合作伙伴"，并表示对双边关系提质升级寄予高度期待。② 日本摆出低姿态，向新

---

① 『「経済的威圧」対処で共同宣言日米英など6か国中国念頭に』，NHK，2023年6月10日，https：//www3. nhk. or. jp/news/html/20230610/k10014095551000. html。

② 『岸田総理大臣発ヒプキンス・ニュージーランド首相宛て就任祝辞の発出』，外務省，2023 年 1 月 26 日，https：//www. mofa. go. jp/mofaj/a_ o/ocn/nz/page1_ 001 489. html。

西兰示好，试图以共同价值观捆绑新西兰，助推两国开启外交互动新篇章。7 月 12 日，日新举行首脑会晤，两国领导人一致同意维护自由开放的国际秩序，确认今后将为实现"自由开放的印太"构想推进务实合作。① 10 月 17 日，日本外务大臣政务官高村正大与新西兰驻日大使哈米什·库珀（Hamish Cooper）举行会谈，双方重申了两国基于意识形态共识的战略协同关系，库珀还表达了与日本加快开发太平洋区域的强烈愿望。② 总体来说，日新于 2023 年操弄价值观外交，以"志同道合"假象掩饰两国加强政治经济合作的野心，为联手增强区域影响力、分化国际社会披上正当化外衣。

（二）逐步升级安全领域合作

2023 年，日新抱团推动防务安全合作纵深化发展，争取实现内部合作领域多元化和外部安全威慑扩大化两手抓。一方面，日新依据现实需要不断拓展合作领域，加紧双边防务安全战略捆绑。在信息数据安全层面，2 月 27 日，日新外长会面，双方就《情报保护协定》的"防务合作基础"地位达成共识，一致同意加速谈判以助力两国早日实现机密信息无缝共享。③ 在太空安全层面，日本防卫省于 12 月 5 日宣布加入联合太空作战协议（CSpO）。④ 该协议由美国、英国、法国、德国、澳大利亚、新西兰、加拿大共同签署，意图抢占太

---

① 『日・ニュージーランド首脳会談』，外務省，2023 年 7 月 12 日，https：//www. mofa. go. jp/mofaj/a_ o/ocn/nz/page1_ 001750. html。

② 『クーパー駐日ニュージーランド大使による高村外務大臣政務官表敬』，外務省，2023 年 10 月 17 日，https：//www. mofa. go. jp/mofaj/a_ o/ocn/nz/page1_ 001870. html。

③ 『日・ニュージーランド外相会談』，外務省，2023 年 2 月 27 日，https：//www. mofa. go. jp/mofaj/press/release/press3_ 001077. html。

④ 『防衛省・宇宙安保の多国枠組み参加　情報共有で監視強化』，日本経済新聞，2023 年 12 月 5 日，https：//www. nikkei. com/article/DGXZQOUA0520 90V01C23A 2000000/。

空监管秩序话语权以弹性拓展军事行动空间。日本的加入既是为了伙同西方势力建设太空同盟体系，更旨在推动军事技术联合研发以满足其武装太空的野心。

另一方面，日新勾结西方势力强化对华安全威慑力。2023 年 7 月 11 日至 12 日，北约成员国领导人齐聚立陶宛维尔纽斯，举行峰会，日本、韩国、澳大利亚和新西兰连续两年受邀与会。① 日韩澳新四国虽非正式成员，但其阵营对抗意图明显，即拉拢美欧盟友深化军事联系，从而实现扩大对华遏制目标。这期间，日韩澳新四国还顺势举行了领导人会晤，发誓"维护自由开放的国际秩序，反对武力改变现状"②。总体来看，日新在 2023 年既携手拓展双边安全合作空间，又联合美欧盟友炒作"中国威胁论"，争取为双边联合式发展注入黏合剂。

（三）联手强化区域影响力

2023 年，日新两国合作跳出双边层次，着眼于提升区域影响力，以谋求提升对印太地区的掌控力。美国将印太地区视为重要战略区域，而日新两国则凭借天然地理优势在美国亚太同盟体系中长期扮演马前卒角色。由于 2023 年俄乌冲突、巴以冲突以及国内大选等透支了美国战略资源，大大分散了其对印太区域的领导精力，日新果断抓住时机，致力于提升其对地区事务的领导力。2 月 24 日，日本外务省发布了新西兰外交部长纳纳娅·马胡塔（Nanaia Mahuta）即将访日的消息，明确表示日本要借此机会为实现"自由开放的印太"构想加强两国协作。③ 无论是 9 月日本进行内阁改组，

---

① 《北约峰会闭幕：成员国强烈谴责中国 分析指北约意图挺进亚太》，BBC 新闻网，2023 年 7 月 13 日，https：//www.bbc.com/zhongwen/simp/world-66186 353。

② 『日豪 NZ 韓首脳会合』，外務省，2023 年 7 月 12 日，https：//www.mofa.go.jp/mofaj/page1_ 001749.html。

③ 『マフタ・ニュージーランド外務大臣の訪日』，外務省，2023 年 2 月 24 日，https：//www.mofa.go.jp/mofaj/press/release/press1_ 001324.html。

还是 10 月克里斯托弗·拉克森（Christopher Luxon）当选新西兰总理，印太地区始终作为热点议题贯穿 2023 年日新外交工作。12 月20 日，日新外长进行电话会谈，双方就关于构建繁荣而稳定的印太地区达成高度共识。① 由于印太地区范围广阔，大国势力交会且近水楼台的太平洋区域自然成为日新展开和加强战略部署的优先选择。2月 27 日，《日本-新西兰外长关于太平洋岛国地区合作的联合宣言》发布，将海洋管理、气候变化、人才交流等非争议议题确定为三方合作优先领域。② 日新深谙太平洋区域发展痛点，因而以非传统安全合作为抓手，强化该区域对其的依赖性，从而加速"自由开放的印太"构想的东翼布局。总体而言，2023 年日新有意深耕印太地区话语权建设，并将太平洋岛国作为提升区域连通性的重要着力点。

三 日本与太平洋岛国关系

2023 年，日本在同太平洋岛国的交流中凸显积极合作的友好态度，而这不过是一场双方自愿的利益置换活动。太平洋岛国通过基建外交获得整体发展水平的提升，而日本则借此"洗白"核污水排海行为，继续兜售"自由开放的印太"构想。

（一）尊重太平洋岛国的发展需求和自主议程

2023 年，日本在与太平洋岛国的多边合作中放低姿态，充分保障其话语权和自主性。第一，满足太平洋区域的现实战略诉求。2 月

---

① 『日ニュージーランド外相電話会談』，外務省，2023 年 12 月 20 日，https：//www. mofa. go. jp/mofaj/press/release/pressit_ 000001_ 00136. html。

② 『太平洋島嶼国地域における協力に関する日・ニュージーランド外相共同宣言』，外務省，2023 年 2 月 27 日，https：//www. mofa. go. jp/mofaj/files/100465073. pdf。

7日，日本和库克群岛举行首脑会谈，岸田首相称"日本不论过去还是未来都会根据太平洋地区国家的实际发展需求提供帮助与支持"①。在后续的合作中，日本不断践行该誓言。比如，太平洋岛国卫生医疗水平低，日本于3月6日宣布将投入超12亿日元，用于建立太平洋岛国应对传染病的数字医疗系统。② 再如，太平洋岛国属于气候变化敏感区域，日本有意开展气候外交以提升自身影响力。11月10日，日本外务副大臣堀井严出席太平洋岛国论坛（PIF）对话会时承诺深化同该地区的气候及防灾合作。③ 日本在开发援助中展现出对太平洋岛国重大关切和核心利益的理解与支持，试图借此消除太平洋岛国对其的不信任感。

第二，充分尊重太平洋区域发展的自主议程。一方面，日本高调表示遵循该区域的既有合作机制和安排。2023年2月6日，时任外务大臣林芳正在会见PIF代表团时表示，"尊重太平洋岛国自身的发展进度"④。另一方面，日本以授之以渔的方式在该区域逐步推广日式规范。以长期困扰南太平洋区域的海上犯罪问题为例，日本没有直接派遣武装部队驻扎，而是于5月17日宣布同联合国犯罪和毒品问题办公室就南太平洋区域安全达成共识，今后将为该区域提供海上执

① 『日・クック諸島首脳会談』，外务省，2023年2月7日，https：//www. mofa. go. jp/mofaj/a_ o/ocn/ck/page1_ 001500. html。
② 『キリバス共和国、ソロモン諸島、パプアニューギニア独立国及びフィジー共和国に対する無償資金協力「太平洋島嶼国における感染症対策のためのデジタルヘルス・システム支援計画（UNICEF連携）」に関する書簡の交換』，外务省，2023年3月6日，https：//www. mofa. go. jp/mofaj/press/release/press1_001338. html。
③ 『堀井外務副大臣（総理特使）の太平洋諸島フォーラム（PIF）域外国対話出席（結果）』，外务省，2023年11月14日，https：//www. mofa. go. jp/mofaj/page1_ 001903. html。
④ 『林外務大臣と太平洋諸島フォーラム（PIF）代表団との会談』，外务省，2023年2月6日，https：//www. mofa. go. jp/mofaj/press/release/press1_ 001276. html。

法设备并配合提供相应的能力培训。日本一箭双雕，在尊重太平洋岛国政府权威的同时提升了自身的国际声誉，如所罗门群岛总理就对日本的友好合作态度给予了高度赞扬①，展现了日本在该区域影响力增强的态势。总体来看，2023年日本在与太平洋岛国的合作上并不急于求成，旨在通过尊重和维护该区域的发展意愿，在循序渐进中深化相互尊重、协同发展的伙伴关系。

（二）催动开发援助与核污水排海间形成利益置换

2023年，日本通过基建外交与太平洋岛国进行利益置换，竭力正当化其核污水排放行为。8月24日，日本正式开启核污水排海计划，引发国际舆论哗然。为平息事态，日本选择拉拢位于直接影响区域的太平洋岛国，且早在核污水排海前便开始了预防性示好行动。2月2日，日本与密克罗尼西亚联邦达成无偿援助医疗设备协议。② 6月14日，岸田首相表示日本将积极促进与帕劳在旅游业、基础设施等方面的合作。③ 在核污水正式排放后，日本与太平洋岛国的合作进一步增加。10月2日，日本与库克群岛签署了支援库克群岛货运和客运船只以及维护费用的协议。④ 12月8日，岸田首相与马绍尔群岛总统戴维·卡布阿（David Kabua）会面时强调，"将会持续拿出佐证多核素处理系统（ALPS）处理水无害的科学证据"，还特意提到

---

① 『林外務大臣によるソガバレ・ソロモン諸島首相への表敬』，外務省，2023年3月19日，https：//www.mofa.go.jp/mofaj/a_o/ocn/sb/page4_005817.html。

② 『日・ミクロネシア首脳会談』，外務省，2023年2月2日，https：//www.mofa.go.jp/mofaj/a_o/ocn/fm/page3_003610.html。

③ 『日・パラオ首脳会談』，外務省，2023年6月14日，https：//www.mofa.go.jp/mofaj/a_o/ocn/pw/page1_001734.html。

④ 『クック諸島に対する貨客船供与(無償資金協力「経済社会開発計画」)に関する書簡の署名・交換』，外務省，2023年10月2日，https：//www.mofa.go.jp/mofaj/press/release/press7_000155.html。

"会继续通过双边倡议或多边合作向马绍尔群岛提供帮助"。① 面对日本的开发援助，部分太平洋岛国已经转变了政策风向，如帕劳总统萨兰格尔·惠普斯（Surangel Whipps）在核污水排海事件上表示相信日本为人民健康和安全做出的努力。② 日本假借共同发展之名，以现实利益影响太平洋岛国在核污水排海上的态度。总体来看，2023年日本在南太平洋区域收买人心，试图以利益置换的方式掩盖其核污水横跨国界、超越代际的严重危害性。

（三）在"自由开放的印太"构想下推动"南方外交"

2023年，日本对太平洋岛国加强外交攻势，意图进一步推销"自由开放的印太"构想。日本将南太平洋区域视为其塑造海洋大国身份的重要方向，外务省于3月发布了"自由开放的印太"构想新计划，其中强调"南太平洋区域是连接日本和澳大利亚的海上通道，具有突出的战略意义"③，从官方层面肯定了太平洋岛国在印太地区博弈中的重要价值。因此，日本在同密克罗尼西亚联邦、帕劳等太平洋岛国的双边高层政治互动中，频繁提及"自由开放的印太"构想，试图推动大洋洲岛国加入并在其中扮演盟伴角色。

此外，日本外交视野南移显露其对华战略部署指向性。2022年中国外交部长王毅的南太平洋岛国之行实现了对建交太平洋岛国的"全覆盖"，推动中国同太平洋岛国的合作呈现双边主渠道、多边新

---

① 『日・マーシャル諸島首脳会談』，外务省，2023年12月8日，https：//www. mofa. go. jp/mofaj/a_ o/ocn/mh/pageit_ 000001_ 00054. html。

② 『日・パラオ首脳会談』，外务省，2023年6月14日，https：//www. mofa. go. jp/mofaj/a_ o/ocn/pw/page1_ 001734. html。

③ 『「自由で開かれたインド太平洋（FOIP）」のための新たなプラン』，外务省，2023年3月19日，https：//www. mofa. go. jp/mofaj/files/100477659. pdf。

平台"双轮驱动"的生机勃勃局面。① 这引发了日本的战略焦虑，使其加紧笼络盟友以扩大对华包围圈。7月12日，岸田首相在日新领导人会晤中反复强调两国在印太地区的战略合作伙伴关系，双方还就深化太平洋区域合作达成共识。② 11月18日，日澳在首脑会谈中确认了"协同推进太平洋岛国的可持续发展"主张，宣称"日澳双方在构建'自由开放的印太'上志同道合"。③ 显然，日本借澳新的区域传统大国影响力诱迫太平洋岛国对华保持距离，从而遏制中国影响力提升。总体来看，2023年日本为实现"自由开放的印太"构想，极力拉拢太平洋岛国、站队澳新两国，企图构建针对中国的印太地区隔离带。

四 日本与大洋洲国家关系前瞻

当下全球权力进入新一轮转移期，"东升西降"态势显露，而太平洋区域位于东西方交界、大国势力交汇之处，具有重要战略价值。日本企图将外交视野进一步延伸至太平洋区域以增强自身影响力和话语权，推进小多边合作以抱团取暖，推进防务安全、意识形态等热点领域合作的纵深化发展。

（一）持续推进小多边合作机制建设

日本将遵循小多边合作模式，持续推进同大洋洲国家的区域社群

---

① 《践行大小国家一律平等外交理念　助力太平洋岛国加快发展振兴——王毅国务委员兼外长就出访南太岛国接受中央媒体采访》，中国政府网，2022年6月6日，https：//www. gov. cn/xinwen/2022-06/06/content_ 5694179. htm。

② 『日・ニュージーランド首脳会談』，外務省，2023年7月12日，https：//www. mofa. go. jp/mofaj/a_ o/ocn/nz/page1_ 001750. html。

③ 『日豪首脳会談』，外務省，2023年11月18日，https：//www. mofa. go. jp/mofaj/a_ o/ocn/au/page5_ 000496. html。

建设。2024年伊始，日本就迫不及待地与大洋洲国家进行外交互动，这在一定程度上反映出双方合作模式的未来走向。2024年1月，澳大利亚驻日大使贾斯汀·海赫斯特（Justin Hayhurst）会见日本外务大臣政务官高村正大，之后太平洋岛国驻日大使团礼节性拜访了外务大臣上川阳子。2024年2月，日本和库克群岛协同主持召开了太平洋岛国峰会（PALM）第五届部长级会议，高村正大还在该月开启了一系列访澳行程。可以看出，日本与太平洋国家的开年合作的正式性有限，参与行为体虽多但类型不够丰富，且合作具有一定程度的排他性，属于典型的小多边合作机制。原因有三。一是太平洋区域的治理机制繁杂，且目前尚未形成覆盖所有国家的区域性合作组织，小多边合作机制称得上是域内国家的主流对话方式。二是太平洋区域大国势力盘根错节，而小多边合作形式灵活，成员国不多且发展目标相近，能够有效克服集体行动分歧。三是中美关系走势尚不明朗，国际话语权有限的国家可以通过小多边合作机制建立非正式的合作伙伴关系来实现抱团取暖，并尽可能地减少承诺成本与责任义务，从而回避"选边站"难题。

（二）提升军事绑定可能性

日本将进一步加强与大洋洲国家的安保合作，提升其在太平洋区域的军事存在感。一方面，防务安全合作热度居高不下。2023年6月14日，日本同新西兰举行裁军与防扩散会谈，双方一致同意深化军事领域合作。[1] 6月30日，美日澳在澳大利亚举行联合军演，并宣称"三国军演对维护亚太安全至关重要"[2]。10月，日本防卫省宣布

---

[1] 『日・ニュージーランド軍縮・不拡散協議の開催』，外務省，2023年6月14日，https：//www.mofa.go.jp/mofaj/press/release/press5_000043.html。

[2] 『日米豪、オーストラリアで共同訓練　最多の2500人参加』，日本経済新聞，2023年6月30日，https：//www.nikkei.com/article/DGXZQOGM304KV0Q3A630C2000000/。

批准三菱电机助力澳大利亚进行军备用品开发，这是日本私营企业首次在没有政府参与的情况下自主与外国政府联合开发国防设备。① 防务安全称得上是 2023 年太平洋区域国家合作的高频话题，2024 年相关国家将延续防务安全合作热度。值得注意的是，2024 年 2 月 2 日，日本外务省发布了自卫队同澳大利亚强化海上非法活动监控合作的消息，表明了日本与大洋洲国家进一步强化防务安全合作的意图。

另一方面，日本希冀借此进一步突破战后体制，实现解禁集体自卫权的夙愿。日本不断深化同大洋洲国家的安全关系，这既能够强化自身实战应对能力，还能够配合美国的"印太战略"部署，进一步提升美日同盟的稳定性和威慑性，从而为日本实现"国家正常化"增加筹码和底气。展望未来，日本将继续推动实现在太平洋区域的海外军事部署常态化目标。

（三）高呼价值共识

日本将在同大洋洲国家的合作中继续兜售价值观外交，强行将意识形态同外交行为建立联系。一方面，利用共同价值观向美欧盟友示好，以换取太平洋区域秩序建构方面的话语权保障。2023 年 2 月 2 日，日本同密克罗尼西亚联邦举行领导人会晤时强调，"拥有民主、法治等基本价值观的国家应彼此团结"②。7 月 12 日，日新领导人会晤时又鼓吹"建设自由开放的国际秩序"③。日本深谙西方社会对自身价值观的优越感，因而竭力展现其同西方社会一致的、共同的价

---

① 『日本の大手電機メーカーと豪政府　防衛装備品共同開発へ防衛省』，NHK，2023 年 10 月 21 日，https：//www3. nhk. or. jp/news/html/20231021/k10014232431000. html。

② 『日・ミクロネシア首脳会談』，外務省，2023 年 2 月 2 日，https：//www. mofa. go. jp/mofaj/a_ o/ocn/fm/page3_ 003610. html。

③ 『日・ニュージーランド首脳会談』，外務省，2023 年 7 月 12 日，https：// www. mofa. go. jp/mofaj/a_ o/ocn/nz/page1_ 001750. html。

值观。

另一方面，以政治伎俩炒作意识形态分歧，进而抹黑中国发展意图与国际形象。2023年，日本联合大洋洲国家就人权保障、经济胁迫、军事扩张等议题向中国频频发难。未来，日本将遵循美化自己、诋毁中国的路径，进一步挑动价值观阵营对抗，激起大洋洲国家对华反感甚至是敌意。

结　语

2023年，日本同大洋洲国家依托"自由开放的印太"构想加强和深化多领域合作。当下国际政治经济格局处于深刻调整时期，日本与澳新等部分大洋洲国家以太平洋区域为跳板，旨在将外交视野扩展至印太地区，争取实现国家实力同国际影响力的双重飞跃。在这一过程中，日本和大洋洲国家倾向于开展非正式化的小多边合作，以寻求战略诉求的最大公约数，并尽可能降低受合作伙伴牵连的风险。

值得注意的是，虽然太平洋区域凭借优越的地缘位置和丰富的自然资源在日本海外战略布局中逐步上升为"战略东翼"地位，但当下的国际动荡放大了该区域盘根错节的利益关系和暗流涌动的大国博弈态势。这使得相关国家在战略互动中不得不顾虑许多，也更倾向于遵循本国利益优先原则。因此，日本同大洋洲国家看似密切的合作不过是基于各自诉求的利益置换而已。相互尊重、平等相待，加强互惠务实合作，实现共同发展，才是造福双方人民、可持续增进国家间关系、确保整个区域和平发展繁荣的正途。

B.8
2023年澳印关系回顾与展望

刘舒琪*

摘　要：　2023年，澳印关系持续发展，两国首脑交流频繁、经济关系走深走实、文化认同不断深化、安全合作持续扩大。"印太"区域合作在澳印关系中发挥着重要作用，两国积极参与或加强"印太"地区机制，提升两国在"印太"地区的投射能力。

关键词：　澳印全面战略伙伴关系　"印太战略"　中美关系

一　澳印全面战略伙伴关系的新进展

2020年6月4日，澳大利亚与印度建立了全面战略伙伴关系，双方加强了在政治、经济、安全等领域的互动。在"印太战略"的背景下，澳大利亚和印度都强调"民主国家"的政治身份，对于维护"以规则为基础"的国际秩序以及遏制中国快速增长的力量有着共同的看法。澳印关系的深化更多是为了应对所谓"中国威胁"及配合美国"印太战略"的实施，寻求保障国家自身安全。在此背景下，2023年澳印关系持续发展，主要表现为首脑交流频繁、经济关系走深走实、文化认同不断深化、安全合作持续扩大。

＊　刘舒琪，博士，紫荆学院讲师，主要研究领域为印太国际关系。

（一）首脑外交带动双边关系的发展

2023 年，澳印总理互动深入、来往密切。一年内，两国总理在双边及多边场合会晤 4 次，政治互信得到提升。3 月 8 日至 11 日，澳大利亚总理安东尼·阿尔巴尼斯（Anthony Albanese）访问印度，这是阿尔巴尼斯担任总理以来首次访问印度，两国总理同意进一步加强全面战略伙伴关系。阿尔巴尼斯表示："我对印度的访问加强了澳印之间的友好关系，我为澳印之间深厚和充满活力的关系感到自豪。与印度建立更强大的伙伴关系有助于实现澳大利亚的国家利益，两国将在贸易和投资、教育、可再生能源、国防和安全以及文化等方面加强合作。"[1] 5 月 20 日，第三届美日印澳"四方安全对话"峰会在日本广岛召开。会后，四国发布了《四方安全对话领导人愿景声明——印太的持久伙伴》（Quad Leaders' Vision Statement—Enduring Partners for the Indo-Pacific）[2] 及《四方安全对话领导人联合声明》（Quad Leaders' Joint Statement）[3] 两份指导性文件。四国重申对实现"自由开放的印度洋-太平洋"愿景的坚定承诺，并发誓加强在地区内就基础设施、安全、气候、卫生和科技等领域的四方和多边合作。两日后，印度总理纳伦德拉·莫迪（Narendra Modi）抵达悉尼，开始对澳大利亚进行为期三天的访问，这是继 2014 年后莫迪第二次访澳。莫迪表

---

[1] "Australia-India Annual Leaders' Summit", Prime Minister of Australia, March 10, 2023, https：//www. pm. gov. au/media/australia-india-annual-leaders%E2%80%99-summit.

[2] "Quad Leaders' Vision Statement—Enduring Partners for the Indo-Pacific", The White House, May 20, 2023, https：//www. whitehouse. gov/briefing – room/statements – releases/2023/05/20/quad – leaders – vision – statement – enduring – partners-for-the-indo-pacific/.

[3] "Quad Leaders' Joint Statement", The White House, May 20, 2023, https：//www. whitehouse. gov/briefing – room/statements – releases/2023/05/20/quad – leaders-joint-statement/.

示，他希望和澳大利亚建立更紧密的防务合作和双边关系，阿尔巴尼斯也表示要将与印度的关系提升到"一个新的水平"。莫迪出席了23日晚在悉尼奥林匹克公园举行的大规模集会，并向近两万名在澳印度侨民发表讲话，称两国关系"建立在相互信任和尊重的基础上"，"希望看到双方更多的联系，更多的澳大利亚和印度学生在彼此的国家生活和学习，并将这些经历带回家"。① 阿尔巴尼斯在集会上宣布，将设立澳大利亚-印度关系新中心，地址就选在悉尼西部城市帕拉玛塔，"这个地方本身就是印度-澳大利亚经验的活力证明"②。9月9日，澳大利亚总理访问印度，参加在新德里举行的G20领导人峰会，时隔4个月，两国总理再次会晤，双方同意尽快落实《澳大利亚-印度经济合作与贸易协定》(Austrdia-India Economic Cooperation and Trade Agreement, AI-ECTA)相关内容。两国之间频繁的首脑会晤彰显了双边关系的重要性，同时也是在为两国关系的稳步推进服务。

（二）经济关系的提升与优化

首先，在AI-ECTA签署后，澳印双边贸易额首次突破400亿澳元，印度成为澳大利亚第六大贸易伙伴。2022年4月2日，澳印签署了AI-ECTA，两国在关税水平、市场准入及通关便利等方面实现突破。历时11年，澳印最终达成"里程碑式"的双边贸易协定，该协定于2022年12月29日正式生效。根据AI-ECTA的安排，印度出口至澳大利亚的96.4%的产品可以享受零关税待遇，包括家具、纺织品、珠宝和渔业产品等，产品种类预计约为6500种。对澳大利亚而言，出口至印度的85%以上产品可以享受零关税待遇，包括葡萄酒、

---

① 姚远：《时隔近十年，莫迪再次访问澳大利亚》，新浪财经，2023年5月24日，https://finance.sina.com.cn/jjxw/2023-05-24/doc-imyuwwtw2836312.shtml。
② 姚远：《时隔近十年，莫迪再次访问澳大利亚》，新浪财经，2023年5月24日，https://finance.sina.com.cn/jjxw/2023-05-24/doc-imyuwwtw2836312.shtml。

煤炭、矿石等。AI-ECTA 也对两国之间的服务贸易格局进行了优化，主要包括提供签证便利、开放特色职业签证配额以及加强技术交流等方面的内容。2022~2023 财年，澳印贸易总额超过 475 亿澳元。① 两国花了近 20 年的时间才在 2018 年使贸易总额超过 300 亿澳元，但在 AI-ECTA 签署后，澳印经济关系的质与量都发生了变化。

其次，为了促进两国的经济关系，2023 年 3 月 9 日，澳印举行了首席执行官论坛（CEO Forum）。时隔 5 年，两国总理再次启动这个机制，对澳印经济关系发展而言是巨大的机会。出席此次论坛的主要有澳大利亚和印度的投资者、杰出企业家、商界重要人物以及政治领袖，高级别接触有利于打造政企合作、开放共赢的经济环境，两国希望在清洁能源、关键矿产和教育等领域实现突破。澳大利亚商业委员会（Business Council of Australia）首席执行官詹妮弗·韦斯塔科特（Jennifer Westacott）表示："企业已经做好了准备，但我们需要与政府合作，吸引新的投资。我们对投资持开放态度，由于澳印并不是唯一一对在'印太'地区加强互动的国家，所以我们要努力提高两国的竞争力。"②

最后，2023 年 5 月 23 日，澳大利亚和印度签署了《澳大利亚-印度移民和流动伙伴关系安排》（Australia-India Migration and Mobility Partnership Arrangement），这将促进两国之间的学生、研究人员和商界人士的流动，同时也将促进经济增长。澳大利亚国家统计局（Australian Bureau of Statistics）数据显示，截至 2023 年，印度裔移民人口增速最快，过去 20 年内增长了 5 倍。近 5 年内新增的 100 万名

---

① "Fact Sheet for India", Department of Foreign Affairs and Trade of Australian Government, June 2023, https://www.dfat.gov.au/sites/default/files/inia-cef.pdf.

② "Unlocking New Opportunities for India-Australia Trade", Business Council of Australia, March 10, 2023, https://www.bca.com.au/unlocking_new_opportunities_for_india_australia_trade.

移民中，约 22 万人来自印度，印度成为澳大利亚第二大移民国家。根据《澳大利亚-印度移民和流动伙伴关系安排》，从 2023 年 7 月 1 日起，持有学签的澳大利亚高校印度毕业生，可在无工作担保的情况下申请签证，留澳工作和发展期限最长延至 8 年。每年开放 1000 个打工度假签证名额，此前该类别签证从未对印度开放。允许印籍留学生在完成某些专业指定技工课程后，不进行职业评估，直接申请到 18 个月的毕业生工签。相比而言，其他国家的留学生则必须在通过职业评估后才可申请工签。此外，为期 4 年的专业人才早期流动试点项目（Mobility Arrangement for Talented Early-Professionals Scheme）被视为此次双边协定中的重头戏。[①]

（三）双边文化认同的增强

2023 年 5 月 22 日，莫迪和阿尔巴尼斯共同为悉尼哈里斯公园（Harris Park）的"小印度"区揭幕。"小印度"区包括哈里斯公园的威格拉姆街、马里恩街和车站街，在过去的 10~15 年，这里已成为印度移民的首选之地。在"小印度"区，各种各样的商店出售五颜六色的纱丽、闪闪发光的手镯和印度香料，印度人也在此庆祝排灯节和澳大利亚国庆日等节日。2021 年的人口普查显示，哈里斯公园的 5043 名居民中，有 45%有印度血统。[②] 当地商户对街区改名表示兴奋，"这是两国友谊的象征，也是对印度侨民巨大贡献的认可"。"小印度"哈里斯公园商会主席德什瓦尔（Sanjay Deshwal）表示，这

---

① 《澳印签证互惠被批开"移民绿色通道"，华人吐槽"宛如白送"！移民部回应规避焦点："澳中仍然关系紧密"》，今日珀斯，2023 年 6 月 14 日，https://perth.jinriaozhou.com/content-1023483956634011。

② 《悉尼 Harris Park 印度风味浓厚 当地商家希望正式称小印度》，《澳洲新报》2023 年 4 月 17 日，https://www.acd.com.au/australian-news/xiniharris-parkyindufengweinonghou-dangdeshangjiaxiwangzhengshichengxiaoyindu/。

一变化标志着澳印之间"不朽的友谊",他相信街区名字的改变将会促进该地区的商业发展。①

(四)安全合作的深化

2023年3月1日,拉瓦特将军——澳大利亚青年国防官员交流计划首次实施,澳大利亚国防军派15名军官前往印度交流学习,实地观察印度军队的训练和实践,增进双方对彼此的了解。澳大利亚国防军代表团对印度的访问巩固了澳印全面战略伙伴关系发展的积极趋势,为两国安全合作注入了新的动力。3月9日,阿尔巴尼斯在孟买登上印度第一艘国产航母"维克兰特"号(INS Vikrant),他是首位登上印度国产航母"维克兰特"号的外国领导人。这体现了两国总理对双边关系的一致信心,以及加强双边安全关系的坚定信念。阿尔巴尼斯表示,印度是澳大利亚的"顶级安全合作伙伴",印度洋对两国的安全与繁荣至关重要。② 之后,阿尔巴尼斯与印度海军人员会面,并登上一架轻型战斗机,进入其驾驶舱。两国总理还就进一步加强两国在双边及多边场合的安全合作达成共识。

随着"印太战略"的持续推进,印度慢慢成为美国在亚洲围堵中国战略的重要一环,这将让印度与西方国家的关系更为密切。对印度来说,从西方国家获得更多投资及技术,将是印度跻身全球强国的关键。印度不愿意与西方国家结成军事同盟,而是致力于打造一种广

---

① 《悉尼多条街道将永久更名为"小印度"! 以纪念"澳印之间不朽友谊"》,澳洲财经见闻,2023年5月24日,https://afndaily.com/%e6%82%89%e5%b0%bc%e5%a4%9a%e6%9d%a1%e8%a1%97%e9%81%93%e5%b0%86%e6%b0%b8%e4%b9%85%e6%9b%b4%e5%90%8d%e4%b8%ba%e5%b0%8f%e5%8d%b0%e5%ba%a6%ef%bc%81%e4%bb%a5%e7%ba%aa%e5%bf%b5/。
② 《澳媒:澳印在军事领域迅速接近》,参考消息,2023年3月10日,https://china.cankaoxiaoxi.com/#/detailsPage/%20/05a051e435d94e90af1de312b7fbe430/1/2023-03-10%2016:52?childrenAlias=undefined。

泛的政治、经济及安全等领域的合作机制，以实现印度成为大国的梦想。①

二 澳印与区域国家的互动

近年来，"印太"各国倾向于采取增加适量分母，降低结果不可控风险的小多边合作机制，更有针对性地解决具有价值的问题。许多国家不仅参与了小多边合作机制，而且将在小多边合作机制中取得的成果引入区域和多边平台，以获得更广泛的地区支持。澳印也积极介入"印太"事务，以争取更多的权力资源，提升两国在"印太"地区的话语权。

（一）主要机制平台

1. QUAD 机制的强化

一是美日印澳举行年度例行会晤，推动了四国务实合作的开展。2023 年 3 月 3 日，美日印澳举行了"四方安全对话"（Quadrilateral Security Dialogue，QUAD）外长会议。会后四国发表联合声明称，"我们对争议水域军事化、对动用海警船和海上民兵的危险性，以及干扰其他国家在近海水域的勘探活动的做法表示严重关切"②。尽管声明没有指向中国，但存在对华挑衅的意味，四国试图将南海和东海的安全稳定问题歪曲为中国对国际秩序的"挑战"。5 月 20 日，七国集团峰会期间，美日印澳举办了第三届"四方安全对话"峰会。《四

---

① 沈明室：《印度与印太民主同盟集结的距离》，载沈明室、林雅铃主编《2023 印太区域安全情势评估报告——民主与威权的再集结》，（台北）五南图书出版股份有限公司，2023，第 48 页。

② "Joint Statement：Quad Foreign Ministers' Meeting"，Australian Minister for Foreign Affairs，March 3，2023，https：//www.foreignminister.gov.au/minister/penny - wong/media-release/joint-statement-quad-foreign-ministers-meeting-new-delhi.

方安全对话领导人联合声明》表示，致力于一个自由、开放，具有包容性和复原力的"印太"地区。全球战略和经济环境在迅速变化，对区域内国家产生直接影响。"我们相信我们应该与我们的'印太'地区伙伴密切合作，共同寻找方法来度过这个机遇与不确定性并存的时期。我们相信，所有国家都可以发挥作用，为区域和平、稳定和繁荣出力，同时维护国际法，包括主权和领土完整以及基于规则的国际秩序原则。"① 实际上，《四方安全对话领导人联合声明》体现了四国对不断扩大盟伴体系的野心，四国希冀加强美国主导的"印太战略"的国际支持。9 月 22 日，四国再次举行"四方安全对话"外长会议，重申维护共同确定的规则、规范和标准的重要性，并表示愿意深化四国在国际体系中的合作。②

二是通过"马拉巴尔"（Malabar）军演，提高美日印澳的联合作战能力。2023 年 8 月 11 日至 22 日，美日印澳在澳大利亚悉尼东海岸举行了"马拉巴尔"大规模海上联合军演，这是澳大利亚加入美日印澳"四方安全对话"机制以来，首次作为东道主主办四国军演，参加演习人数约 1.5 万人。澳大利亚国防部长理查德·马尔斯（Richard Marles）称，"澳大利亚很荣幸能首次举办大规模海军演习，在当前的战略环境下，我们与邻国合作，深化我们的防务伙伴关系，比以往任何时候都更重要"③。"马拉巴尔"军演由过去以印度洋和

---

① "Quad Leaders' Joint Statement", The White House, May 20, 2023, https：//www. whitehouse. gov/briefing-room/statements-releases/2023/05/20/quad-leaders-joint-statement/.

② "Joint Readout of the Quad Foreign Ministers' Meeting", Australian Minister for Foreign Affairs, September 22, 2023, https：//www. foreignminister. gov. au/minister/penny-wong/media-release/joint-readout-quad-foreign-ministers-meeting.

③ 南博一：《澳大利亚首度举办"马拉巴尔"军演，美日印澳派舰机参加》，澎湃新闻，2023 年 8 月 11 日，https：//www. thepaper. cn/newsDetail_ forward_ 24197140。

西太平洋为主，到现在覆盖整个"印太"地区，军演范围的扩大表明美日印澳四国共同遏制中国的意图愈加明显。随着全球地缘政治格局不确定性的增加及美国战略利益的调整，"马拉巴尔"军演的强度不断提高，更具实战意味和针对性。"马拉巴尔-2023"军演的科目设置比较高端，以反潜和防空、反导为主，反潜战更是这次军演任务的重中之重。这不仅意味着"马拉巴尔"军演正在朝实战化方向发展，这一动作也暴露了四国封锁台湾岛东部太平洋的企图。①

2. AUKUS 合作的扩大

随着 18 个月期限的临近，美英澳三国领导人于 2023 年 3 月 13 日举行会谈，并公布了为澳大利亚配备核潜艇的计划。根据该计划，美国将在 21 世纪 30 年代初起，向澳大利亚出售 3 艘美国"弗吉尼亚"级核潜艇，未来还可能追加出售 2 艘。同时，美英澳三国将合作研制 AUKUS 级核潜艇（SSN-AUKUS），并让英国和澳大利亚分别在 21 世纪 30 年代末和 40 年代初配备。整个计划预计将在 2055 年完成，耗资 2450 亿美元。② 此外，为了加强三国核潜艇部队的协调与配合，美国的核潜艇从 2023 年开始将增加对澳大利亚港口的访问，英国的核潜艇预计从 2026 年开始增加对澳大利亚港口的访问。③ 7 月 1 日，澳大利亚政府进一步宣布，在国防部之下，原本负责推动核潜艇事务的"核动力潜艇项目小组"（Nuclear Powered Submarine Task Force）扩大编制，成为"澳大利亚潜艇局"（Australian Submarine

① 唐耀、金默：《透视美日印澳马拉巴尔-2023 海上联合演习》，《军事文摘》2023 年第 21 期，第 29~30 页。

② 熊超然：《"瞄准中国"，美英澳公布 2450 亿美元核动力潜艇合作计划细节》，观察者网，2023 年 3 月 14 日，https://m.guancha.cn/internation/2023_03_14_68 3978.shtml。

③ 李途：《美英澳伙伴关系与"印太"地区阵营化：基于小多边主义的考察》，《东北亚论坛》2023 年第 6 期，第 99 页。

Agency）并开始运作，统筹潜艇事务。[1]

3. "印太经济框架"的推进

2023 年 5 月 27 日，"印太经济框架"（Indo-Pacific Economic Framework，IPEF）部长级会议在美国举行。在美国的主导下，14 个成员国达成协议，加强芯片、关键矿产等基础材料的供应链，以减少这些国家对中国的所谓"依赖"。协议考虑建立三个新的 IPEF 供应链机构，包括：成立 IPEF 供应链理事会，共同制定针对关键部门和关键商品的具体行动计划；建立危机响应网络；组建劳工权利咨询委员会。这是 IPEF 自 2022 年 5 月启动以来取得的首项成果。[2]

值得注意的是，澳大利亚在中国实力提升之际，希望扩大与中国的经贸往来。例如，2023 年 5 月，澳大利亚贸易与旅游部长唐·法瑞尔（Don Farrell）访华时表示仍希望扩大与中国的经贸往来。再如，澳大利亚宣称将"根据实际情况"考虑中国加入《全面与进步跨太平洋伙伴关系协定》（Comprehensive and Progressive Agreement for Trans-Pacific Partnership，CPTPP）的申请，试图对中国开出"价码"。[3]

---

[1] 舒孝煌：《反制中共 A2/AD：美国在印太区域的战略部署》，载沈明室、林雅铃主编《2023 印太区域安全情势评估报告——民主与威权的再集结》，（台北）五南图书出版股份有限公司，2023，第 35 页。

[2] Aidan Arasasingham, Emily Benson, Matthew P. Goodman and William Alan Reinsch, "Assessing IPEF's New Supply Chains Agreement", Center for Strategic & International Studies, May 31, 2023, https：//www.csis.org/analysis/assessing-ipefs-new-supply-chains-agreement.

[3] 刘程辉：《澳大利亚总理想访华，但反对派拖后腿：得让中国先解除贸易限制》，观察者网，2023 年 5 月 22 日，https：//www.guancha.cn/internation/2023_05_22_693510.shtml。

（二）次要机制平台

随着外部国家越来越关注"印度洋-太平洋"地区，在澳大利亚外交决策过程中扮演重要角色的太平洋岛国地区的地缘政治空间变得越来越"拥挤和复杂"。[①] 战略竞争使区域动态进一步复杂化，虽然大洋洲地区不属于传统意义上的战略竞争区域，但其经济、政治和战略意义愈发重要。莫迪推进的"东向行动"政策重视与太平洋岛国的合作，太平洋岛国在印度对外战略中的地位得到增强。

2023 年 5 月 21 日，莫迪飞抵巴布亚新几内亚，他是首位访问巴新的印度总理，表明印度愿意以建设性方式与巴布亚新几内亚开展合作，印度加强与太平洋岛国的接触可以为各国应对"印太"地区的挑战提供新的思路。根据外交传统，巴新不会在日落后为到访的客人安排欢迎仪式，但巴新总理詹姆斯·马拉佩（James Marape）此次破例在日落后亲自为莫迪举行欢迎仪式，不仅放礼炮、铺红毯，还弯下腰触碰莫迪的脚以示尊重。莫迪在推特（Twitter）上表示："我对巴布亚新几内亚的访问是历史性的。我将非常珍惜这个美好国家的人民对我的感情。我也有机会与受人尊敬的 FIPIC 领导人互动，并讨论如何深化与各自国家的关系。"[②]

2023 年 5 月 22 日，莫迪与马拉佩共同主持第三届印度-太平洋岛国合作论坛（FIPIC）峰会，此次印度-太平洋岛国合作论坛峰会是中断近 8 年后再次召开。莫迪在峰会上向太平洋岛国表示：

---

① Joanne Wallis, "Submission-Strengthening Australia's Relationships with Countries in the Pacific Region", The Australian National University, July 2020, https：//www. aph. gov. au/DocumentStore. ashx？ id ＝ 3e5c73e9 － 4a12 － 462d － b809 － 3fa047 fa8ec1&subId＝679921.

② 转引自周弋博《时隔近 8 年，印度与太平洋岛国再开峰会谈合作》，凤凰网，2023 年 5 月 23 日，https：//i. ifeng. com/c/8Q1TDtAMyIB。

"印度尊重你们的优先事项。我们很自豪能成为你们的发展伙伴——无论是人道主义援助还是你们的发展，你们都可以把印度视为一个可靠的伙伴，我们的合作方式是基于人类的价值观的。"①由于印度–太平洋岛国合作论坛是一个非侵入性、非支配性、旨在实现合作共赢的机制，印度可以通过建立与太平洋岛国的友好合作关系，增强其在该地区的影响力。巴新总理支持印度成为"全球南方"领袖，同时促请莫迪在国际舞台上为太平洋岛国发声。当前，大国间的传统地缘战略竞争使太平洋岛国的战略地位凸显，太平洋岛国可以借此机会在大国竞争中获得战略收益，为国家发展带来有利影响。

三 展望

当前，战略优先、立足安全、促进经济、各取所需是澳印全面战略伙伴关系的基本特征。在中美战略竞争的背景下，澳大利亚和印度视中国为挑战"印太"地区原有秩序的"破坏者"，两国合作的重点之一是挤压中国的发展空间，并与其他"印太"国家开展合作，如美国和日本。遵循这一战略思维，安全合作是澳印全面战略伙伴关系的核心要素。澳大利亚和印度在"四方安全对话"机制中交流磋商、共享信息以及参与军演，共同支持以美国为主导的"印太"体系的构建，希望在"印太"地区取得对中国的竞争优势。为了巩固对抗中国的堡垒，澳印全面战略伙伴关系的重要内容还包括全球产业链、供应链的重塑。2022年12月生效的AI-ECTA，为双边经济关系提升制定了框架，尤其是在中澳、中印存在贸易摩擦的领域，澳印寻求替

---

① 转引自周弋博《时隔近8年，印度与太平洋岛国再开峰会谈合作》，凤凰网，2023年5月23日，https：//i.ifeng.com/c/8Q1TDtAMyIB。

代性方案，并逐步落实这些方案。澳大利亚和印度还参与了"印太"地区的小多边合作机制，意图获得对华的竞争优势。在小多边合作机制下，参与方的战略目标较为一致，报偿率也高，澳印等国家倾向于用此机制来推进合作，缓解美国主导的"轴辐体系"的行动困境和扩员难题，获得对华的竞争优势。此外，相似的"印太"价值观推动着澳印关系的发展。澳大利亚和印度都认为，"印太"地区的和平与稳定对其国家利益的维护具有关键作用，任何危机或冲突都会破坏"印太"地区的平衡。随着澳印成功实践的增加，两国之间的凝聚力与团结增强，进一步推动双边合作范围与内涵的扩大。

但必须指出，国家间关系的变化既扎根于双边关系的历史基础，也存在于国家与系统环境之间复杂而特殊的互动中。澳印虽然有共同的战略目标，但在具体操作层面仍存在很多难题，这影响了澳印关系的发展前景。印度在外交政策制定中微妙地强调不结盟立场，谋求成为"有声有色的大国"，澳大利亚则坚定地支持美国的同盟结构，维护西方利益，这体现了澳印关系深化的限度。印度不愿在中美之间"选边站"，"印太"地区的合作距离"北约化"也仍有极大的距离。当前外部权力结构的组成影响着澳印关系的发展方向，澳印关系是否能够实现根本改变仍然有待观察。

B.9

公共卫生与公共外交：澳大利亚-印尼中心在印尼的活动研究

吴耀庭*

摘 要： 2014 年成立的澳大利亚-印尼中心，在成立之初就关注到澳大利亚与印尼传统公共外交领域的薄弱环节。之所以出现这种情况，是因为澳大利亚的公共外交建设不足，但这也与印尼公共卫生建设存在的问题有关。在此基础上，中心主要在印尼开展大规模的公共卫生活动，发起科研项目、撰写科研报告、启动实地调研等项目。同时，中心发起的活动具有双向性，这与过往的非政府组织活动存在不同。从公共卫生活动来看，中心具有活动双向性、资金双向性以及人员组成双向性，在澳大利亚与印尼的公共外交中发挥纽带作用。尽管中心的活动有其局限性，但其在印尼发起的公共卫生活动背后的公共外交价值不应该被忽视。

关键词： 公共卫生 公共外交 澳大利亚 印尼

二战结束后，随着全球化的发展，非政府组织参与公共外交成为国际外交舞台上重要的一部分。非政府组织参与公共外交活动，进行跨国治理，伴随着时代的发展受到多个国家的重视，尤其是在

---

* 吴耀庭，博士，福建师范大学社会历史学院讲师，主要研究领域为澳大利亚与印尼的关系。

澳大利亚与印尼的关系中，公共外交占据着重要的地位。早在印尼非殖民化运动期间，澳大利亚部分非政府组织和民间团体就已经深入印尼群岛开展公共外交活动。进入 20 世纪 90 年代，澳大利亚非政府组织的公共外交进一步发展，成为澳大利亚与印尼外交中的纽带。在澳大利亚公共外交发展迅速的同时，印尼政府也在思考如何发展与澳大利亚的关系。澳大利亚-印尼中心（Australia-Indonesia Centre，AIC）就是一个既背靠澳大利亚又依赖印尼政府资金的非政府组织。

成立于 2014 年的澳大利亚-印尼中心（以下简称"中心"），是一个较为特殊的非政府组织。在传统认知中，澳大利亚与印尼的公共外交中，参与公共外交的非政府组织多是由澳大利亚单方面成立的，直接承担澳大利亚外交和贸易部所赋予的角色和责任。但澳大利亚-印尼中心不同，其是由 7 所印尼高校（共 11 所高校）和印尼多个政府部门共同推动成立的非政府组织。此外，中心力求在双方非传统的公共外交项目中取得突破，如在公共卫生、科学技术方面。在双重特殊性下，中心在澳大利亚与印尼的公共外交中占有一席之地。

因此，本报告通过研究澳大利亚-印尼中心在印尼的活动，以案例促进公共外交的研究，从而深入分析澳大利亚与印尼的双边关系。这一研究，既是区域国别研究，也是对澳大利亚与印尼建立的双边关系的透视。以点带线，同时促进对澳大利亚与印尼研究的双向发展。

关于"澳大利亚在印尼的公共外交"这一方向，国内外学者已经有一定的研究成果。国外学者主要将其放在澳大利亚整体外交政策中进行研究，以解释公共外交得以发展的原因。① 国内学者的研究则

---

① 这部分的研究参见 Allan Gyngell，Michael Wesley，*Making Australian Foreign Policy*，Cambridge University Press，2007；Stewart Firth，*Australia in International Politics: An Introduction to Australian Foreign Policy*，Allen & Unwin，2011；Allan Patience，*Australian Foreign Policy in Asia: Middle Power or Awkward* （转下页注）

聚焦于澳大利亚公共外交的发展，落实到具体国家，如澳大利亚对印尼①、对中国的公共外交②。但就国内外学者的研究而言，存在两个深入研究的空间。首先在于较少关注到澳大利亚对印尼公共外交的非人文领域，尤其是非政府组织在印尼的公共卫生活动。其次在于忽视一些具有特殊性质的非政府组织，究其原因在于资料披露得不多，以及学者用宏观理论解释整体公共外交而忽视非政府组织的特殊性。

基于国内外学者已有的研究成果，本报告将以"澳大利亚-印尼中心"这一非政府组织在印尼的活动为案例，运用跨学科研究法（公共卫生与公共外交交叉），将大量的档案材料作为本报告研究的基础。因此，本报告以中心在印尼的公共卫生活动为主要线索，运用大量的档案文献研究澳大利亚与印尼间的公共外交，以此厘清澳大利亚-印尼中心活动的特殊性和经验教训。

（接上页注①）*Partner?* Palgrave Macmillan, 2018。具体到某个项目的公共外交，参见科伦坡计划和新科伦坡计划的研究，David Lowe, "Journalists and the Stirring of Australian Public Diplomacy：The Colombo Plan towards the 1960s," *Journal of Contemporary History*, Vol. 48, No. 1, 2013, pp. 175 – 190；Caitlin Byrne, "Australia's New Colombo Plan：Enhancing Regional Soft Power through Student Mobility," *International Journal*, Vol. 71, No. 1, 2016, pp. 107–128。

① 澳大利亚对印尼的公共外交研究，目前的成果详见程珊珊《澳大利亚对印度尼西亚的教育援助及其启示》，《世界教育信息》2017 年第 7 期，第 60~65 页；潘玥、张自楚《澳大利亚对印尼的公共外交及对中国的启示》，《战略决策研究》2018 年第 6 期，第 22~45 页；潘玥《澳大利亚对印尼青年的公共外交及对中国的启示》，《南亚东南亚研究》2018 年第 4 期，第 37~44 页；王建梁、卢宇峥《澳大利亚对印尼基础教育援助探析——以印尼学童创新项目为例》，《比较教育研究》2021 年第 2 期，第 41~48 页；等等。

② 关于澳大利亚对中国公共外交的直接研究，参见赵昌、许善品《澳中理事会与澳大利亚的对华公共外交》，《国际关系研究》2015 年第 5 期，第 96~107 页。此外，还有部分硕博士学位论文。另外，还有一篇文章值得关注，参见刘丹、唐小松《澳大利亚对中国周边国家的公共外交——以东南亚为例》，《国际关系研究》2019 年第 1 期，第 33~50 页。

一 必要性：公共卫生建设的薄弱 与公共外交建设的缺失

如上文所述，澳大利亚-印尼中心在成立之初，就受到两国政府部门和高校的共同资助。但从目前中心开展的活动来看，一般集中在印尼。一方面原因在于澳大利亚是更为发达的国家；另一方面原因在于印尼政府认为非政府组织不应该具有更多的政治目的。因此，在分析中心为何重视公共卫生领域的公共外交活动时，我们需要从澳大利亚、印尼两个方面进行深入分析。这是由于印尼国内公共卫生建设存在问题，以及过往澳大利亚公共外交建设薄弱。传统认知上，出于地缘政治的原因，澳大利亚重视与印尼的关系。这点认知，在澳大利亚与印尼的公共外交研究中，得到国内外学者的普遍认可。但本报告以具体的非政府组织参与澳大利亚对印尼的公共外交为研究主题，不仅要从先前的地缘政治角度考虑，更要考虑到非政府组织参与公共卫生活动的特殊性。总而言之，印尼公共卫生建设的薄弱和澳大利亚公共外交建设的不足，共同推动中心在印尼开展公共外交活动。

（一）印尼国内公共卫生建设存在的问题

印尼是世界上最大的群岛国家。与大多数发展中国家一样，印尼在基础设施、公共卫生建设上存在较多的问题。由于人口众多，群岛分散，加上经济发展不均衡，印尼国内基础医疗资源分布不均衡。尽管各大高校都设有公共卫生院系和专业，但基础的公共卫生教育不普及。各种传染病和非传染性疾病在印尼成为较棘手的国家治理问题，加上烟草防控问题等，都反映出印尼公共卫生建设存在问题。

印尼公共卫生建设存在的第一个问题是由国土广阔、人口众多导致的基础医疗资源分布不均衡。尽管印尼在公共卫生建设上沿用原荷兰殖民地的体系，但公共卫生建设在苏哈托时期得到发展。随着印尼经济进入黄金期，印尼公共卫生体系同样得到发展，但公共卫生资源分布的不均衡也随着经济发展的不均衡，成为印尼公共卫生建设的难题。这一问题到 21 世纪仍未得到有效的缓解。相关数据表明，截至 2020 年，印尼的医疗系统与相关国家相比存在较大的差距。印尼的总人口居世界第四位，但全国只有 31 万张病床，平均每 1 万人只有 12 张病床，远远低于韩国，人均医生数量也低于韩国，是韩国的十分之一。① 在偏远地区甚至无法达到每 1 万人 12 张病床这一平均水平。除此之外，医护人员、公私立医疗机构的分布同样不均。大型医院集中在印尼的爪哇岛上，印尼偏远岛屿上的医疗机构不足以支撑重大疾病的治疗。

印尼公共卫生建设存在的第二个问题是基础公共卫生教育不普及导致印尼国内基础公共卫生建设存在基层崩塌。在印尼，公共卫生教育在整体教育体系中不占有重要地位。尽管印尼排名前 50 的综合性大学和专科院校中，公共卫生院系和专业是一个重要的部分，但印尼基础公共卫生教育不普及，导致印尼国内存在大量的公共卫生问题。以印尼青少年的烟草防控为例，尽管印尼政府三令五申，但烟草问题依然存在。根据印尼中央统计局 2017 年的数据，印尼 16 岁至 30 岁的男性公民中有 51.4% 被认定为活跃烟民。② 印尼烟民的活跃程度让印尼在烟草消费上成为仅次于中国、印度的世界第三大国家。③ 印尼青少年烟民的活跃与印尼基础公共卫生教育问题

① 《卫生专家警告：印尼或成为疫情新"震中"》，《联合早报》2020 年 3 月 26 日，https：//www.zaobao.com/special/report/politic/indopol/story20200326-1040142。

② Ella Nugraha，"Tobacco Puts Pressure on Health and Wealth"，AustraliaIndonesia. com，July 27，2018，https：//australiaindonesia.com/health/indonesian-media-in-brief-tobacco-puts-pressure-on-health-and-wealth/。

③ "Cigarettes and Youth"，AustraliaIndonesia.com，March 16，2018，https：//australiaindonesia.com/health/cigarettes-and-youth/。

紧密相关。正是公共卫生教育的不普及和不规范导致这一情况的出现。2019 年的一份报告显示，印尼青少年出现吸烟、不良饮食、心理问题等情况，都与父母缺乏正常的公共卫生意识有关，"责任大，支持少"是出现这一情况的主要原因。[①] 公共卫生中的青少年教育问题，折射出整个国家基础公共卫生教育的问题，即不普及、不深入的问题。与医疗资源分布问题类似，公共卫生教育同样存在不均衡的问题。

印尼公共卫生建设存在的第三个问题是印尼国内的公共卫生问题阻碍印尼国家的经济建设和社会发展，其中包括各种传染病和非传染性疾病的存在、青少年的心理问题等。新冠疫情在印尼发生前，印尼政府就已经面对大量的公共卫生难题。据有关数据，2017 年，每 10 万名新生儿中会出现 126 名新生儿死亡的情况，同时部分婴儿存在发育迟缓的问题；在传染病问题上，印尼的结核病发病率居世界第二位，约有 10% 的结核病病人过早死亡，部分结核病病人甚至在发病前就已经死亡。[②] 进入 21 世纪以后，工作压力、贫富差距问题和社会不公的存在，让印尼部分民众出现严重的心理问题。但印尼各级政府部门似乎没有能力应对这一问题。出现心理问题的印尼民众，可能无法在正规的医疗机构接受治疗，更无法获得药物治疗。[③] 印尼不仅在心理问题、精神疾病的宣传上存在问题，部分政客

---

① Jesse Kartomi Thomas, "Parenting (healthy) Adolescents: Big Responsibility, Little Support", AustraliaIndonesia. com, July 25, 2019, https://australiaindonesia. com/health/parenting-healthy-adolescents-big-responsibility-little-support/.

② Ella Nugraha, "Campaigning on Health", AustraliaIndonesia. com, June 22, 2018, https://australiaindonesia. com/health/indonesian-media-in-brief-campaigning-on-health/.

③ Ade Prastyani, "Mental Health Care in Indonesia: Short on Supply, Short on Demand", New Mandala, July 26, 2019, https://www. newmandala. org/mental-health-in-indonesia-short-on-supply-short-on-demand/.

更是将心理问题、精神疾病政治化和污名化，当作政治选举的工具。①

印尼存在的各种传染病和非传染性疾病问题，也体现出印尼国内科研攻关能力弱的问题。尽管印尼国内存在众多科研机构和高等院校，但公共卫生领域科研攻关能力弱，导致印尼至今仍需要从外国进口大量药品、医疗器械。以新冠疫情为例，印尼大部分抗病毒药物需要进口。印尼制药业多达95%的原材料需要进口②，大部分医药物资需要进口，包括新冠检测试剂。印尼的新冠检测速度远远慢于新冠病毒的传播速度，新冠检测试剂研发与生产项目为最基本的新冠科研项目，而新冠检测试剂研发与生产能力的落后，直接体现出印尼公共卫生科研攻关能力弱的问题。这也直接导致了印尼第一波疫情的发生，让印尼陷入新冠治理的困境之中。

公共卫生问题的存在，掣肘了印尼的国家全方位建设，也让多国、政府间组织和非政府组织关注到这一问题。从印尼存在的三个公共卫生问题来看，三者是相互联系的。因为印尼国内存在的各种疾病问题与科研攻关能力弱的问题紧密相关，公共卫生资源分布的不均衡加重印尼公共卫生建设薄弱的问题，加上印尼基础公共卫生教育存在的问题，印尼在公共卫生建设上存在阻力。相互联系的公共卫生问题，都与印尼公共卫生科研力量薄弱、科研后备力量不足有明显的关系。此外，印尼国内建设本身也存在诸多问题。

---

① Ade Prastyani, "Mental Health Care in Indonesia: Short on Supply, Short on Demand", New Mandala, July 26, 2019, https://www.newmandala.org/mental-health-in-indonesia-short-on-supply-short-on-demand/.

② 《佐科承认疫情暴露印尼医疗保健不足》,《联合早报》2020年5月2日, https://www.zaobao.com/news/sea/story20200502-1050004.

（二）澳大利亚公共外交对公共卫生领域的忽视

澳大利亚十分重视公共外交在其与印尼关系中的作用。澳大利亚最早颁布的公共外交政策可以追溯到 20 世纪 50 年代初的科伦坡计划，而澳大利亚非政府组织参与公共外交可以追溯到印尼非殖民化运动时期。在长达近 80 年的双边关系历史中，澳大利亚的公共外交，尤其是非政府组织时常会影响双边关系的正常发展。例如，20 世纪七八十年代，澳大利亚非政府组织时常借人道主义援助之名进入东帝汶，报道东帝汶的状况，让印尼政府颇为不满。两国关系也因此出现波动，影响了两国在贸易、边界上的谈判。

尽管澳大利亚非政府组织的参与是澳大利亚公共外交的重要组成部分，但纵观几十年澳大利亚的公共外交历史，可以看到澳大利亚的倾向性。20 世纪 50 年代的科伦坡计划为澳大利亚的公共外交定下基调。科伦坡计划重视教育、基础建设和资金援助，特别是在教育领域，为印尼青年了解澳大利亚提供便利的渠道，为澳大利亚的公共外交提供了实验模板。[1] 随后的澳大利亚公共外交似乎都遵循人文交流常规路径，以互派留学生为基础，开展形式多样的文化外交。澳大利亚对印尼的公共外交以文化外交为基础，由官方和非官方机构共同协作，目的在于提升澳大利亚国家形象。[2]

这种做法固然有其可取性，尤其是对印尼青年一代而言，澳大利亚的文化输入有助于澳大利亚在印尼的整体形象的提升。但这种做法会忽视受众的不全面性，尤其就澳大利亚公共外交存在的资金问题而

---

[1] David Lowe, "Journalists and the Stirring of Australian Public Diplomacy: The Colombo Plan towards the 1960s," *Journal of Contemporary History*, Vol. 48, No. 1, 2013, pp. 175-190.

[2] 黄忠、唐小松：《澳大利亚公共外交探析》，《国际观察》2012 年第 4 期，第 57~64 页。

言。一般而言，澳大利亚非政府组织最大的官方资金来源为澳大利亚外交和贸易部。但因为政治体制的问题，澳大利亚外交的资金时常受限，澳大利亚政府部门、社会对公共外交的认可度一般。① 资金受限导致公共外交开展的范围有限，来澳的印尼学生大多为印尼中产阶级及以上，较少覆盖到印尼普通阶层。

除此之外，在澳大利亚外交和贸易部网站上公布的文化交流项目中②，资金有限，受众同样有限。尽管文化具有潜移默化的作用，但有限的文化输入没有让澳大利亚政府完全实现其外交目的。重文化交流，轻其他领域的公共外交，导致澳大利亚的公共外交出现不均衡的情况。2014 年前，澳大利亚的公共外交基本上集中在文化外交上。在澳大利亚外交和贸易部已经公布的数据中，受到澳大利亚政府直接资助并占有重要地位的非政府组织，基本上没有开展人文交流之外的其他领域外交。尽管澳大利亚的体育外交有所发展，但其本质上属于文化外交领域，受众依然有限。③

与人文交流、体育外交等方式不同，在公共卫生领域的公共外交受众面更广。尽管国内外学者对公共卫生的定义存在不同之处，但大多数学者认为公共卫生的主要目标是保障和提高社会群体健康水平。④社会的各群体都对公共卫生有需求。公共卫生领域的公共外交，不仅让精英阶层，也让普通民众可以享受到优质的医疗资源。美国、英国等国对第三世界国家的公共外交中，公共卫生领域的合作有着重要的

---

① 黄忠、唐小松：《澳大利亚公共外交探析》，《国际观察》2012 年第 4 期，第 57~64 页。

② 详情参见澳大利亚外交和贸易部网站，https：//www.dfat.gov.au/people-to-people/foundations-councils-institutes/australia-indonesia-institute/programs/Pages/programs。

③ 潘玥、张自楚：《澳大利亚对印尼的公共外交及对中国的启示》，《战略决策研究》2018 年第 6 期，第 22~45 页。

④ 陈焱、高立东：《现代公共卫生》，科学技术文献出版社，2017，第 1~2 页。

地位。以美国为例，美国非政府组织在湄公河国家治理中，就将公共卫生视作其活动的一个重要方面。① 在公共卫生领域，医生、护士、医疗器械甚至医院等，都是公共外交的重要方面。与潜移默化的人文交流相比，公共卫生领域的交流与合作可以立竿见影。

但在澳大利亚的公共外交中，最被忽视的是公共卫生领域。澳大利亚现有的非政府组织和公共外交项目中，涉及公共卫生领域的活动较少。尽管澳大利亚是印太区域公共卫生建设较为完善的国家之一，但在对印尼的公共外交中处于弱势地位。澳大利亚外交和贸易部及其他部门，都对澳大利亚的公共外交有所反思。但参与澳大利亚公共外交的政府部门和非政府组织大多已经定型。目前澳大利亚政府成立的几个非政府组织，如澳大利亚-印尼研究所（Australia-Indonesia Institute，AII）和澳大利亚-东盟理事会（Australia-ASEAN Council，AAC），在2014 年以前都较少涉及澳大利亚与印尼的公共卫生活动。

从历史的发展脉络看，澳大利亚的公共外交聚焦文化外交，人文交流、体育外交等领域是澳大利亚公共外交的传统领域。无论是新科伦坡计划对科伦坡计划的传承，还是《亚洲世纪中的澳大利亚》（Australia in the Asian Century）白皮书对《面向北方：澳大利亚与亚洲的世纪交往（第一卷和第二卷）》（Facing North：A Century of Australian Engagement with Asia，Volume 1：1901 to the 1970s and Volume 2：1970s to 2000）的继承，澳大利亚公共外交的传统是其忽视公共卫生领域的历史原因。从现实来看，资金的缺乏、澳大利亚外交和贸易部等部门对公共卫生领域的重视程度低于人文交流，让许多公共卫生领域的合作项目陷入停滞。但澳大利亚政府已对公共外交进行反思，推动部分非政府组织增加对公共卫生领域活动的关注。

---

① 尹君：《美国非政府组织参与湄公河流域国家社会治理的机制研究》，《南洋问题研究》2019 年第 3 期，第 41~50 页。

二 科学研究与公共卫生：中心参与的
公共外交活动

澳大利亚-印尼中心在公共卫生领域的公共外交活动，受到了印尼政府的大力支持，也体现出澳大利亚公共外交转向的趋势。如上文所述，澳大利亚的公共外交活动不能永远停留在人文交流上，非传统安全领域也应该得到重视。中心在成立之初，就汇集印尼与澳大利亚11所高校，由澳大利亚外交和贸易部与印尼交通部等部门提供资金支持。中心以澳大利亚方面的资金和科研人员为主，但印尼科研人员在中心中也具有一定的地位。

加盟的印尼高校均在印尼排名前列，承担着印尼国内大部分的科研项目。在加盟的印尼高校中，印度尼西亚大学（Universitas Indonesia）、加查马达大学（Universitas Gadjah Mada）、爱尔陵加大学（Universitas Airlangga）是印尼公共卫生领域的传统强校。特别是印度尼西亚大学、加查马达大学，是苏加诺时期印尼政府重点发展的高校，其公共卫生相关学科得到印尼政府的大力支持。澳大利亚的4所高校同样有扎实的公共卫生科研攻关能力基础。因此，中心在自我介绍页面中称："中心汇聚了能源、公共卫生、基础设施、水资源和贸易等领域的研究人员，在两国政府和高校等机构的支持下，围绕重点关注的问题进行合作，以促进澳大利亚与印尼间的人文交流。"[1]可以看到，尽管中心的最终目的是促进两国间的人文交流，但中心关注到非传统安全领域存在的问题。

中心依靠两国高校的科研优势，在公共卫生领域开展公共外交

---

[1] "About the Australia-Indonesia Centre", Australia-Indonesia Centre, https://australiaindonesiacentre.org/about/.

活动，成为为数不多在该领域开展活动的非政府组织。2015 年 12月 16 日，中心启动"澳大利亚与印尼非传染性疾病（NCD）早期预防项目"，该项目所需的 210 万美元资金全部由澳大利亚外交和贸易部与澳方 4 所高校提供，项目的主要目的是增强澳大利亚与印尼两国国民在非传染性疾病上的认知。[①] 这也成为 2014 年中心成立后，澳大利亚学者和高校参加印尼公共卫生领域活动的起点。同时，中心重点收集来自印尼的健康数据，并将之发布在官网上，其数据更新至 2024 年11 月。[②]

（一）传染病问题

自印尼立国后，始终面临传染病的侵扰，如天花、疟疾以及其他呼吸道传染病。进入 21 世纪后，印尼在多国和国际组织的帮助下，消灭部分传染病，但呼吸道传染病问题一直困扰着印尼政府。在呼吸道疾病中，肺炎是常见的疾病之一。引起肺炎的原因多样，尽管部分肺炎不具有传染性，但仍有由病菌引起的肺炎在世界各国传播，如 2003 年的非典（SARS）和 2020 年的新冠（COVID-19），都曾经或正在影响世界各国。2008 年的数据显示，每年约有600 万名印尼年轻人感染肺炎，同时肺炎在印尼 5 岁以下的儿童中肆虐。[③]

为了改善呼吸道传染病的治疗，基于中心的资助，墨尔本大学和加查马达大学在印尼招募了 60 多名孕妇，让其在指定场所生产，增

---

① "＄2. 1 Million Health Funding Announced", Australia-Indonesia Centre, December 16, 2015, https：//australiaindonesiacentre. org/aic/2－1－million－health－funding－announced/.

② "Health", Australia-Indonesia Centre, https：//australiaindonesia. com/health/.

③ "Can Sunshine Help Prevent Pneumonia?", Australia-Indonesia Centre, February 26, 2016, https：//australiaindonesiacentre. org/health/can－sunshine－help－prevent-pneumonia/.

加其维生素 D 的摄入量，跟踪其健康状况。① 这是中心在呼吸道传染病治疗和预防上的第一个项目。这一项目在 2020 年新冠疫情前在印尼持续进行。2016 年 2 月至 2017 年 7 月，中心在印尼招募了 154 名儿童，1/3 患有严重的肺炎，缺乏维生素 D 是印尼儿童面临的主要问题。将补充维生素 D 作为预防印尼儿童肺炎感染的临床试验，是由于印尼民众的饮食中缺乏维生素 D 和部分孕妇在生育时面临营养不良的问题，维生素 D 与肺炎的关联试验是中心在印尼进行的主要试验。②

与改善临床治疗相比，在抗击由病菌引起的呼吸道传染病上，疫苗是第一道防线。与世界上同体量的国家相比，印尼的疫苗研发能力和生产能力弱，其不得不依靠国外的疫苗援助。中心启动肺结核疫苗的更新活动，旨在降低澳大利亚最大的邻国——印尼的肺结核感染人数，缓解澳大利亚的边境防疫压力。③ 这个项目由加查马达大学和悉尼大学联合承担，同时利用部分澳大利亚的呼吸病研究所，在 2015 年底对新疫苗进行测试。④ 肺结核疫苗的研发需要足够的样本数据，

---

① "Can Sunshine Help Prevent Pneumonia?", Australia-Indonesia Centre, February 26, 2016, https：//australiaindonesiacentre. org/health/can－sunshine－help－prevent-pneumonia/.

② "A Study of Pneumonia in Hospitalised Indonesian Children and Its Association with Vitamin D Deficiency", Australia-Indonesia Centre, July 19, 2018, https：//australiaindonesiacentre. org/projects/a－study－of－pneumonia－in－hospitalised－indonesian-children-and-its-association-with-vitamin-d-deficiency/.

③ "Indonesian and Australian Scientists Help Fight Tuberculosis by Testing New Vaccine Targets", Australia-Indonesia Centre, March 21, 2016, https：//australiaindonesiac entre. org/health/indonesian－and－australian－scientists－help－fight－tuberculosis－by－testing-new-vaccine-targets/.

④ "Indonesian and Australian Scientists Help Fight Tuberculosis by Testing New Vaccine Targets", Australia-Indonesia Centre, March 21, 2016, https：//australiaindonesiac entre. org/health/indonesian－and－australian－scientists－help－fight－tuberculosis－by－testing-new-vaccine-targets/.

因此中心在印尼建立结核病研究中心和疫苗实验室，以印尼的 40 位肺结核患者和 40 位非肺结核患者为样本进行观察，以提升传统结核病疫苗的有效率。① 在中心的疫苗试验中，样本来自印尼国内，资金、技术等大部分来自澳大利亚，技术人员则来自两国高校。

肺结核疫苗的更新和补充维生素 D 的试验是两国科研人员在印尼进行的实地研究。在 2020 年 1 月和 3 月，澳大利亚与印尼分别出现新冠感染病例。随着疫情的蔓延，澳大利亚与印尼都收紧了入境政策。中心的活动只能借助现代技术开展，澳大利亚与印尼的科研人员在线上就印尼的疫情问题进行讨论。在中心的支持下，澳大利亚与印尼两国的科研人员就疫情数据、医护人员面临的压力等问题进行讨论，尤其是随着疫情的迅速蔓延，印尼的医护人员感染率和死亡率位居东盟国家前列。② 在此情况下，中心结合两国的情况，发布了一份具体的报告，即《职业健康与安全：在疫情期间保护印度尼西亚医护人员》，提出七点建议以缓解印尼医护人员身心压力。③ 同时，针对印尼由新冠疫情带来的医药供应链问题，中心的报告提出基于澳大利亚与印尼的双边贸易关系，运用数字化

---

① "Target-target Baru Untuk Vaksin Tuberkulosis", Australia-Indonesia Centre, Maret 21, 2016, https：//australiaindonesiacentre. org/health/target-target-baru-untuk-vaksin-tuberkulosis/.

② "Occupational Health and Safety：Protecting the Indonesian Healthcare Workforce during the COVID-19 Pandemic", Australia-Indonesia Centre, June 16, 2021, https：//pair. australiaindonesiacentre. org/research/covid-19/occupational-health-and-safety-protecting-the-indonesian-healthcare-workforce-during-the-covid-19-pandemic/#new_ tab.

③ "Occupational Health and Safety：Protecting the Indonesian Healthcare Workforce during the COVID-19 Pandemic", Australia-Indonesia Centre, June 16, 2021, https：//pair. australiaindonesiacentre. org/research/covid-19/occupational-health-and-safety-protecting-the-indonesian-healthcare-workforce-during-the-covid-19-pandemic/#new_ tab.

技术，解决印尼医药供应链问题，以提升印尼新冠的治疗效率。①

自 2014 年成立后，中心就围绕印尼存在的传染病问题，尤其是肺结核等常见传染病问题开展活动。中心通过提供资金，启动科研项目，让两国科研人员互动合作。两国科研人员间的合作，也为印尼的传染病治理提供新的科研动力。

（二）非传染性疾病问题

与传染病相比，非传染性疾病尽管不具有传染性，但在二战后的长和平时期愈发成为困扰世界多国的公共卫生难题。印尼同样面临这一问题，生活节奏的加快、不规律的饮食以及烟草消费量大等让印尼国内非传染性疾病问题突出。结合世界卫生组织和印尼国内的数据，非传染性疾病成为印尼死亡率最高的原因之一。针对这一问题，中心开展活动，其启动的第一个公共卫生项目就是增强澳大利亚与印尼两国国民对非传染性疾病的认知。

中心将澳大利亚、印尼高校的科研人员组成科学、经济、社会科学、法律四个集群，以此促进澳大利亚与印尼偏远农村的知识共享。② 为了加强学术交流，中心向高校和研究所的研究人员提供资助，助其参加 2017 年 10 月在印度举行的国际青少年健康协会世界大会。③ 这两个项目都旨在促使澳大利亚与印尼两国的研究人员在国内

---

① "Digital Health：Seven Ways to Build 'Smart' Healthcare Supply Chains in Indonesia"，Australia-Indonesia Centre，July 19, 2021，https：//pair. australiaindonesiacentre. org/research/covid-19/digital–health–seven–ways–to–build–smart–healthcare–supply–chains–in–indonesia/#new_ tab.

② "Adding Leaves to the Australia-Indonesia Stems"，Australia-Indonesia Centre，September 20, 2016，https：//australiaindonesiacentre. org/aic/adding – leaves – australia–indonesia–stems/.

③ "Health Cluster Announces IAAH World Congress Travel Grants"，Australia-Indonesia Centre，July 14, 2017，https：//australiaindonesiacentre. org/health/health–cluster–announces–iaah–world–congress–travel–grants/.

加强非传染性疾病的知识宣传。

　　加强两国国内非传染性疾病的知识宣传是中心的第一类活动。中心的第二类活动是通过项目资助实施非传染性疾病的教育计划。2017年，中心提供超过 90000 美元的资金，用于资助项目，以开展医学教育、培养临床人员等。[1] 同时，为了改变印尼医护人员过多关注老年人的非传染性疾病问题的情况，使其将部分精力转向青少年，2017年 10 月，中心在印尼发起一项教育计划，即让有经验的印尼医生，深入印尼的社区和学校中，与青少年就非传染性疾病问题展开讨论，最终目的是让印尼部分青少年接受非传染性疾病的教育。[2] 2018 年 2月，受到中心的资助，墨尔本大学实施了一项为期 8 天的计划，目的在于培养印尼青少年预防非传染性疾病的能力。[3] 随后，中心在雅加达召开会议，参会者中有 20 名印尼卫生部的官员，参会者就印尼的青少年健康问题提出建议，其中包括成立"印尼青少年健康协会"（Asosiasi Kesehatan Remaja，AKAR）。[4] 截至 2019 年 12 月，印尼青

---

[1] "Health Cluster Opens Applications for Strategic Research Project Funding for Educational Initiatives", Australia-Indonesia Centre, September 1, 2017, https://australiaindonesiacentre. org/health/health－cluster－opens－applications－strategic－research－project－funding－educational－initiatives/.

[2] "Engaging Primary Care Physicians in Approaching Adolescents for Early Prevention of Non-Communicable Diseases", Australia-Indonesia Centre, October 25, 2017, https://australiaindonesiacentre. org/health/early－years－adolescence/engaging－primary－care－physicians－in－approaching－adolescents－for－early－prevention－of－non－communicable－diseases/.

[3] "Health Cluster Announces Transform Leadership Program for the Prevention of NCDs in Indonesia", Australia-Indonesia Centre, February 12, 2018, https://australiaindonesiacentre. org/health/policy－education/health－cluster－announces－transform－leadership－program－prevention－ncds－indonesia/.

[4] "Transform Health Leaders Bring Adolescent Health and NCD Prevention Focus to Jakarta", Australia-Indonesia Centre, June 22, 2018, https://australiaindonesiacentre. org/health/policy－education/transform－health－leaders－bring－adolescent－health－and－ncd－prevention－focus－to－jakarta/.

少年健康协会在中心的资助下跟进了 20 多个项目，同时协助世界卫生组织完成在印尼的青少年健康项目。[①] 从 2014 年到 2020 年初，中心利用高校的科研优势和资金支持，发起多项教育计划，旨在增强印尼青少年对非传染性疾病的认知。

同时，中心在印尼进行关于非传染性疾病的研究，即通过在雅加达和南苏拉威西岛的抽样调查，对印尼青少年的身体状况（包括血压、营养等）进行研究。[②] 这一项研究涉及面广，且覆盖印尼人口众多的区域。通过收集和分析大量印尼青少年数据，中心的研究人员向印尼卫生部提供报告，为印尼的非传染性疾病预防提出建议。[③] 分发匿名问卷、对青少年本人及家长进行访谈等是中心在印尼开展研究的常见方法，其优点是覆盖范围广、样本大。

之所以如此关注印尼青少年的健康问题，是因为如上文所述，印尼已经成为世界上第三大烟草消费国，青少年烟民活跃。青少年吸烟成为印尼的潮流，部分印尼家长对此不加以限制，使得由吸烟引发的非传染性疾病成为青少年健康杀手之一。正如澳大利亚的公共卫生专家贝基所提到的，印尼的烟草消费成为印尼公共卫生的灾

① 中心于 2019 年 12 月在页面上更新了信息，参见 "Transform Health Leaders Bring Adolescent Health and NCD Prevention Focus to Jakarta"，Australia-Indonesia Centre，June 22，2018，https：//australiaindonesiacentre. org/health/policy – education/transform–health–leaders–bring–adolescent–health–and–ncd–prevention– focus–to–jakarta/。

② "Assessment of NCD Risk Factors in Indonesian Adolescents"，Australia-Indonesia Centre，July 23，2018，https：//australiaindonesiacentre. org/projects/assessment– of–ncd–risk–factors–in–indonesian–adolescents/.

③ "Evaluation of NCD Risks，NCDs and NCD Monitoring Frameworks in Australia and Indonesia"，Australia-Indonesia Centre，July 23，2018，https：//australiaindonesiac entre. org/projects/evaluation–of–ncd–risks–ncds–and–ncd–monitoring–frameworks– in–australia–and–indonesia/.

难之一。① 在中心的活动中，无论是哪一个项目，都会提到烟草问题。增强印尼青少年对烟草的认知，是中心关于非传染性疾病的活动之一，常见的方式为中心通过提供资金和教育人员，深入印尼学校，在课堂上和课外活动中增强印尼青少年的相关认知。② 上述的所有项目，基本上都涉及如何帮助印尼政府加强对青少年的烟草教育和管控，具体的措施除了开展对青少年的直接教育，还有加强对青少年父母的教育。2023年2月，由中心资助的澳大利亚-印度尼西亚研究伙伴关系（Partnership for Australia-Indonesia Research）项目对印尼残疾人、妇女等群体的健康问题进行研究，旨在为印尼政府公共政策提供方向指引。③

澳大利亚与印尼都认识到非传染性疾病对两国的影响，因此在中心参与的公共卫生活动中将非传染性疾病当作行动的重点之一。中心通过提供资金和技术人员，针对印尼非传染性疾病的各个问题，尤其是青少年问题，开展活动。尽管资金有限，但通过实地研究，大量的项目得到顺利实施。

（三）心理疾病

心理疾病同样被视作公共卫生领域的一个问题。在大多数项目

---

① "Fighting the Rise of Non-Communicable Diseases Starts with Children And Adolescents", Australia-Indonesia Centre, December 15, 2017, https://australiaindonesiacentre. org/health/early-years-adolescence/fighting-rise-non-communicable-diseases-starts-children-adolescents/.

② "Fighting the Rise of Non-Communicable Diseases Starts with Children and Adolescents", Australia-Indonesia Centre, December 15, 2017, https://australiaindonesiacentre. org/health/early-years-adolescence/fighting-rise-non-communicable-diseases-starts-children-adolescents/.

③ "PAIR Research Examines Themes of Education, Health, Safety, Gender Equality, Disability, and Social Inclusion", Australia-Indonesia Centre, February 14, 2023, https://pair. australiaindonesiacentre. org/news/pair-research-examines-themes-of-education-health-safety-gender-equality-disability-and-social-inclusion/.

中，心理疾病被当作非传染性疾病问题之一。但本报告认为，心理疾病作为看不见摸不着的疾病，与常规的非传染性疾病存在不同。伴随着全球化、信息化和城镇化的发展，在世界各国的不同年龄段人群中都存在心理疾病，如抑郁症普遍存在。心理疾病在印尼多发于那些离开家乡前往雅加达、日惹等大城市谋生的年轻人。苏迪曼·纳西尔指出，印尼心理疾病负担日益严重，但这一问题被印尼各级政府所忽视。[①] 鉴于印尼年轻群体中存在的心理疾病，中心在随机抽查印尼青少年身体状况的同时，对印尼青少年的心理状况进行了调查。

2018 年，中心启动两个心理调查项目，即分析印尼青少年心理疾病的覆盖率和收入高低对心理健康的影响。[②] 随后，中心发起"心理健康干预项目"，在高校和其他各级院校中推出心理健康教育模块。[③] 除努力开展心理健康教育外，中心利用其科研优势实地进行调查研究。中心通过抽查相应的青少年及其父母，运用国际上通用的心理疾病测试工具对相关问题进行分析，并提供相应的

[①] "Transform Health Leaders Membawa Kesehatan Remaja Dan Pencegahan Penyakit Tidak Menular ke Jakarta", Australia-Indonesia Centre, Jun 22, 2018, https：// australiain donesiacentre. org/health/policy – education/transform – health – leaders – membawa– kesehatan – remaja – dan – pencegahan – penyakit – tidak – menular – ke - jakarta/.

[②] "Collecting Minimally Sufficient Data on Child and Adolescent Mental Health Disorders in Indonesia", Australia-Indonesia Centre, July 23, 2018, https：//australiaindones iacentre. org/projects/collecting–minimally–sufficient–data–on–child–and–adolescent– mental–health–disorders–in–indonesia/.

[③] "Needs Assessment of Health Professionals and Medical Students in Communicating with Adolescents about Prevention of NCDs", Australia-Indonesia Centre, July 23, 2018, https：//australiaindonesiacentre. org/projects/needs–assessment–of–health– professi onals–and–medical–students–in–communicating–with–adolescents–about– prevention–of–ncds/.

建议。① 2018 年 9 月，中心组建的卫生集群在雅加达举行圆桌会议，关注印尼青少年的心理健康需求。② 2018 年 10 月，悉尼大学和茂物研究所的科研人员对西苏拉威西岛 8 个村庄的民众心理健康问题进行调查，并围绕民众心理健康需求进行研究。③ 在一系列研究后，中心的科研人员就印尼心理健康建设提出建议，同时发起全国性的倡议，与印尼多个民间团体、非政府组织开展合作。④

2020 年新冠疫情在印尼蔓延后，医护人员的心理健康同样在中心的研究范围内。无论是线上会议上，还是针对性报告中，都提到印尼医护人员的心理问题及其应对方案。⑤ 因为全球性烈性传染病的存

① "Translation, Cultural Verification and Formal Validation of the Centre for Epidemiologic Studies Depression Scale-Revised (CESD-R) for Young People in Indonesia", Australia-Indonesia Centre, July 23, 2018, https://australiaindonesiac entre. org/projects/translation-cultural-verification-and-formal-validation-of-the-centre-for-epidemiologic-studies-depression-scale-revised-cesd-r-for-young-people-in-indonesia/.

② "Youth Are Our Future: Supporting the Best Health for Indonesia's 'Golden Generation'", Australia-Indonesia Centre, September 19, 2018, https://australia indonesiacentre. org/health/youth-are-our-future-supporting-the-best-health-for-indonesias-golden-generation/.

③ "Mental Health Matters for Indonesia's Farmers: Education Must Complement Laws and Brochures", Australia-Indonesia Centre, October 12, 2018, https://australia indonesiacentre. org/health/mental-health/mental-health-matters-for-indonesias-farmers-education-must-complement-laws-and-brochures/.

④ "Roundtable Feeds Building Momentum for Better Mental Health and Wellbeing in Indonesia", Australia-Indonesia Centre, November 8, 2018, https://australiaindon esiacentre. org/health/mental-health/momentum-building-for-better-mental-health-and-wellbeing-in-indonesia/.

⑤ "Occupational Health and Safety: Protecting the Indonesian Healthcare Workforce during the COVID-19 Pandemic", Australia-Indonesia Centre, June 16, 2021, https://pair. australiaindonesiacentre. org/research/covid-19/occupational-health-and-safety-protecting-the-indonesian-healthcare-workforce-during-the-covid-19-pandemic/#new_ tab.

在，中心大部分科研人员无法实地深入调查，因此在 2020 年后，中心的心理健康建设项目基本停滞。

心理问题和非传染性疾病其他问题存在联系，而青少年的心理问题等公共卫生问题或多或少与原生家庭，特别是父母有关。印尼父母具有的心理问题，同样会影响青少年的心理健康。中心在印尼的心理健康调查，以青少年及其父母为调查对象，提出对年长一代进行心理健康建设。这包括科学的心理教育、精准的心理测评以及对两代人的追踪，以对印尼存在的心理疾病问题提供有效的参考数据并提出建设性意见。通过对两代人的心理健康调查和在各级院校中开展心理健康教育，中心力求推动印尼青少年的心理健康建设，缓解印尼面临的公共卫生难题。

三　纽带作用：中心在公共外交中的作用分析

澳大利亚对印尼的公共外交中，受到澳大利亚政府资助、在澳大利亚成立的非政府组织发挥重要的载体作用。这些非政府组织或深入印尼实地调研，或发起奖学金项目等，吸引印尼学生来到澳大利亚。通过公共外交，澳大利亚试图在印尼构建良好的澳大利亚国家形象。但澳大利亚与印尼的双边关系不是其综合国力的具体体现。澳大利亚谨慎地维护同印尼的关系，甚至对印尼"有些恐惧"①。印尼同样谨慎地应对澳大利亚的公共外交攻势，研究其政治目的。20 世纪 50 年代初，澳大利亚多次邀请非英联邦国家——印尼加入科伦坡计划，但印尼政府在反复考量后，与之签订了对印尼影响最小的援助协议。

印尼与澳大利亚的不同之处在于，21 世纪前印尼的财力、影响力都无法让其有公共外交的能力。截至 2024 年，印尼国内存在 1650

---

① 汪诗明：《20 世纪澳大利亚外交史》，北京大学出版社，2003，第 259~260 页。

个非政府组织。① 绝大部分非政府组织无法承担印尼公共外交的责任，多关注印尼国内发展、人权等问题。因此，在面对澳大利亚的公共外交攻势时，印尼最好的方法是与澳大利亚开展合作，掌握澳大利亚公共外交项目的主动权，以避免项目失去控制。

中心在澳大利亚与印尼的公共外交中需要发挥纽带作用。中心为国际性非政府组织，其公共外交活动的主体是两国 11 所高校的科研人员，资金则来自两国的政府部门和基金项目。作为澳大利亚与印尼公共外交的非典型性载体，由于受到印尼政府部门和基金会的资助，中心未被澳大利亚政府完全控制。因此，中心与澳大利亚其他非政府组织相比，发挥的是纽带作用，中心是两国公共外交纽带。

中心发挥的纽带作用主要从三个方面体现。首先是活动的双向性。传统的公共外交中，澳大利亚是发起者，印尼是接收者，存在单向性，即澳大利亚非政府组织的调研或者其他实践，都是针对印尼的。但中心在印尼的公共卫生活动，既对印尼现有公共卫生问题"把脉"，又研究印尼与澳大利亚国内共同存在的公共卫生问题。例如，澳大利亚与印尼两国在公共卫生领域都面临非传染性疾病的压力，其中两国青年都或多或少地存在心理问题。活动的双向性，是先前的澳大利亚非政府组织都不具有的。正是活动的双向性让中心成为两国公共卫生领域的纽带。两国公共卫生领域的专家，通过中心开展的公共外交活动，得以交流两国存在的问题，同时为两个国家服务。因此，中心的纽带作用体现在活动的双向性上。

其次是印尼高校、民间团体在中心中的重要作用。非政府组织参与的公共外交属于非传统外交领域②，高校、基金会以及智库等在非

---

① SMERU's Nongovernmental Organization（NGO）Database，https：//smeru. or. id/
en/ngo-database，November 13，2024.

② 赵可金：《非传统外交导论》，北京大学出版社，2015，第22页。

政府组织中的地位，会影响非政府组织参加公共外交的取向。传统的非政府组织基本上以澳大利亚专家学者和基金会为主，因此可能承担着澳大利亚政府的政治任务。但在作为中心成员的11所高校中，印尼高校占据主动地位，尤其是加盟中心的一些印尼高校是公共卫生领域的传统强校。因此，印尼高校的科研人员在中心的活动中的作用和地位不能被忽视。作为印尼学者，他们更加强调印尼的实际利益，致力于避免政治目的危害到印尼的国家利益。同时，因为印尼学者和基金会的存在，澳大利亚政府看到了中心背后印尼政府的支持。因此，中心的纽带作用体现在印尼学者、基金会的努力让澳大利亚政府和社会看到其作用上。

最后是中心背后的政府支持。两国政府部门的共同支持使其在公共卫生活动中发挥纽带作用。与上述两点相比，无论是双向活动，还是印尼学者的地位，其背后都与资金支持有关系。在澳大利亚方面，澳大利亚外交和贸易部是唯一一个支持中心活动的政府部门，在资金支持方面，澳大利亚外交和贸易部不仅要支持中心的活动，还要支持其他非政府组织的公共外交活动。在印尼方面，印尼交通部和两个基金会的直接支持，让中心在资金来源上呈现多样性。资金的双向来源让中心在活动中需要考虑两国政府的共同态度。因此在活动中，与传统的非政府组织相比，其需要发挥纽带作用，而非单一的作用，以体现公共外交的双向性。

就中心的活动而言，中心在两国公共外交中的纽带作用，源于其活动的双向性、人员组成的双向性以及资金的双向性。这种双向性决定中心在澳大利亚、印尼两国公共外交中发挥纽带作用。

四　评价与反思：公共外交视野下的澳大利亚-印尼中心

中心的主席米切尔曾评价："中心所有的活动都是为了发展澳大

利亚与印尼间的双边关系，合作是最行之有效的方式。"① 尽管米切尔没有指出中心所承担的公共外交责任，但在实际的活动中，中心是两国公共外交实际上的载体之一。澳大利亚通过中心在印尼开展活动，印尼政府同样通过中心在澳大利亚开展相应的活动。澳大利亚与印尼无论是在综合国力上，还是在公共卫生建设上都存在差距，因此大部分公共卫生活动都是以印尼为主体的。尽管如此，中心在澳大利亚的贡献同样无法被忽视。

评价中心的公共卫生活动需要从两个立场进行。站在印尼的立场上，中心的活动几乎涉及印尼公共卫生的所有领域，从传染病到非传染性疾病，从"旧"病到"新"病。除此之外，中心与其他澳大利亚非政府组织不同，难以开展具有政治目的的公共外交活动。基础设施项目等同样是中心活动的重点。与传统的公共外交项目相比，印尼学者的存在，让澳大利亚与印尼两国国民或多或少地看到印尼相应学科的发展。从公共外交所塑造的国家形象而言，印尼也在尽力地塑造其蓬勃发展的国家形象。

站在澳大利亚的立场上，首先是中心的活动是双向活动，两国学者的合作，对本国存在的公共卫生问题的解决有一定的帮助。其次在于澳大利亚政府传统的公共外交忽视了非传统领域的问题，而中心可以在非传统领域取得突破。事实上，中心在成立后至今，对公共卫生领域、基础设施建设领域的探索，都是先前澳大利亚政府所缺失的。中心的活动是由多方共同出资的，但澳大利亚外交和贸易部给予了中心足够的发展支持。

因此，从双方的立场看，中心所产生的正面影响得到两国政府的认同。从中心与印尼多个地方政府签署合作协议上可以看到中心在印

---

① "About the Australia-Indonesia Centre", Australia-Indonesia Centre, https://australiaindonesiacentre. org/about/.

尼的公共外交的成功之处，这背后也有澳大利亚政府的支持。① 另外，2015 年起，中心开展"澳大利亚-印尼领导人项目"（Australia-Indonesia Leaders Program），旨在为两国政府部门搭建桥梁，扩大公共外交的影响力。这一项目得到澳大利亚三个政府部门、多个非政府组织和基金会的响应，其主要就传统和非传统领域的公共外交活动展开探讨，而这一项目的主要发起者则是印尼籍的专家学者。② 这也从侧面反映出，印尼政府想要通过中心开展公共外交。项目在 2015～2017 年的顺利实施是印尼数十个政府部门与社会团体共同推动的结果。从中可以看到，中心开展的非传统领域公共外交得到两国政府部门的认可。

中心在澳大利亚与印尼两国所开展的非传统领域公共外交，是其得以发展的重要原因。但就目前的澳大利亚-印尼中心而言，还存在一些需要反思之处。首先是在公共卫生领域开展的活动过多地聚焦于青少年的发展。在实际的运作中，青少年仍然是中心的重点。这让中心在覆盖面上无法扩大。其次是中心内存在资金投入不平衡的情况，以公共卫生活动为例，多个公共卫生项目的资金皆来自澳大利亚外交和贸易部与社会团体，印尼方面所给予的资金支持有限。资金投入的不平衡同样会影响到中心项目的实际运作。最后是在公共卫生建设上，澳大利亚比印尼成熟，因此中心的大量公共卫生项目针对印尼存在的问题开展。这些公共卫生问题的存在，体现出印尼公共卫生建设

---

① 详情参见 "Australia-Indonesia Centre, Provincial Government of South Sulawesi Agree to Establish Joint Working Group", Australia-Indonesia Centre, August 30, 2021, https://pair. australiaindonesiacentre. org/news/australia-indonesia-centre-provincial-government-of-south-sulawesi-agree-to-establish-joint-working-group/#new_ tab。

② "Australia-Indonesia Leaders Program", Australia-Indonesia Centre, August 1, 2018, https://australiaindonesiacentre. org/projects/australia-indonesia-leaders-pro gram/.

存在缺陷，从侧面同样会引起国际组织、非政府组织的关注，影响到印尼的国家形象，这是印尼政府所不希望看到的。

中心成立于 2014 年，在 2015 年正式开展活动。在这一阶段，澳大利亚的公共外交经过多年的建设，已经在教育、电影、体育等人文交流领域取得初步的发展。但在公共卫生领域的缺失，让澳大利亚外交和贸易部支持中心发展。伴随着印尼佐科政府更为务实的外交政策[①]实施，中心无论是在对外援助方面，还是在公共外交方面，都有进一步发展。尽管中心的公共卫生活动存在不足之处，但其在助推两国公共外交发展过程中起到一定的作用。

结 语

澳大利亚-印尼中心只是澳大利亚在印尼开展公共卫生活动的载体之一，却是印尼政府少数几个可以依靠的非政府组织之一。尽管中心所做的工作，不足以对印尼的公共卫生建设发挥决定性的作用，也无法在脱离两国政府的支持下，在其所涉及的领域进行更广泛的活动，但中心自成立后逐步发展，在其所关注的领域都有一定的成果。对于澳大利亚与印尼两国而言，这种具有双向性质的非政府组织，无疑推动了双边关系的发展。尽管一个非政府组织无法对两国关系产生较大的影响，但中心在公共卫生领域的作用，无法被两国政府和相关领域的专家学者所忽视。

就目前澳大利亚与印尼两个国家的关系而言，传统外交仍是两国的重点。无论是在政治上，还是经济上，双边关系都需要稳固。在澳大利亚或者在印尼开展活动的非政府组织，尽管努力在两国关系中扮演重要角色，但都无法避开两国政府在其背后的支持对其产生的影

---

① 宋秀琚、王鹏程：《"中等强国"务实外交：佐科对印尼"全方位外交"的新发展》，《南洋问题研究》2018 年第 3 期，第 97~108 页。

响。这也让澳大利亚与印尼双边关系的研究者找到一个合适的突破口。在研究双边关系时，研究者不仅可以从宏观的公共外交上分析两国关系存在的问题，更可以从特殊性上分析两国关系存在问题的破局之处。中心在印尼的活动，既是澳大利亚政府所希望的，又较少地遭到印尼政府的排斥，这就是中心值得研究的特殊性。

B.10
2022~2023年大洋洲国家对外经贸合作进展与展望

金君达　徐秀军*

摘　要：　2022年至2023年，大洋洲国家对外贸易达峰后下降，但整体处于历史较高水平。2022年大洋洲国家的货物贸易额约为8594.3亿美元，较上年增长17.3%；但2023年大洋洲国家的货物贸易额约为7838.9亿美元，较上年下降8.8%。这反映了区域大多数国家的对外贸易变化。大洋洲国家对外投资合作在过去两年呈上升趋势，但国家间呈现分化态势，部分国家未恢复至疫情前水平。在对华合作方面，中国仍是澳、新两国在贸易和投资领域的主要合作伙伴之一，中澳、中新贸易和投资关系在2022~2023年出现波动，但整体态势积极。展望2024年，大国竞争及其带来的泛安全化趋势将继续对大洋洲国家对外经贸产生负面影响。但随着中国与澳新两国加强政策协调、RCEP红利持续释放、共建"一带一路"合作持续深化，大洋洲对外经贸合作存在积极因素，发展前景仍然乐观。

关键词：　大洋洲国家　对外贸易　国际投资

---

* 金君达，博士，中国社会科学院世界经济与政治研究所助理研究员，主要研究领域为发展经济学等；徐秀军，博士，中国社会科学院世界经济与政治研究所研究员，主要研究领域为国际政治经济学、亚太区域合作等。

一 对外贸易

（一）区域对外贸易整体态势

经历了 2021~2022 年的快速复苏后，大洋洲国家的对外贸易在 2023 年增速略有回落，但整体处于历史较高水平。2022~2023 年，大洋洲对外贸易在一定程度上受到国际政治影响；在维持相对较高水平的对华贸易的同时，澳、新等国也加快扩大与美国等伙伴的贸易往来。

根据联合国贸易和发展会议（UNCTAD）发布的统计数据①，2022 年大洋洲国家的货物贸易额约为 8594.3 亿美元，较上年增长 17.3%；但 2023 年大洋洲国家的货物贸易额约为 7838.9 亿美元，较上年下降 8.8%。其中，2022 年大洋洲国家货物出口额为 4769.94 亿美元，较上年增长 17.8%；2023 年大洋洲国家货物出口额为 4288.91 亿美元，较上年下降 10.1%。2022 年大洋洲国家货物进口额为 3824.36 亿美元，较上年增长 16.7%；2023 年大洋洲国家货物进口额为 3549.99 亿美元，较上年下降 7.2%。大洋洲国家的经济体量差异较大，但发达国家和发展中国家的贸易在近两年呈现类似趋势。根据 UNCTAD 数据，2022 年发达国家（澳大利亚和新西兰）货物贸易额同比增长 17%，2023 年同比下降 9%；2022 年发展中国家货物贸易额同比增长 20%，2023 年同比下降 11.6%。

从图 1 可看出，2022 年大洋洲国家货物贸易额为近十年最高水平，2023 年略有下降，但仍高于 2013~2021 年水平。2022 年 1 月 1 日，《区域全面经济伙伴关系协定》（RCEP）正式生效，为该地区主要经济体澳大利亚和新西兰的对外贸易增长注入动力。

---

① UNCTAD 的统计数据不包括密克罗尼西亚联邦、美属萨摩亚、纽埃、关岛、北马里亚纳群岛联邦的数据；其 2022 年服务贸易额统计数据不包括库克群岛、法属波利尼西亚、法属新喀里多尼亚、瓦努阿图。但因为上述国家和地区的货物和服务贸易额占比很小，对总值的影响很小，造成的计算误差可忽略不计。

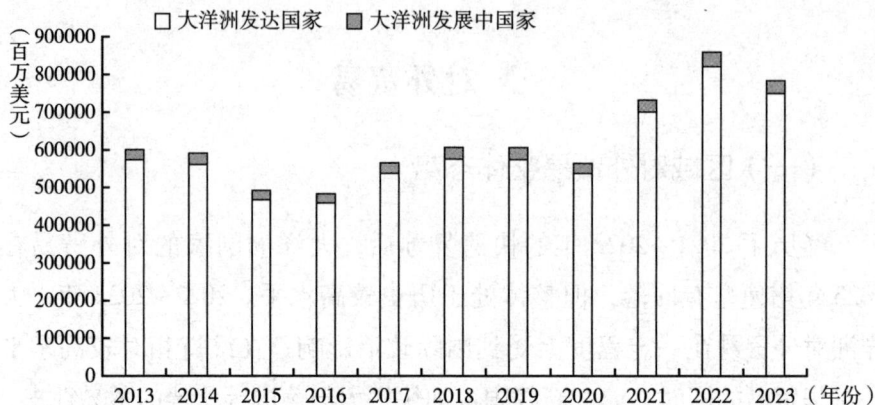

图1　2013~2023年大洋洲国家的货物贸易总额

资料来源：UNCTAD 数据库，2024 年 4 月。

在服务贸易方面，2022 年全球疫情形势趋向缓和，大洋洲国家原本相对严格的入境管理政策因而放宽，使得大洋洲国家的服务贸易总额较上年出现大幅上升，由 2021 年的 1158 亿美元上升至 1513.6 亿美元，同比增长约 30.7%。其中，2022 年发达国家服务贸易总额由 2021 年的 1091 亿美元上升至 1425.96 亿美元，同比增长约 31%，其中进口增长 14.4%，出口增长 46.7%。从图 2 可以看出，2022 年大洋洲国家服务贸易仍未恢复到疫情前水平，但呈复苏迹象。

（二）区域内国家和地区贸易态势

具体分析出口数据，大洋洲发达国家在 2022 年的货物出口额较上年增长 11.7%；其在 2023 年的货物出口额较上年下降 9.4%。发展中国家在 2022 年的货物出口额较上年增长 26.9%；其在 2023 年的货物出口额较上年增长约 9.3%。大洋洲发达国家在 2021 年的货物出口额一度达到 34.7% 的同比增长率，相较之下，澳新两国在 2022 年和 2023 年的货物出口额呈现达峰后下降趋势。发展中国家货物出口额

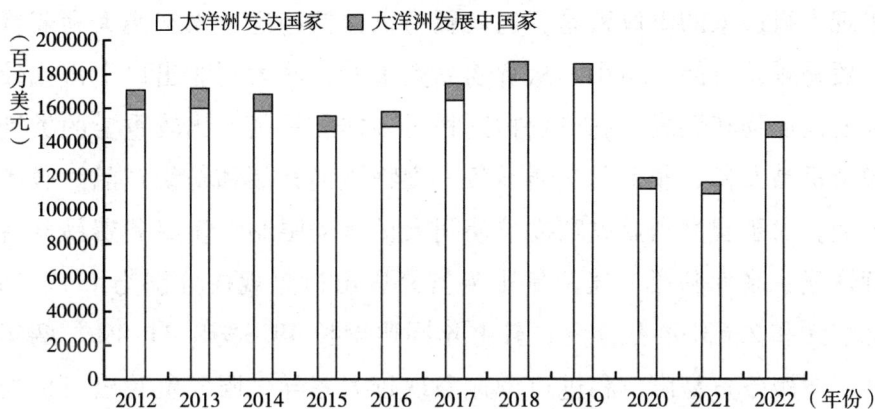

图2 2012~2022年大洋洲国家的服务贸易总额

资料来源：UNCTAD数据库，2024年4月。

在2022~2023年保持增长。澳大利亚和新西兰在大洋洲国家对外贸易中占据绝大部分份额，其在2023年出现的货物出口下降也导致大洋洲经济增长整体放缓。2022年，澳新两国贡献了大洋洲国家对外贸易总额的95.3%，以及货物贸易总额的95.5%，这一比例与以往年份接近。2023年，澳新两国贡献了货物贸易总额的95.6%。

澳大利亚统计局数据显示，2022年和2023年，澳大利亚货物和服务贸易总额分别为12006.54亿澳元和12198.02亿澳元，较上年同比分别增长30.8%和1.6%，在2023年仍维持整体贸易额的正向增长，以及整体贸易顺差。货物方面，澳大利亚上述两年货物贸易进出口总规模分别为10289.28亿澳元和9934.58亿澳元，较上年同比增长28.2%和-3.4%；尽管澳大利亚货物进出口贸易显露达峰迹象，但货物贸易总额比2020年和2021年（疫情期间）高，复苏迹象明显。澳大利亚在2022年和2023年的货物出口额分别为5948.14亿澳元和5588.63亿澳元，较上年同比增长27.5%和0.6%。澳大利亚在2022年和2023年的货物进口额分别为4341.14亿澳元和4345.95亿澳元，较上年同比增长26.1%和0.1%。相比出现下行迹象的出口贸易，进口贸易仍保持稳定，未来澳大利亚货物贸易顺差可能会缩小。从货物品类来看，澳大利亚出口中占比较高的是矿物和煤炭，进口货物则相对多样和平衡，比较重要的类别包括机械设备、非工业交通设备、食物类消耗品和纺织产品。服务方面，由于澳大利亚放宽疫情期间人员流动限制，澳服务贸易额持续恢复。澳大利亚上述两年服务贸易进出口总规模分别为1717.26亿澳元和2263.44亿澳元，较上年同比增长49.3%和31.8%。两年间，澳服务贸易出口和进口增速呈现较大差异，服务贸易出口仍处于提速阶段。2022年和2023年，澳服务贸易出口年增长26%和50.4%，进口年增长74.6%和17.2%。

新西兰外交和贸易部的报告显示，受到主要贸易伙伴放松防疫措施等积极因素影响，新西兰对外贸易在2022年全面复苏，对外贸易总额达到1970亿新西兰元，较上年增长21%。其中出口额约为899亿新西兰元，较上年增长16%；进口额为1071亿新西兰元，较上年增长25%。2022年，新西兰货物贸易总额、服务贸易总额分别为约1521亿新西兰元和约448亿新西兰元。新西兰货物贸易出口、货物贸易进口分别同比增长13%和21%，服务贸易出口、服务贸易进口分别同比增长28%和38%。[①]新西兰对外贸易在2023年保持高位运行，对外贸易总额达到2034.09亿新西兰元，较上年增长3.3%。其中出口额约为955亿新西兰元，较上年增长6.2%；进口额约为1079亿新西兰元，较上年增长0.7%。2023年，新西兰货物贸易出口、货物贸易进口分别同比下降4.6%和2.8%，而服务贸易出口、服务贸易进口分别同比增长50.3%和10.5%，服务贸易的强

---

① 数据来自"NZ Economic Performance in 2022, and Future Prospects", New Zealand Ministry of Foreign Affairs and Trade, March 2023, https：//www.mfat.govt.nz/en/trade/mfat-market-reports/nz-economic-performance-in-2022-and-future-prospects/。

劲复苏导致新西兰对外贸易整体继续保持正向增长。① 从货物品类来看，2022 年和 2023 年，新西兰货物贸易出口的主要品类为乳制品，其次为肉和木材；新西兰货物贸易进口的主要品类为燃料、机械设备和汽车。

太平洋岛国货物贸易在 2022 年整体呈上升趋势，但各国货物贸易在 2023 年出现分化，部分国家在达峰后出现货物贸易下降的情况。UNCTAD 数据显示，2022 年，除澳、新以外的大洋洲国家及地区货物进出口总额约为 361.8 亿美元，较上年增长 14.9%。其中，出口额约为 171.5 亿美元，较上年增长 15.4%；进口额约为 210.5 亿美元，较上年增长 12.9%。2023 年，上述国家及地区货物进出口总额约为 384.9 亿美元，较上年增长 6.4%。其中，出口额约为 212.3 亿美元，较上年增长 23.8%，进口额为 192.8 亿美元，较上年下降 8.4%（见表 1）。巴布亚新几内亚与法属新喀里多尼亚等体量相对较大的国家和地区均在 2023 年出现进口增长放缓的情况。

表 1　2021~2023 年太平洋国家及地区货物进出口额

单位：百万美元

	出口			进口			总额		
	2021 年	2022 年	2023 年	2021 年	2022 年	2023 年	2021 年	2022 年	2023 年
美属萨摩亚	409	310	377	884	642	635	1293	952	1012
库克群岛	20	15	11	119	147	173	139	162	184
斐济	826	815	1055	2116	2997	3118	2942	3812	4173
法属波利尼西亚	72	119	131	1981	2196	2407	2053	2315	2538
关岛	36	44	33	808	1240	1305	844	1284	1338

---

① 数据来自 "International Trade：December 2023 Quarter"，Stats NZ，March 4，2024，https：//www. stats. govt. nz/information－releases/international－trade－december－2023－quarter。

续表

	出口			进口			总额		
	2021 年	2022 年	2023 年	2021 年	2022 年	2023 年	2021 年	2022 年	2023 年
基里巴斯	9	9	11	176	106	96	185	115	107
马绍尔群岛	44	90	96	81	94	103	125	184	199
密克罗尼西亚联邦	125	115	111	254	277	301	379	392	412
瑙鲁	12	31	43	80	84	79	92	115	122
法属新喀里多尼亚	1722	1835	2553	2780	3389	3196	4502	5224	5749
纽埃	1	1	1	14	16	7	15	17	8
北马里亚纳群岛联邦	5	3	5	459	549	556	464	552	561
帕劳	7	2	3	156	207	242	163	209	245
巴布亚新几内亚	9077	11269	14327	5137	5296	3019	14214	16565	17346
萨摩亚	37	29	42	368	440	468	405	469	510
所罗门群岛	379	371	335	526	613	732	905	984	1067
汤加	15	16	13	246	268	265	261	284	278
图瓦卢	0	0	0	34	34	25	34	34	25
瓦努阿图	46	54	61	339	349	455	385	403	516
瓦利斯和富图纳群岛	0	0	0	74	84	79	74	84	79
合计	14863	17150	21231	18653	21050	19284	31495	36178	38492

注：表中进出口和合计数据为原始数据加总后四舍五入得出，因此部分末位数字与表中数据之和略有不同。

资料来源：UNCTAD 数据库，2023 年 5 月。

（三）澳、新与主要贸易伙伴关系分化

2022 年和 2023 年，澳大利亚的前五大贸易伙伴为中国（大陆）、日本、韩国、印度和美国[1]，新西兰的前五大贸易伙伴为中国（大

---

[1] "International Trade：Supplementary Information，Calendar Year"，Australian Bureau of Statistics，https：//www.abs.gov.au/statistics/economy/international - trade/international-trade-supplementary-information-calendar-year.

陆）、澳大利亚、美国、日本和韩国①。中国（大陆）与澳、新两个大洋洲主要经济体保持相对密切的贸易往来，是两国近年贸易增长和经济复苏的重要动力。

中澳贸易在2022年和2023年出现波动，但整体呈复苏态势。自阿尔巴尼斯工党政府于2022年5月上台以来，中澳双方采取措施为以往贸易摩擦降温，积极恢复贸易关系，减轻地缘政治对中澳贸易的负面影响。澳大利亚统计局数据显示，2022年中澳货物贸易②总额约为2845.78亿澳元，较上年增长5.7%；2023年中澳货物贸易总额约为3075.08亿澳元，较上年增长8.1%。2022年，澳大利亚对华货物出口额约为1729.64亿澳元，较上年下降2.8%；澳大利亚自华货物进口额约为1116.14亿澳元，较上年增长22.4%。2023年，澳大利亚对华货物出口额约为2030.16亿澳元，较上年增长17.4%；澳大利亚自华货物进口额约为1044.92亿澳元，较上年下降6.4%。进出口贸易波动带来澳对华顺差的波动：2022年，澳对华货物贸易顺差为613.5亿澳元，较上年下降29.3%；但在2023年，澳对华货物贸易顺差为985.24亿澳元，较上年增长60.6%，超过2021年的货物顺差867.25亿澳元。需要指出，澳大利亚在2022年和2023年与主要伙伴的货物贸易关系因国而异，存在较大变化，无法一概而论。例如，美澳货物贸易呈现增速减缓的趋势，2022年增长24.1%，2023年增长8%；日澳货物贸易则在2022年出现70%的大幅增长，但在2023年出现20.2%的下降。③ 从货物品类分析中澳贸易，2022年，铁矿和精

---

① "New Zealand International Trade", New Zealand Trade Dashboard, https：// statisticsnz. shinyapps. io/trade_ dashboard/.

② 中国与澳、新两国的贸易往来主要为货物贸易，货物与服务贸易总额基本呈现与货物贸易相同的趋势。因此，本报告主要对货物贸易进行分析。

③ 数据来自"International Trade in Goods", Australian Bureau of Statistics, https：// www. abs. gov. au/statistics/economy/international－trade/intern ational－trade－goods/ latest－release。

矿石（1083 亿澳元，占比约 60.2%）占据澳对华货物出口的大部分，其次是天然气（192 亿澳元，占比 10.7%）和黄金（82 亿澳元，占比 4.6%）。澳大利亚从中国进口的货物相对分散，相对较多的品类包括通信设备及配件（92 亿澳元，占比 8.9%）、计算机（91 亿澳元，占比 8.8%）、家具与床垫（44 亿澳元，占比 4.2%）。[①]

中新贸易在 2022 年和 2023 年同样出现波动，但整体不低于疫情前水平。自 2022 年 4 月 7 日《中华人民共和国政府和新西兰政府关于升级〈中华人民共和国政府和新西兰政府自由贸易协定〉的议定书》正式实施以来，中新双边贸易伙伴关系进一步升级，双方进一步提升木材、纸制品等货物贸易和教育、金融、航空等服务贸易的市场开放度；尽管新西兰与主要伙伴的贸易占比在近期呈现一定的拉平趋势，但中国仍然是新西兰最大的贸易伙伴。根据新西兰统计局的数据，2022 年中新货物贸易额为 383 亿新西兰元，较上年增长 7.9%。其中，新对华货物出口额为 201.31 亿新西兰元，较上年增长 0.4%；新对华货物进口额为 181.69 亿新西兰元，较上年增长 17.6%；新对华货物贸易顺差为 19.62 亿新西兰元，较上年下降 57.3%。2023 年第一季度，中新货物贸易额为 86.28 亿新西兰元，同比下降 5.5%，其中新对华出口同比下降 1.2%，新对华进口同比下降 8.3%；2023 年第二季度，中新货物贸易额为 90.19 亿新西兰元，同比增长 5.6%，其中新对华出口同比下降 2.6%，新对华进口同比增长 2.1%。可见，2023 年上半年的中新贸易额出现小幅下滑。[②] 新西兰与中国、澳大利亚、日本的贸易额在 2023 年均出现下滑，与美国、韩国的贸易额则保持增长，但中国在

---

① 数据来自 "China", Department Foreign Affairs and Trade of Australian Government, https: //www.dfat.gov.au/sites/default/files/chin-cef.pdf。

② 数据来自 "Trade Surplus with China Widens", Stats NZ, September 4, 2023, https: //www.stats.govt.nz/news/trade-surplus-with-china-widens/。

贸易体量上仍领先其他国家。[①] 从货物品类分析中新贸易，牛奶、肉类和木材占据新对华出口的大部分，电子设备、机械设备则在新自华货物进口中占据较大比例。[②] 中国货物进口中较依赖新西兰的品类为乳制品（49.9%）和谷物、牛奶、淀粉加工制品（23.6%），新西兰货物进口中较依赖中国的品类包括家具和床垫（65.4%）、玩具（62.5%）、服装（约60%）、电子设备（47.2%）和钢铁（46.6%）。由于中新贸易互补性较强，升级后的《中华人民共和国政府和新西兰政府自由贸易协定》进一步消除了两国的技术性贸易壁垒并促进了通关便利化，中新贸易关系整体仍将朝积极的方向发展。

二　国际投资合作

（一）国际直接投资显著回升

2022年以来，对大洋洲国家的国际投资有一定程度的增长，但国家间呈现分化态势，部分国家面临后劲不足的挑战。UNCTAD《2023年世界投资报告》显示，经历了2021年的短暂增长后，部分大洋洲国家接受的国际投资有所下降。例如，大洋洲发展中国家在2022年接收的投资从上年的13亿美元下降至12亿美元。尽管部分小岛屿发展中国家（SIDs）在2022年接收的投资有所增长，但幅度并不显著，最大的小岛屿发展中国家斐济的外商直接投资更是下降74%。另外，大洋洲发展中国家的新建投资（绿地投资）在2022年呈增长趋势，从2021年的2项增至8项，其中小岛屿发展中国家得

---

① 数据来自新西兰-中国关系促进会，https：//nzchinacouncil. org. nz/statistics/。
② 数据来自"Trade Surplus with China Widens"，Stats NZ，September 4, 2023, https：//www. stats. govt. nz/news/trade-surplus-with-china-widens/。

到了 4100 万美元投资，较以往有所增长。①

澳大利亚和新西兰是大洋洲吸引外资的主要国家。2022 年，澳大利亚流入和流出投资均出现大幅增长。澳大利亚吸引外商直接投资额（流量）达到 616.29 亿美元，相比上年增长 194.9%；澳大利亚对外投资额（流量）达到 1165.62 亿美元，相比上年增长 3326.9%。澳大利亚吸引外商直接投资存量达到 7580.32 亿美元，相比上年增长 0.4%；澳大利亚对外投资存量达到 4.8 亿美元，相比上年增长 4.8%。跨国并购方面，2022 年澳大利亚流入金额为 541.75 亿美元，相比上年增长 193.4%；流出金额为 1289.57 亿美元，相比上年增长 488.2%。绿地投资方面，以澳大利亚为目的地的投资额为 690.46 亿美元，相比上年增长 437.2%；从澳大利亚流出的投资额为 324.14 亿美元，相比上年增长 100.8%。②

2022 年，新西兰吸引外商直接投资额（流量）达到 75.39 亿美元，相比上年增长 88.8%；新西兰对外投资额（流量）达到 6.12 亿美元。新西兰吸引外商直接投资存量达到 938.54 亿美元，相比上年增长 1.2%；新西兰对外投资存量为 186.04 亿美元，相比上年下降 2.6%。跨国并购方面，2022 年新西兰流入金额为 29.95 亿美元，相比上年下降 48.5%；流出金额为 7.67 亿美元，相比上年增长 13.8%。绿地投资方面，以新西兰为目的地的投资额为 25.71 亿美元，相比上年下降 65.9%；从新西兰流出的投资额为 18.1 亿美元，相比上年增长 203.3%。③

---

① 数据来自 "World Investment Report 2023"，UNCTAD，January 2024，https：// unctad. org/system/files/official-document/wir2023_ en. pdf。

② 数据来自 "World Investment Report 2024: Investment Facilitation and Digital Government，Australia"，UNCTAD，June 2024，https：//unctad. org/system/ files/non-official-document/wir_ fs_ au_ en. pdf。

③ 数据来自 "World Investment Report 2024: Investment Facilitation and Digital Government，New Zealand"，UNCTAD，June 2024，https：//unctad. org/system/ files/non-official-document/wir_ fs_ nz_ en. pdf。

需要指出，在可持续能源方面，大洋洲绿色投资与联合国预期目标的差距相对较小。根据联合国的预计，该区域需要在 2030 年前安装 172 兆瓦的可持续能源设备，以达到联合国 2030 年可持续发展目标。截至 2022 年，该区域已安装的可持续能源设备达到 55 兆瓦，完成比例高于除欧洲以外的地区。但是，国际绿色投资减少对区域可持续能源发展形成一定的挑战。根据联合国的预计，该区域每年需要吸引 450 亿美元绿色投资，但 2022 年大洋洲收到的绿色投资仅为 270 亿美元。考虑到大洋洲部分区域的生态脆弱性，用于可持续能源的外商直接投资对于该区域的可持续发展至关重要。

（二）中国与大洋洲国家投资合作总体向好

2022 年，中国对外直接投资流量 1631.2 亿美元；2022 年末，中国对外直接投资存量达 2.75 万亿美元。[①] 2023 年，中国全行业对外直接投资 10418.5 亿元人民币，同比增长 5.7%。[②] 2022 年至 2023 年，中国对大洋洲国家的直接投资总体增长，但对不同国家的直接投资呈现分化态势。

2022 年，中国流向大洋洲的投资为 30.7 亿美元，相比上年增长 44.8%，占当年对外直接投资流量的 1.9%，主要目的地包括澳大利亚、巴布亚新几内亚、新西兰等。截至 2022 年底，中国在大洋洲的投资存量为 413.4 亿美元，占对外投资总存量的 1.5%，主要分布在澳大利亚、新西兰、巴布亚新几内亚、萨摩亚、马绍尔群岛、斐济等

① 《2022 年度中国对外直接投资统计公报》，中华人民共和国商务部，2023 年 9 月 28 日，http://images. mofcom. gov. cn/hzs/202310/20231027112320497. pdf。

② 《2023 年我国全行业对外直接投资简明统计》，中华人民共和国商务部，2024 年 1 月 29 日，http://www. mofcom. gov. cn/article/tongjiziliao/dgzz/202401/2024 0103469616. shtml。

国家和地区。从投资的行业分布来看，2022年中国对大洋洲直接投资存量前五位的行业分别为：采矿业174.4亿美元，占比42.2%；租赁和商务服务业74.1亿美元，占比17.9%；金融业41.2亿美元，占比10.0%；房地产业28.4亿美元，占比6.8%；制造业25.0亿美元，占比6.1%。在2022年，租赁和商务服务业增长较快，相比上年增长37%；制造业投资存量则出现显著萎缩，相比上年下降37%。从企业数量看，2022年中国在大洋洲设立的境外企业超过1200家，占中国境外企业总数的2.6%，主要分布在澳大利亚、新西兰、巴布亚新几内亚、萨摩亚、斐济等国；相比2021年，中国在大洋洲境外企业的数量和占比略有下降。[①]

分国别来看，2022年中国对澳投资延续了上年的快速增长态势，直接投资流量为27.9亿美元，较上年增长44.9%，占当年中国对外直接投资流量总额的1.7%，占中国对大洋洲直接投资流量总额的超九成。2022年中国对澳大利亚的直接投资流量最多的是租赁和商务服务业（19.1亿美元，占比68.7%），其次为采矿业（5.9亿美元，占比21.2%）和金融业（4.5亿美元，占比16.2%）。2022年末，中国对澳大利亚的投资存量达到357.9亿美元，中国共在澳大利亚设立近900家境外企业。其中采矿业投资存量占据将近半数（161.5亿美元，占45.1%），租赁和商务服务业次之（70.4亿美元，占19.7%）。[②]在外商投资政策方面，澳大利亚继续酝酿投资立法改革，以加强安全监管。2022年9月，澳电信企业Optus发生大规模数据泄

① 《2021年度中国对外直接投资统计公报》，中华人民共和国商务部，2022年11月8日，http://images.mofcom.gov.cn/fec/202211/20221118091910924.pdf；《2022年度中国对外直接投资统计公报》，中华人民共和国商务部，2023年9月28日，http://images.mofcom.gov.cn/hzs/202310/20231027112320497.pdf。

② 《2022年度中国对外直接投资统计公报》，中华人民共和国商务部，2023年9月28日，http://images.mofcom.gov.cn/hzs/202310/20231027112320497.pdf。

露事件，推动澳大利亚加快安全立法进程。2022年3月31日，澳大利亚政府通过《2022年安全立法修正案（关键基础设施保护）法案》，对部分关键基础设施资产进行再定义，并加强对关键资产的网络安全监管。2022年11月28日，澳议会通过《2022年隐私立法修正案（执法和其他措施）法案》；2023年2月，澳政府发布《隐私法审查报告2022年》，提出扩大隐私权定义、扩大个人权利、取消小企业豁免、明确企业权责划分等改革建议。

中国对新西兰的投资则面临一定的调整。2022年，中国对新西兰直接投资流量约为1.2万亿美元，较2020年下降了48%。2021年末，中国对新西兰的直接投资存量为26.9亿美元，较上年下降14.0%。[①] 据新西兰-中国关系促进会统计数据，2023年末，中国（内地及香港）对新西兰直接投资存量约91.63亿新西兰元，而美国同年直接投资存量为98.24亿新西兰元。这标志着中国（内地及香港）自2018年后再次被美国超过，在新西兰国际投资伙伴中排名第三。[②] 在外商投资政策方面，《中华人民共和国政府和新西兰政府关于升级〈中华人民共和国政府和新西兰政府自由贸易协定〉的议定书》于2022年4月生效，自贸协定升级给中新经贸往来带来利好。但与此同时，新西兰对海外投资的管控处于经合组织（OECD）国家中较严格的水平，近年来继续收紧部分与外商投资相关的法律法规。例如，2022年8月15日，新西兰《2022年海外投资（林业）修正案》[Overseas Investment（Forestry）Amendment Act 2022]正式生效，对希望将土地转化为新的生产性林业用地的海外投资加强审查。

---

① 《2022年度中国对外直接投资统计公报》，中华人民共和国商务部，2023年9月28日，http：//images.mofcom.gov.cn/hzs/202310/20231027112320497.pdf。

② 数据来自新西兰-中国关系促进会，https：//nzchinacouncil.org.nz/statistics/。

三　未来展望

近年来，美国及其盟友与中国展开竞争，对大洋洲的重视程度整体上升。例如，美国在2022年和2023年两次召开美国-太平洋岛国峰会，高调宣布多项援助计划，此外还恢复、升级与部分太平洋岛国的关系。一方面，大国竞争可能导致澳、新等国继续加强对中资企业的安全审查，降低在贸易和投资领域对中国的依赖。另一方面，中国仍然是大洋洲的首要经贸伙伴和区域经济增长的重要助力，在大国竞争加剧的背景下，包括澳、新在内的大洋洲国家仍将维持和发展与中国企业的合作关系。未来，中国与大洋洲国家将在稳固经贸合作基础的前提下寻找新的合作契机。

第一，中国与澳、新积极加强经贸相关政策协调。2022年11月，中澳两国领导人在二十国集团领导人巴厘岛峰会期间举行会晤，就改善两国关系达成共识；12月，澳大利亚外交部长黄英贤受邀访华，并参加第六轮中澳外交与战略对话，这是过去三年多来澳大利亚部长级官员的首次访华。2023年2月，中国商务部部长王文涛和澳大利亚贸易与旅游部部长法瑞尔举行视频会晤；6月，新西兰总理希普金斯访华；11月，澳大利亚总理阿尔巴尼斯访华。2024年2月，中国商务部部长王文涛在阿联酋阿布扎比会见新西兰贸易部部长麦克莱；3月，中共中央政治局委员、外交部长王毅对澳大利亚、新西兰进行正式访问，与澳大利亚外长黄英贤举行第七轮中澳外交与战略对话。澳、新两国领导人均表达了加强经贸合作和人文交流、在大国竞争的背景下稳妥经营双边关系的意愿。

第二，RCEP持续完善并释放红利。RCEP在2023年再添生效成员国。2023年1月2日，RCEP对印尼正式生效，印尼还颁布了一项有关货物原产地及为本地出口的货物签发原产地文件规定的新条例作为配套措施。4月3日，菲律宾向东盟秘书长交存RCEP核准书，自核准书交存之日起60天后，RCEP对菲律宾生效。这意味着RCEP实现了对所有协定签署国生效，也意味着RCEP将深入推进区域经济一体化。对于澳大利亚、新西兰两国，RCEP有助于其降低对资源贸易的依赖，鼓励两国在亚太投资建设新的资源加工设施，并利用两国在科教等领域的优势扩大服务贸易。RCEP也将为中澳、中新贸易提供更多助力。

第三，共建"一带一路"创造新机遇。16个大洋洲国家中，目前已有11国与中国签署共建"一带一路"相关文件，巴布亚新几内亚、所罗门群岛、斐济等国均与中国保持着良好的"一带一路"合作伙伴关系。2023年10月，中国举办第三届"一带一路"国际合作高峰论坛，与共建各国和有关国际组织共商"一带一路"国际合作行动规划。在"一带一路"框架下，中国港口、空港与大洋洲国家的交通联系日益密切，税收征管合作机制等向大洋洲国家延伸。"一带一路"合作将持续缩短中国与大洋洲经贸伙伴的相对距离，促进大洋洲国家的基础设施建设和民生改善，有助于打造更为紧密的中国–大洋洲利益共同体。

B.11
2023年巴布亚新几内亚的对外安全合作：新进展与新挑战

秦 升*

摘　要：　2023年，巴布亚新几内亚在对外安全合作领域取得重大突破，先后与美国和澳大利亚签署了多层次、宽领域、立体化的双边安全合作协议。巴布亚新几内亚与美国签署的《防务合作协议》给予美国不受阻碍地进入巴布亚新几内亚特定基础设施的权利，并允许美国拥有专属刑事管辖权，包括上述内容在内的协议条款在巴布亚新几内亚国内引发了巨大的争议。巴布亚新几内亚与澳大利亚之间的《关于建立更密切安全关系框架的协议》由于存在侵犯主权的措辞，在经历多次推迟后得以签署。一方面，巴布亚新几内亚强力推动对外安全合作是其提升自身军事实力、扩大地区影响力的重要体现；另一方面，美国和澳大利亚等国为了获取地缘政治优势不断加大在南太平洋地区的战略投入力度，为巴布亚新几内亚开展对外安全合作提供了外部条件。

关键词：　巴布亚新几内亚　美国　澳大利亚　安全合作

在太平洋岛国当中，巴布亚新几内亚由于其重要的战略位置、巨

---

* 秦升，博士，中国社会科学院澳大利亚、新西兰与南太平洋研究中心副研究员，主要研究领域为大洋洲地区国际政治。

大的人口优势和资源优势一直是域内外国家关注的焦点。2023年，国际社会对太平洋岛国地区的介入达到了空前的程度，美国举办第二届"美国-太平洋岛国峰会"，落实《太平洋岛国伙伴关系战略》，增加援助资金和外交资源，包括澳大利亚、法国、印度、韩国以及印度尼西亚在内的域内外国家都通过加大战略投入力度、寻求共同利益以及拓展合作空间等方式提升在南太平洋地区的影响力。巴布亚新几内亚作为太平洋岛国中的"大国"备受重视，美国总统拜登原计划访问巴布亚新几内亚，后由于国内原因改为由国务卿布林肯和国防部长奥斯汀先后访问；法国总统马克龙将巴布亚新几内亚作为其南太平洋之行的两个目的地国家之一；印度总理莫迪将巴布亚新几内亚作为第三届"印度-太平洋岛国合作论坛峰会"的举办地。伴随着战略地位的提升，巴布亚新几内亚开始大力推动对外安全合作，其与美国和澳大利亚分别签署的双边安全合作协议将对地区安全局势产生深刻影响。

一　巴布亚新几内亚与美国的安全合作进展

（一）合作背景

巴布亚新几内亚与美国开展安全合作首先基于自身的国防事业发展。巴布亚新几内亚由于自身经济实力和军事实力的不足，一直期望通过对外安全合作提升自身的国防力量。20世纪末布干维尔危机后，巴布亚新几内亚国防军受到重大打击，国家军事能力下降明显，军事政变频发。在经历了长达十年关于国防力量发展方向的讨论之后，政府决定重建国防军并扩大军队规模。

2011年，彼得·奥尼尔（Perter O'Neill）当选巴布亚新几内亚总理，承诺推动国防现代化。2013年，巴布亚新几内亚国防白皮书发布，对军事力量的发展进行了战略规划。然而，自身能力的欠缺导致在国防建设领域的投入捉襟见肘，巴布亚新几内亚因此开始加大对外安全合作的开展力度。2013 年到 2023 年，巴布亚新几内亚与以色列、法国、美国、中国、澳大利亚等国都开展了不同层次的安全合作，包括寻求军事装备的援助和军事人员的培训等。

美国除了与巴布亚新几内亚签署《部队地位协议》和《防务合作备忘录》外，双方未曾开展更为深入的合作。由于巴布亚新几内亚在独立之前由澳大利亚托管，独立后澳大利亚成为其最重要的安全伙伴。此外，美澳之间的军事同盟关系以及澳大利亚与巴布亚新几内亚相邻的地理位置都降低了美国与巴布亚新几内亚发展军事关系的必要性。随着奥巴马政府提出"重返亚太"，太平洋岛国在美国对外战略中的地位开始提升，从特朗普政府时期的《美国印太战略框架》和《印太战略报告》，到拜登政府的《美国印太战略》，再到《太平洋岛国伙伴关系战略》，太平洋岛国在美国对外战略中的定位日益清晰，战略重点从此前的密克罗尼西亚区域扩展至整个南太平洋。

在美国新的战略布局下，其与巴布亚新几内亚的安全合作也被提上日程。2018 年，巴布亚新几内亚作为东道国承办亚太经合组织领导人非正式会议，会议期间与美国首次磋商安全合作议题。其中，翻新马努斯的隆布鲁姆海军基地成为巴布亚新几内亚和美国开展安全合作的重要起点。因此，美国对太平洋岛国的重点关注以及巴布亚新几内亚提升国防能力的诉求是双方加强安全合作的重要基础。

（二）双边安全协议内容

巴布亚新几内亚与美国在 2023 年达成的安全合作主要由两个协议组成，分别为《防务合作协议》（Defence Cooperation Agreement）以及《打击非法跨国海上活动行动协议》（Agreement Concerning Counter Illicit Transnational Maritime Activity Operations），用以取代两

国早期签署的《部队地位协议》以及《防务合作备忘录》，从而实现两国安全关系的现代化。美国政府发表声明，指出《防务合作协议》是两国数十年关系发展的自然结果，是两国加强安全合作和双边关系、提高巴布亚新几内亚国防军能力以及加强地区稳定与安全的基本框架。①

2023年4月，美国政府向外界公布了拜登总统访问巴布亚新几内亚的消息，计划由两国领导人签署相关协议，从而向外界展示美国对巴布亚新几内亚的高度重视。然而，美国国内的债务上限谈判迫使拜登取消了对巴布亚新几内亚的访问。2023年5月，美国国务卿布林肯代替拜登访问巴布亚新几内亚，并与马拉佩总理签署了《防务合作协议》以及《打击非法跨国海上活动行动协议》。

《防务合作协议》正文共有22个章节，核心内容包括以下六部分。②

第一，定义"商定的设施和地区"，包括：巴布亚新几内亚国防军控制和管理的设施和地区、巴布亚新几内亚民政当局控制和管理的设施和地区、巴布亚新几内亚国防军和巴布亚新几内亚民政当局共同控制和管理的设施和地区。具体包括六个"商定的设施和地区"：莱城纳扎布机场、莱城海港、隆布鲁姆海军基地、莫莫特机场、莫尔兹比港杰克逊国际机场、莫尔兹比港海港。

---

① "The United States and Papua New Guinea Sign New Defense Cooperation Agreement and an Agreement Concerning Counter Illicit Transnational Maritime Activity Operations", U. S. Department of State, May 22, 2023, https：//www.state. gov/the-united-states-and-papua-new-guinea-sign-new-defense-cooperation-agreement-and-an-agreement-concerning-counter-illicit-transnational-maritime-activity-operations/.

② "Agreement Between the United States and Papua New Guinea", U. S. Department of State, May 22, 2023, https://www.state.gov/wp-content/uploads/2023/10/63374-Papua-New-Guinea-Defense-08. 16. 2023. pdf.

第二，规定美军、美国防部雇员以及国防部承包商（简称"美方人员"）访问"商定的设施和地区"的权限。在双方协商的基础上，巴布亚新几内亚应允许美方人员和双方同意的其他人不受阻碍地进入商定地区并使用相关设施。"商定的设施和地区"可用于双方商定的活动，包括：访问、训练、演习及相关支持性活动；飞机加油；飞机着陆和回收（包括进行情报收集、监视和侦察活动的飞机）；船舶加油；车辆、船舶和飞机的维护；人员住宿；通信；部队和物资的集结和部署；设备和物资的存储；安全援助与合作活动；联合培训活动；人道主义和救灾；应急行动；以及缔约双方或其执行代理人共同商定的其他活动。这些"商定的设施和地区"或其部分可指定为美军专用或美军与巴布亚新几内亚联合使用。美军或代表美军运营的飞机、车辆和船只可以在巴布亚新几内亚领土和领海内自由进出和行动，但须遵守相关的空中、陆地和海上安全与行动规则。未经美国同意，巴布亚新几内亚当局不得登上和检查此类飞机、车辆和船只。巴布亚新几内亚当局可按照双方商定的程序，对此类飞机、车辆和船只一律放行。

第三，规定美军、美国防部雇员以及国防部承包商在案件调查中的权利和义务。在上述人员涉及案件调查时，美军应考虑巴布亚新几内亚当局的调查报告，并应当局要求将案件处理情况通知有关政府部门。美军对美方人员行使民事和行政管辖的专有权，以确定在执行公务过程中发生的行为是否得当。美军有权根据美国的法律法规，在巴布亚新几内亚境内对美国人员实施纪律处分。巴布亚新几内亚当局根据《巴布亚新几内亚宪法》行使主权，具有对美方人员的管辖权，保留对美方人员在执行公务之外在境内发生的行为的民事和行政管辖权。巴布亚新几内亚当局应立即将美方人员被逮捕或拘留的情况通知美军，并将这些人员移交给美军拘留。此外，美方人员及其财产、财物、私人住宅均不受侵犯。

第四，费用分担。美军在使用"商定的设施和地区"或者和巴布亚新几内亚共同使用相关设施和地区时，不承担租金或者其他费用。美方人员可以在双方商定的地区进行建筑活动并获得巴布亚新几内亚当局提供的便利，包括在不支付费用的前提下获取授权和许可证。除非另有约定，美军负责专供美方人员使用的约定设施和地区的运营、维护、建设和开发费用。除非另有约定，双方应按比例负责共同使用的设施和地区的运营和维护、建设和开发费用。美军或代表美军运营的飞机、车辆和船只，在巴布亚新几内亚境内不得缴纳登陆费、停泊费、港口费、强制引航费、导航费或飞越费，也不得支付通行费或其他使用费，如港口费。

第五，物资运输与存储。美军可以在"商定的设施和地区"以及双方商定的其他地点运输、部署和储存防御设备、补给品和物资。美军预先部署的物资及其指定用于储存此类物资的设施或部分设施应专供美军使用。美方人员对此类预置物资的获取、使用和处置拥有专属控制权，并有权随时从巴布亚新几内亚领土上移走此类预置物资。美方人员应畅通无阻地进入和使用储存设施，处理与预置物资储存有关的所有事项，包括此类物资的交付、管理、检查、使用、维护和转移，无论这些储存设施是否位于"商定的设施和地区"内。由美军运营或美军作战使用的飞机、车辆和船只应准许进入巴布亚新几内亚境内的航空港和海港，并按照约定进入其他地点，以便美军将预置物资运送到巴布亚新几内亚境内进行储存、维护和转移。

第六，美方人员的安全保障。巴布亚新几内亚应在其能力范围内采取必要的合理措施，确保美方人员、财产和信息的安全保障，包括不被美国以外的任何一方扣押或转移。为履行这一责任，双方或其执行代理人应密切合作，确保提供此类安全保障。美国军事指挥官具有确保其监督下的人员和设备安全的权利和义务，巴布亚新几内亚应承认并理解美国军事指挥官拥有的自卫权，即可在必要时对眼前的安全威胁做出反应。巴布亚新几内亚应给予美军行使防御或控制"商定的设施和地区"所需的一切权利和权力，包括采取适当措施保护美方人员。

除了《防务合作协议》，巴布亚新几内亚还与美国签署了《打击非法跨国海上活动行动协议》，该协议旨在应对一系列海洋威胁，包括非法、不报告及不受管制的捕捞，贩毒，偷渡和非法运输大规模杀伤性武器。此外，该协议将巴布亚新几内亚纳入美国海岸警卫队的"随船观察员"项目（Shiprider Program），美国声称该项目可以增强巴布亚新几内亚的海上执法能力，并帮助其维护主权。在此之前，美国已经与库克群岛、密克罗尼西亚联邦、斐济、基里巴斯、瑙鲁、帕劳、马绍尔群岛、萨摩亚、汤加、图瓦卢和瓦努阿图 11 个国家签订了"随船观察员"协议，通过该协议，美国海岸警卫队大幅扩大了在南太平洋地区的舰艇部署和海上巡逻范围。① "随船观察员"协议允许太平洋岛国的执法官员登上美国海岸警卫队的舰船，允许美国海事执法人员在指定的专属经济区或公海上观察、登上和搜查涉嫌违反法律的船只。

巴布亚新几内亚加入"随船观察员"项目进一步扩大了美国海岸警卫队在西太平洋地区的执法范围。2023 年 8 月 20 日，美国海岸警卫队 Myrtle Hazard 号前往巴新开展联合海上行动，这是美国和巴布亚新几内亚签署《打击非法跨国海上活动行动协议》以来的首次联合巡航。截至 2023 年 8 月，美军关岛基地的 3 艘舰艇（USCGC Frederick Hatch，USCGC Myrtle Hazard，and USCGC Oliver Henry）已经在太平洋地区执行了 44 天的巡航任务，包括 7 次登船检查、5 次

---

① 《太平洋诸岛论坛——美国与太平洋诸岛的联系》，美国驻华大使馆和领事馆，2019 年 8 月 20 日，https://china.usembassy-china.org.cn/zh/pacific-islands-forum-u-s-engagement-in-the-pacific-islands-zh/。

观察行动以及 20 多次培训演练，通过"随船观察员"项目彰显美国在该地区的军事存在。①

（三）合作影响

由于巴布亚新几内亚与美国签署的新安全协议为期 15 年，将在未来一段时间对巴布亚新几内亚的国防产生重大影响，而且部分条款较《部队地位协议》取得了较大突破，引发了巴布亚新几内亚国内激烈的讨论。2023 年 6 月 14 日，巴布亚新几内亚国民议会审查了《防务合作协议》，包括反对党领袖约瑟夫·勒朗（Joseph Lelang）、前总理彼得·奥尼尔在内的议员认为，国民议会在 8 月投票以前应谨慎研究这份协议的细节内容。

奥尼尔认为，协议赋予美军针对美方人员的"专属刑事管辖权"以及巴布亚新几内亚仅保留对美方人员在公务范围之外行为的民事及行政管辖权的条款，相当于给予美方人员刑事豁免权，涉嫌侵犯国家主权，甚至可能构成违宪。奥尼尔还强调，协议免除了美军包括租金、关税、所得税在内的各种费用，但美方没有做出任何关于基础设施的投资承诺。② 反对党领袖约瑟夫·勒朗以及奥罗州州长加里·朱法（Gary Juffa）都认为应当对新协议保持警惕，仔细权衡其利弊。③

---

① "U. S. Coast Guard Forces Micronesia Sector/Guam's Fast Response Cutters Bolster Pacific Partnership Strategy and Strengthen Pacific Island Country Relations", *Seapower*, August 21, 2023, https：//seapowermagazine. org/u－s－coast－guard－forces－micronesia－sector－guams－fast－response－cutters－bolster－pacific－partnership－strategy－and－strengthen－pacific－island－country－relations/.

② Jeffrey Elapa, "O'Neill Says Agreement Threatens Sovereignty", *Post-Courier*, June 15, 2023, https：//www. postcourier. com. pg/oneill－says－agreement－threatens－sovereignty/.

③ "MPs Question Signing of US-PNG Defence Agreement", *Post-Courier*, June 15, 2023, https：//www. postcourier. com. pg/mps－question－signing－of－us－png－defence－agreement/.

尽管协议明确规定了六个"商定的设施和地区",但是在部分条款中给予美方人员和美军军机、运输工具和舰船不受约束地进出巴布亚新几内亚并在境内自由活动和转移的权利①,引发了民众关于主权遭受侵犯的担忧。双方签署协议之后,来自巴布亚新几内亚大学、巴布亚新几内亚科技大学和戈罗卡大学的学生举行抗议游行,表达对协议的不满。学生们认为,双边安全协议违背了巴布亚新几内亚"广交友、不树敌"的外交理念,甚至可能引发地区冲突和地缘政治的紧张态势,指责政府在签署协议之前没有让民众了解协议的具体内容。虽然《防务合作协议》受到了多方质疑,但是仍于2023年8月正式生效。

二 巴布亚新几内亚与澳大利亚的安全合作进展

(一)合作背景

巴布亚新几内亚与澳大利亚的双边关系具有久远的历史,双方在经济援助、安全外交、政治、文化等领域有着深刻的联系。第二次世界大战期间,日本占领几内亚岛并以此为据点准备进攻澳大利亚,美国、澳大利亚与日本在巴布亚新几内亚爆发多次战役。二战结束以后,由于巴布亚新几内亚成为澳大利亚的托管国,美国不再向其投入战略资源。1975年9月16日,巴布亚新几内亚正式独立,澳大利亚因为前期的巨大投入顺理成章地成为其首要安全伙伴。

在过去半个世纪,澳大利亚国防军对巴布亚新几内亚国防军的发展产生了深远的影响,两国之间的安全合作主要在澳大利亚的国防合作计划下展开。2004年6月30日,巴布亚新几内亚与澳大利亚签署

---

① Harry Pearl, "Defense Agreement Gives US 'Unimpeded Access' to Papua New Guinea Bases", Benar News, June 16, 2023, https://www.benarnews.org/english/news/pacific/us-png-defense-agreement-unimpeded-access-06152023225959.html.

《加强合作联合协议》，允许澳大利亚在巴布亚新几内亚部署警察及相关人员，协议推动了双方在法律与秩序、司法、经济管理、政府改革、海关、边境管理和交通安全等领域的合作，是双边关系发展的重要里程碑，也标志着双方安全合作进入了新阶段。2019 年，澳大利亚和巴布亚新几内亚签署了《全面战略和经济伙伴关系协定》，为双方在安全、贸易和投资、治理、发展、卫生、教育、性别平等、气候变化、人与人之间和机构联系方面的合作提供了一个总体框架。

《全面战略和经济伙伴关系协定》以六大支柱引领双边关系发展，在第四大支柱"安全与稳定的战略合作"中，双方承诺制定一项双边安全条约，以进一步促进共同的安全利益与合作，就影响双方安全利益的新挑战和威胁进行对话。双方认为，该条约还将涉及其他共同利益，包括危机和灾害管理、加强信息共享、加强边境管理、打击跨国犯罪、网络安全，以及陆地、空中和海上安全。① 因此，巴布亚新几内亚与澳大利亚之间的安全协议谈判在 2019 年双方全面战略和经济伙伴关系确立后就已经启动。

（二）双边安全协议内容

巴布亚新几内亚与澳大利亚的双边安全协议全称为《澳大利亚政府和巴布亚新几内亚政府关于建立更密切安全关系框架的协议》（简称"双边安全协议"），协议的谈判和签署过程并非一帆风顺。首先，对于双边合作框架使用"条约"（Treaty）还是"协议"（Agreement）来命名产生了较大的争议，对马拉佩而言，签订"条约"比签订"协议"需要更多的法律流程。在谈判阶段，双方一直

---

① "Papua New Guinea-Australia Comprehensive Strategic and Economic Partnership", Department of Foreign Affairs and Trade of Australian Government，August 2020, https：//www.dfat.gov.au/geo/papua-new-guinea/papua-new-guinea-australia-comprehensive-strategic-and-economic-partnership.

使用"条约"来描述安全框架,但在最终签署阶段改称其为"双边安全协议"。此外,由于巴布亚新几内亚国内的反对和争议,协议的签署时间与双方商定的时间相比经历了多次延迟。

2023年1月,阿尔巴尼斯访问巴布亚新几内亚,两国总理就双边安全条约的谈判达成《联合承诺声明》(简称"《声明》")。《声明》为巴布亚新几内亚和澳大利亚签署最终的双边安全协议提供了指南。双方认为,新的安全条约为当前和未来的传统和非传统安全合作提供一个有利的框架,在扩大和深化双边安全合作的同时超越现有的安排、计划和活动。《声明》指出,双边安全条约反映了两国长期的合作、共同的历史、地理上的接近、共同的地区战略前景以及人与人之间的密切联系,将为双方共同感兴趣的许多领域的安全合作提供具有法律约束力的框架,进一步加强安全伙伴关系,为双边和地区安全、信任和稳定做出贡献。双方承诺,在2023年4月30日前完成双边安全条约的实质性谈判。①

《声明》还列举了11项签署双边安全条约的目标和重要意义。地区方面,强调巩固太平洋地区区域协议的执行和理解,包括太平洋岛国论坛领导人在区域主义概念、大家庭优先以及实现和平与安全路径方面达成的共识;强调扩大双边安全合作的范围,同时为未来在共同感兴趣的领域开展工作提供授权。双边方面,强调加强相互尊重,加强两国作为重要安全伙伴的地位,使两国能够保护和强化其独立、主权和复原力;强调双方应认识到两国的安全利益相互交织,由于互为邻国,一国做出的决定会影响另一国的安全;强调双方的共同安全利益不断演变的事实,气候变化、网络安全和治国方略等非传统安全正在挑战影响双方的战略环境;强调提升双方正在进行的务实合作的

---

① "Papua New Guinea-Australia Bilateral Security Agreement Joint Statement", Prime Minister of Australia, January 12, 2023, https://www.pm.gov.au/media/papua-new-guinea-australia-bilateral-security-agreement.

广度和深度，促进联合安全行动以及获得更大的互操作性，进行更加深入和定期的信息共享和交流。①

2023年12月7日，马拉佩与阿尔巴尼斯在堪培拉签署了最终的双边安全协议《澳大利亚政府和巴布亚新几内亚政府关于建立更密切安全关系框架的协议》。协议共有11项，包括原则、目标、相互安全合作、地位、安全保障、安全协助、其他协议或安排、信息保护、争端的解决、修改和审查、生效和终止。在经历了巴布亚新几内亚与美国签署《防务合作协议》的风波后，巴布亚新几内亚和澳大利亚在设置协议条款时吸取了相关教训。②

第一，明确把尊重主权写入条款。比如，在"原则"部分强调"支持平等伙伴关系和互利共赢，强调相互尊重和支持主权、领土完整、政治独立，互不干涉内政，承诺协议的透明度以及协议符合双方各自的条约惯例和国家法律"。此外，还对巴布亚新几内亚的国家地位和外交独立性进行了确认："双方认识到与其他可信赖的安全伙伴建立强大而持久的双边伙伴关系符合各自的国家利益，认识到巴布亚新几内亚的稳定及其对该区域的战略重要性，认识到增强和维持巴布亚新几内亚促进内部、双边和区域安全的战略能力的必要性。"以上表述充分回应了巴布亚新几内亚国内关注的平等和主权议题。

第二，充分考虑巴布亚新几内亚的权利。巴布亚新几内亚与美国签订的《防务合作协议》中，大部分条款都是在要求巴布亚新几内亚承认美军在"商定的设施和地区"拥有的各种权利，并且要求减

---

① "Papua New Guinea-Australia Bilateral Security Agreement Joint Statement", Prime Minister of Australia, January 12, 2023, https：//www. pm. gov. au/media/papua-new-guinea-australia-bilateral-security-agreement.

② "Agreement between the Government of Australia and the Government of Papua New Guinea on A Framework for Closer Security Relations", Department of Foreign Affairs and Trade of Australian Government, December 7, 2023, https：//www. dfat. gov. au/sites/default/files/australia-papua-new-guinea-bilateral-security-agreement. pdf.

免美军本应承担的各种费用,这种单方面的权利要求受到广泛质疑和诟病。在与澳大利亚签署的双边安全协议中,巴布亚新几内亚的权利和诉求在相应条款中得到了充分体现。比如,针对巴布亚新几内亚军事能力的不足,协议把"提高能力,建设能力,建设和改善安全基础设施,缩小差距"作为重要目标。再如,在"相互安全合作"部分,提出"双方应优先就巴布亚新几内亚的安全需求进行磋商,且磋商应定期进行,包括获得与安全有关的设备、能力建设、基础设施、咨询、培训或后勤支持,或双方共同确定的其他需求"。

第三,强调协商以及双方的平等地位。比如,在"安全保障"部分,提出"如果发生威胁任何一方或太平洋地区的主权、和平或稳定的安全事态,双方应应任何一方的请求进行磋商,并考虑是否应采取任何措施应对该威胁;如果任何一方受到外部武装攻击,双方应进行协商,以决定应共同或单独采取哪些措施"。从措辞来看,巴布亚新几内亚与美国的《防务合作协议》也有"在双方商定的基础上"的表述,但这种表述明显弱化了双方的协商过程,主要目的是满足美军的各种需求,造成了事实上的不平等。

(三)合作影响

巴布亚新几内亚和澳大利亚签署的双边安全协议在谈判和签署过程中受到了美国因素的消极影响。尽管澳大利亚官方对美国更加积极地参与南太平洋地区事务表示欢迎,但是由于巴布亚新几内亚与美国之间的安全合作协议引发了关于主权问题的讨论和争议,马拉佩在推动对外安全合作议程时遇到了巨大阻力,这直接导致其与澳方的双边安全协议的签署时间不断推迟。

巴布亚新几内亚和澳大利亚早在2019年就提出推动双边安全合作的计划。2023年1月,双方又通过签署《联合承诺声明》的方式确定于2023年4月底完成协议的实质性谈判,6月完成协议签署。

从时间规划来看，澳大利亚早于美国与巴布亚新几内亚展开协议谈判。然而，2023年适逢拜登政府大力推动太平洋岛国政策落地，美国国务卿布林肯和国防部长半年之内数次访问太平洋岛国，不断向南太平洋地区投入人力资源、外交资源和安全资源，奥斯汀也成为首位访问巴布亚新几内亚的美国国防部长。

一方面，作为美国盟友的澳大利亚不得不照顾美国的战略需求，把安全合作事项的优先权让渡给美国。长期以来，澳大利亚一直被称为太平洋地区的"副警长"，将南太平洋视为自己的势力范围。澳大利亚在该地区的"霸主"地位是在美国默许的前提下获得的。随着拜登政府将太平洋岛国视为"印太战略"的重要组成部分，并准备大力推动双边层次的合作，作为美国盟友的澳大利亚必须考虑美国的战略需求和时间安排，主动延后与巴布亚新几内亚的安全合作进程。

另一方面，巴布亚新几内亚与美国之间的安全合作协议签署后，关于主权问题的讨论和争议甚嚣尘上，使巴布亚新几内亚与澳大利亚的安全合作处于风口浪尖。2023年5月下旬，巴布亚新几内亚宣布推迟协议的签署，原因是与澳大利亚即将签署的协议草案存在被认为侵犯巴新主权的措辞，马拉佩一度陷入非常被动的局面。在韩国首尔举行的韩国-太平洋岛国峰会上，马拉佩针对协议签署的延迟主动向澳大利亚副总理兼国防部长表示了歉意。①

此外，由于国内反对党和民众对安全合作议题的关注度上升，这也增加了澳大利亚与巴布亚新几内亚谈判的难度，从具体的条款来看，特别是与美国相比，澳大利亚做出了一定的让步。为了加快协议签署，澳大利亚加大了对巴布亚新几内亚的安全援助力度。2023年10月4日，巴布亚新几内亚国防部长前往澳大利亚珀斯参加"斯特

---

① Helen-Jennifer Bubuwau, "Marape Meets Aust Deputy PM During Korea Visit", PNG Haus Bung, May 31, 2023, https：//pnghausbung.com/marape-meets-aust-deputy-pm-during-korea-visit/.

灵"号皇家海军舰艇的移交仪式，这是澳大利亚援助巴布亚新几内亚的第四艘守护者级巡逻艇。澳方表示，援助巡逻艇旨在帮助巴布亚新几内亚保护其领海并应对非法捕捞等海上安全挑战，① 并未提及双方的安全合作协议，旨在降低安全合作议题的敏感度。

三 巴布亚新几内亚推动对外安全合作面临的挑战

2023 年，巴布亚新几内亚在对外安全合作领域实现了跨越式发展，不仅与美国和澳大利亚签署了影响深远的安全合作协议，而且加强了与其他域内外国家的安全合作。2023 年 8 月 4 日，印度海军"萨亚德里"号和"加尔各答"号访问巴新首都莫尔兹比港。巴新总理马拉佩在政府高级官员的陪同下登上印度军舰，呼吁印度海军进行更多访问，强调加强防务合作的必要性。② 法国总统马克龙于 2023 年 7 月历史性地访问了巴布亚新几内亚，9 月，巴布亚新几内亚总理马拉佩前往巴黎与马克龙再次会晤，双边关系进一步深化。马拉佩还会见了包括印度尼西亚总统、印度总理、韩国总统在内的多位国家元首和政府首脑，2023 年成为巴布亚新几内亚取得丰硕外交成果的一年。与此同时，巴布亚新几内亚的对外安全合作也面临两大挑战。

第一，巴布亚新几内亚在安全合作的推动和相关协议的谈判过程中缺乏主动权。在与美国和澳大利亚签署安全合作协议的过程中，无

---

① "Papua New Guinea Takes Ownership of Fourth Guardian Class Patrol Boat", Defence Connect, October 5, 2023, https：//www.defenceconnect.com.au/naval/12915-papua-new-guinea-takes-ownership-of-fourth-guardian-class-patrol-boat.

② Dinakar Peri, "PM of Papua New Guinea Visits Indian Warships on Port Call at Port Moresby", *The Hindu*, August 4, 2023, https：//www.thehindu.com/news/national/pm-of-papua-new-guinea-visits-indian-warships-on-port-call-at-port-moresby/article67157400.ece.

论是时机的选择上还是对具体条款的谈判中，巴布亚新几内亚由于自身实力弱小始终处于弱势地位。以美国为例，与巴布亚新几内亚的安全合作是美国整个太平洋岛国战略的一部分，主要是根据美国的战略需要和政策规划推动的。

一方面，在拜登政府出台的新版"印太战略"中，太平洋岛国的战略重要性明显提升。2022 年至 2023 年，美国牵头建立"蓝色太平洋伙伴关系"网络，连续举办两届美国-太平洋岛国峰会，并出台《21 世纪美国-太平洋岛国伙伴关系路线图》和美国历史上首份《太平洋岛国伙伴关系战略》文件。对拜登而言，2024 年将面临大选压力，2023 年是集中落实其太平洋岛国战略的最后机会，也是至关重要的一年，具体政策包括在瓦努阿图、汤加和基里巴斯新设大使馆，任命首位美国驻太平洋岛国论坛特使，更新与自由联系国的援助协议等。因此，与巴布亚新几内亚进行的安全合作只是美国一系列太平洋岛国政策的一部分。

另一方面，美国 2023 年在南太平洋地区发起的一系列政策攻势在很大程度上是针对 2022 年中国与所罗门群岛签署的安全合作框架协议的。中国与太平洋岛国的合作近年来不断升温，引发了包括美国在内的少数国家的担忧，遏制中国在该地区的影响力对美国而言变得极为迫切。在众多太平洋岛国合作伙伴中，巴布亚新几内亚是唯一一个既有战略价值又有意愿同美国进行军事合作的国家。与巴布亚新几内亚签署的《防务合作协议》主要服务于美国的地缘政治利益。正如巴布亚新几内亚国内反对党所质疑的，协议赋予美军各种权利，但在协议中美国并没有具体承诺如何投入资源提升巴布亚新几内亚的国防力量。

第二，巴布亚新几内亚可能将自身置于大国竞争的旋涡中。巴布亚新几内亚一向秉持"广交友、不树敌"的外交理念，与美国、澳大利亚签署的安全合作协议让国内民众以及国际社会质疑这一外交传统是否发生了改变。巴布亚新几内亚和美国多次向外界表示,双方的安全合作不具有针对性。马拉佩指出,与美国达成的协议"绝不会损害巴布亚新几内亚与任何其他国家的双边关系"①,"巴布亚新几内亚不会被用作发动战争的基地,其中一项特别条款指出,'与美国的伙伴关系不会被利用于从巴布亚新几内亚发动进攻性军事行动'"②。

然而,马拉佩的陈述无法否认一个重要事实,即巴布亚新几内亚和美国签署的《防务合作协议》和《打击非法跨国海上活动行动协议》确实给美国在西南太平洋地区增加军事部署、扩大执法范围提供了便利。就覆盖范围而言,巴布亚新几内亚与美国签署的《防务合作协议》是美国2012年宣布"重返亚太"以来与非条约盟友国家签署的最全面的协议之一,在某些方面可能超越了美国和菲律宾签署的《加强防务合作协议》(EDCA)。③协议赋予美国的多项权利使巴布亚新几内亚当局很难影响和干预美国在该国甚至所在地区的军事行动。

随着全球范围内地缘政治竞争以及大国博弈的加剧,巴布亚新几内亚面临更加复杂的地区安全环境。作为太平洋岛国中人口最多、国土面积最大、资源最丰富的国家,巴布亚新几内亚在地区安全治理方面具有先天优势。巴布亚新几内亚大力推动对外安全合作的努力和决

---

① Harry Pearl, "Defense Agreement Gives US 'Unimpeded Access' to Papua New Guinea Bases", Benar News, June 16, 2023, https://www.benarnews.org/english/news/pacific/us-png-defense-agreement-unimpeded-access-06152023225959.html.

② "Papua New Guinea Won't Be Base 'For War to Be Launched', Says PM, After US Security Deal", *The Guardian*, May 23, 2023, https://www.theguardian.com/world/2023/may/23/papua-new-guinea-pm-james-marape-antony-blinken-us-png-defence-security-deal.

③ Henry Storey, "The Downsides for Australia from the US-PNG Defence Agreement", Lowy Institute, July 5, 2023, https://www.lowyinstitute.org/the-interpreter/downsides-australia-us-png-defence-agreement.

心表明其愿意为地区的安全、繁荣和稳定做出贡献。在美澳等国加大对太平洋岛国投入力度的大背景下，冷战思维像"病毒"一样在南太平洋地区蔓延，巴布亚新几内亚只有坚持初心，与本地区的利益攸关方形成命运共同体，在实际行动中坚持"广交友、不树敌"的外交理念，才能成为推动地区和平发展的积极力量。

B.12
2023年中国与新西兰关系回顾与展望

王伟光　林　玲*

摘　要：　2023年，中新双边经贸往来、人文交流等方面在逐步恢复、发展；官方保持着频繁的互动，包括新西兰总理对中国进行的正式访问。总体而言，2023年的中新关系仍保持韧性与活力，中新合作既符合两国的利益，也是两国社会的主流意愿。但当前全球经济复苏乏力、局部冲突频发、全球战略竞争加剧、新中各自国内面临一定的挑战等一系列因素，也为中新关系增加了消极因素和不确定性。

关键词：　中新关系　外交　国际政治

2023年，中新两国保持密切的联系，高层访问、人文交流、经贸合作等多个方面都呈现中新关系的活力与韧性。2023年6月，新西兰总理克里斯·希普金斯（Chris Hipkins）率团访华，在这期间，中新签署多项协定，助力双边关系稳定发展。中新双方就绿色经济、环境保护和气候变化等议题展开对话，并举行定期的部长级对话。双方的留学及学术交流活动明显增多，双方游客数量也稳步增长。

与此同时，世界经济复苏乏力、局部冲突频发、地区政治对抗风险上升以及全球战略紧张局势加剧等外部因素，也给中新关系带来一

---

* 王伟光，博士，厦门大学公共事务学院教授、厦门大学新西兰研究中心主任，主要研究领域为国际关系理论、中国与新西兰关系；林玲，厦门大学公共事务学院政治学系硕士研究生。

定的消极影响与不确定性。新西兰对华认知与政策也出现令人不安的调整苗头。比如，在新西兰发布的首份《国家安全战略》文件中，新西兰在一定程度上将中国视为地区安全的"潜在威胁"，并希望加强与"印太"地区国家的联系。

但总体而言，正如新西兰总理希普金斯所说的，中新关系"十分积极且具有建设性"①。2023年，中新关系总体上呈现较为积极的态势。因此，在未来一段时间内，中新关系仍然可能会保持相对的稳定性，并且双方在经贸与人员往来等多方面继续保持密切的联系。

一　中国与新西兰之间的经贸往来

中新经济高度互补，中新经贸合作对双方而言，是互利互惠之选择。中新贸易关系对于新西兰的经济发展，具有特别重要的意义。多年来，中国一直是新西兰最大的贸易伙伴；而经贸往来已成为推动中新两国关系稳定与发展的重要因素。

随着世界各国新冠疫情封控措施逐步解除，中国和新西兰两国经济的逐步复苏，在中新自贸协定升级议定书和《区域全面经济伙伴关系协定》（RCEP）等框架的支持下，中新两国在电子商务、科学技术、创意产业、绿色经济、服务贸易等新领域的合作不断拓展。2023年，中新双方政府、各级官员、企业以及社会团体等各方力量也采取多种形式积极促进两国间经贸往来与合作。

2023年5月26日，中国与《数字经济伙伴关系协定》（Digital Economy Partnership Agreement，DEPA）成员部长级会议在美国举行，

---

① 《新西兰总理：新中关系"十分积极且具有建设性"》，新华网，2023年6月29日，http://www.news.cn/world/2023-06/29/c_1129723374.htm。

中国商务部部长王文涛、新西兰贸易和出口增长部长奥康纳（Damien Peter O'Connor）等国家代表出席会议。中国于 2021 年 11 月 1 日申请加入 DEPA；2022 年 8 月 18 日，中国加入 DEPA 工作组正式成立。中国政府高度重视加入 DEPA，自中国加入 DEPA 工作组成立以来，中方与成员方持续开展沟通对话，积极推进加入进程，主动对接高标准国际经贸规则。2023 年 3 月 28 日，中国加入 DEPA 工作组在线上举行第一次技术磋商，其间中国与 DEPA 成员方就促进商业和贸易便利化等议题进行讨论。2023 年 11 月，中国商务部副部长王受文出席了中国与《数字经济伙伴关系协定》成员部级会议，加紧推进技术磋商，并努力推动与成员方间的务实合作。截至目前，中方与成员方已举行 2 次部级会议、3 次首席谈判代表会议和 3 次技术磋商。

2023 年 6 月，中国政府向《全面与进步跨太平洋伙伴关系协定》（CPTPP）成员递交了中国加入 CPTPP 的交流文件，并重申中国有意愿也有能力加入 CPTPP。中国于 2021 年 9 月 16 日申请加入该协定。该协定最初是由文莱、智利、新西兰、新加坡四个国家共同发起的区域性经贸协定，旨在促进区域贸易自由化。

2023 年 6 月，在新西兰总理克里斯·希普金斯访华期间，中新发表了《中华人民共和国和新西兰关于全面战略伙伴关系的联合声明》，达成了一系列经贸领域共识，其中包括："双方欢迎中新自贸协定升级议定书 2022 年生效实施……在 2023 年内启动服务贸易负面清单谈判……加强双边贸易，拓展电子商务、服务贸易、绿色经济等领域合作"；"双方重申维护以世界贸易组织为核心、以多边规则为基础的贸易体制"；"在亚太经合组织框架下加强合作"；"强调在《区域全面经济伙伴关系协定》框架下的合作。新方欢迎中方申请加入《全面与进步跨太平洋伙伴关系协定》，……关于《数字经济伙伴关系协定》，新方欢迎中国加入工作组正在进行的深入讨论"。李强总理和新西兰总理克里斯·希普金斯还共同见证了合作文件的签署，如《中华人民共和国农业农村部与新西兰初级产业部关于提升农业合作水平的战略规划（2023—2027）》等。①

同时，中新双方通过高层交往开展了一系列经贸领域互动。2023年6月19日，第32届中国-新西兰经贸联委会会议②在北京举行，中国商务部副部长王受文与新西兰外交和贸易部副秘书长黛博拉·吉尔斯（Deborah Geels）出席并主持会议。会议期间，双方就推进贸易投资合作、深化中新多领域经贸合作等议题进行深入交流与讨论。6月26日，中国商务部部长王文涛在北京与新西兰贸易和出口增长部长奥康纳进行会谈，双方就推进中新贸易平衡发展、加强在区域及多边协定或机制下的合作等进行交流与讨论。③

此外，中新两国地方政府、商会等各界人士也积极推动中新经贸联系与发展，并为此开展了多项活动以促进中新贸易往来与合作。

例如，2023年4月10日至15日，第三届中国国际消费品博览会在海南海口举行，该博览会旨在实现中国市场与各国参展企业的供需对接，促进消费恢复与升级。日本、韩国、新西兰、澳大利亚等《区域全面经济伙伴关系协定》（RCEP）成员国的企业积极参加了活动。

2023年，第133届中国进出口商品交易会（4月15日至5月5日）、第134届中国进出口商品交易会（10月15日至11月4日）在广州举行，中国进出口商品交易会（广交会）旨在为共建"一带一

---

① 《中华人民共和国和新西兰关于全面战略伙伴关系的联合声明（全文）》，中华人民共和国外交部，2023 年 6 月 28 日，https：//www. mfa. gov. cn/web/ziliao_ 674904/1179_ 674909/202306/t20230628_ 11104932. shtml。

② "32nd New Zealand-China Joint Trade and Economic Commission Held in Beijing", New Zealand Ministry of Foreign Affairs and Trade, June 28, 2023, https：// www. mfat. govt. nz/en/media－and－resources/readout－32nd－new－zealand－china－ joint－trade－and－economic－commission－held/.

③ 《商务部部长王文涛会见新西兰贸易和出口增长部长奥康纳》，中华人民共和国商务部，2023 年 6 月 26 日，http：//www. mofcom. gov. cn/article/syxwfb/ 202306/20230603418396. shtml。

路"国家提供供采对接的平台，助力贸易往来畅通。新西兰有 10 多家企业参加广交会①，许多企业在广交会中取得了丰硕的成果。

2023 年 11 月 5~10 日，第六届中国国际进口博览会在上海举行，新西兰有 50 多家企业参与此届中国国际进口博览会。进博会期间，新西兰中国商会与 30 名新西兰企业代表共同组成进博会考察团并对上海、苏州、无锡等地进行实地考察。此前，中新双方围绕进博会还开展了多次推介活动。4 月 12 日，为鼓励新西兰企业积极参与进博会，第六届中国国际进口博览会招展启动推介会在奥克兰举行，中国驻新西兰大使馆经济商务处、新西兰中国商会、中国国际进口博览局、新西兰贸发局等 50 余名代表参加活动。5 月 26 日，由中国国际进口博览局和国家会展中心（上海）主办、新西兰中国商会协办的第六届进博会新西兰宣介会在奥克兰举行，来自新西兰的 70 多家企业代表逾 150 人参加活动。在活动现场，新西兰贸易发展局、新中贸易协会、新西兰-中国关系促进委员会等的多位代表发言②，分享参与往届进博会的经验，呼吁新西兰企业参加进博会，促进中新间商业交流。

2023 年初，中国将新西兰列为恢复旅行社经营中国公民赴有关国家出境团队旅游业务的首批试点国家之一，中国不仅是新西兰最大的贸易伙伴，在疫情前也是新西兰第二大游客来源国③，旅游合作是中新全面战略伙伴关系的重要组成部分。2023 年 2 月 17 日，中国驻新西兰大使馆联合驻奥克兰、克赖斯特彻奇总领馆举办的"新时代

---

① "Largest-ever Canton Fair Opens, as Global Traders Express Confidence in China", April 14, 2023, https://www.globaltimes.cn/page/202304/1289169.shtml.

② 《第六届进博会新西兰宣介会在奥克兰成功举办》，中华人民共和国商务部，2023 年 5 月 29 日，http://www.mofcom.gov.cn/article/zwgk/gkbnjg/202305/20230503412613.shtml。

③ "July Visitor Arrivals Continue to Pick Up", Stats NZ, https://www.stats.govt.nz/news/july-visitor-arrivals-continue-to-pick-up/.

中新旅游合作高质量发展座谈会"在奥克兰举行，有30余位中新旅游业界代表出席该座谈会，中新双方代表就推动中新旅游合作、加强中新人文交流等议题进行讨论与交流。2023年11月14~16日，由新西兰旅游局主办的"2023新西兰大中华区旅业洽谈会"在上海举行，该洽谈会旨在为中新旅业搭建合作桥梁，恢复并促进中新旅游合作，中新双方旅业、航空公司等134位代表出席该活动。

2023年5月，国航北京—奥克兰航线复航仪式在奥克兰国际机场隆重举行。中国驻新西兰大使王小龙与国航、奥克兰国际机场、新西兰旅游局等各方代表出席仪式，国航北京—奥克兰航线复航将为中新双方人员往来、经贸发展提供便利条件。①

2023年12月15日，首届新西兰-中国商品博览会在奥克兰举行，此届博览会由新西兰中国商会、新中贸易协会等联合主办，旨在为中新企业合作提供新契机。中国驻新西兰大使王小龙、新西兰国会议员陆楠等400多位政商界代表出席该活动。②

在中新两国各界的关心与努力下，中新贸易联系保持了强劲的活力。根据新西兰官方统计，2023年1~9月，中新双边贸易总额为386.7亿新西兰元。其中新西兰对华出口总额为209.8亿新西兰元，从华进口额为176.9亿新西兰元，对华贸易顺差额约为33亿新西兰元。③ 而2023年1~9月，新西兰对外进出口贸易总额为2057.5亿新西兰

---

① 《王小龙大使出席国航北京—奥克兰航线复航仪式》，中华人民共和国驻新西兰大使馆，2023年5月3日，http：//nz.china-embassy.gov.cn/chn/glyhz/jmhz_131879/202305/t20230503_11069765.htm。

② 《王小龙大使出席首届新西兰-中国商品博览会开幕式并致辞》，中华人民共和国驻新西兰大使馆，2023年12月18日，http：//nz.china-embassy.gov.cn/chn/glyhz/jmhz_131879/202312/t20231218_11206265.htm。

③ "New Zealand International Trade：Trade with the People's Republic of China in Total Goods and Services in the Year Ended September 2023"，Stats NZ，https：//statisticsnz.shinyapps.io/trade_dashboard/.

元。其中，出口额为951.3亿新西兰元，进口额为1106.2亿新西兰元，贸易逆差额约为155亿新西兰元。①

2023年1~9月，货物贸易方面，新西兰对华出口192.7亿新西兰元，自华进口169亿新西兰元；服务贸易方面，新西兰对华出口17.1亿新西兰元，自华进口7.9亿新西兰元。而2022年新西兰与中国服务贸易额为：出口10.2亿新西兰元，进口8.1亿新西兰元。②

但受全球经济与政治形势动荡与不确定性影响，中新两国的经济各自也面临重要挑战，加之新西兰贸易多元化的政策调整等因素的影响，2023年中新贸易额相比2022年略有下降。2022年，中新贸易总额为401.6亿新西兰元，其中出口额为212.3亿新西兰元，进口额为189.3亿新西兰元。③2023年，对华贸易在新西兰对外贸易中的占比约为18%，较2022年减少2个百分点。其中，对华出口约占新西兰对外出口总额的22%，占比较2022年减少1.6个百分点。

但2023年中国仍是新西兰最大的贸易伙伴，中新贸易对新西兰仍然至关重要。此外，中新贸易总额远超新西兰与第二大贸易伙伴——澳大利亚的贸易总额；新澳贸易总额为313.5亿新西兰元，其中新西兰逆差额为11.2亿新西兰元。

在新西兰对华出口商品种类中，按交易额从高到低排，前五类分

---

① "New Zealand International Trade: Trade with all Countries in Total Goods and Services in the Year Ended September 2023", Stats NZ, https: //statisticsnz. shinyapps. io/ trade_ dashboard/.

② "New Zealand International Trade: Trade with the People's Republic of China in Total Goods and Services in the Year Ended September 2023", Stats NZ, https: // statisticsnz. shinyapps. io/trade_ dashboard/.

③ "New Zealand International Trade: Trade with the People's Republic of China in Total Goods and Services in the Year Ended December 2022", Stats NZ, https: // statisticsnz. shinyapps. io/trade_ dashboard/.

别为奶制品、肉类、木材、烘焙材料与旅游服务；自华进口商品种类中，电子设备、机械、车辆、家具与塑料为前五类商品。

在全球贸易增速放缓的背景下，实现新冠疫情后经济复苏是新西兰政府的重要任务，新西兰总理希普金斯访华期间曾将中国称为"新西兰经济复苏的关键部分"[①]。2023 年 11 月 17 日，新西兰贸易发展局大中华区主任白安祖接受采访时表示，"中国是新西兰的重要市场，并将继续如此。新西兰和中国将保持这种牢固的贸易关系"[②]。此外，中国也申请加入新西兰为重要创始成员国的《全面与进步跨太平洋伙伴关系协定》和《数字经济伙伴关系协定》。

不过，新西兰仍对于其国际贸易过分倚重中国市场有所顾虑，试图增强其对外贸易的多元化。2023 年 3 月，希普金斯曾在惠灵顿接受记者采访时呼吁新西兰出口商不要过度依赖中国市场，应开拓多元化的贸易业务，以确保新西兰拥有多元化的贸易关系网。2021年，美国提出"印太经济框架"，并同新西兰、日本、新加坡等国就"印太经济框架"相关议题进行多次对话。该框架具有明显的针对中国的意图，或将对中国的外交关系和地缘政治产生不利影响。但该框架未来发展前景仍不明确，存在较多不确定因素，且中国与其成员国间紧密的经济联系也会影响该框架的实施。短期来看，新西兰可能还难以找到替代中国的市场，中国仍会保持新西兰最大的贸易伙伴地位。

---

① 《海评面："中国是新西兰经济复苏的关键部分"》，中青在线，2023 年 6 月 25日，https：//news.cyol.com/gb/articles/2023-06/25/content_X5VgKQIp2z.html。

② 《共话中国经济新机遇丨专访："中国是新西兰的重要市场"——访新西兰贸易发展局大中华区主任白安祖》，新华网，2023 年 11 月 17 日，http：//www.news.cn/world/2023-11/17/c_1129980735.htm。

二 中新两国的多层互动

2022 年是中新建交 50 周年，站在 2023 年新的历史起点上，中国与新西兰继续保持沟通与互动，积极推进双方关系发展。中国与新西兰两国领导人在多个场合进行互动，并多次强调对中新关系的重视，积极推动中新两国关系不断向前发展。

2023 年 1 月 31 日，李克强致电克里斯·希普金斯，祝贺其就任新西兰政府总理，并强调中新关系已经走过 50 个年头，在新的历史起点，双方应共同努力，发扬"争先"精神，加强沟通，增进互信，拓展交流，推进合作，推动中新全面战略伙伴关系不断向前迈进。

2023 年 4 月 24 日，中国国家主席习近平在人民大会堂接受新西兰、美国、芬兰、塞尔维亚等 70 个国家驻华大使递交国书；习近平主席指出，中方愿在平等互利基础上同各国人民深化友好情谊、扩大互利合作，推动双边关系不断向前发展。[①]

2023 年 6 月 25 日至 30 日，新西兰总理希普金斯对中国进行正式访问，并出席在天津举行的第十四届夏季达沃斯论坛。这是希普金斯上台后首次出访亚洲国家，也是 2019 年来新西兰总理的首次访华。2023 年 6 月 27 日，中国国家主席习近平在人民大会堂会见了新西兰总理希普金斯，中新两国领导人均表示高度重视中新关系，愿加强双方间人员交往，持续扩大深化两国经贸、教育、科技、人文等领域合作，不断巩固和深化中新全面战略伙伴关系。[②] 当天，希普金斯还同

---

① 《习近平接受外国驻华大使递交国书》，中华人民共和国外交部，2023 年 4 月 24 日，https://www.fmprc.gov.cn/web/gjhdq_676201/gj_676203/dyz_681240/1206_681940/xgxw_681946/202304/t20230424_11064885.shtml。

② 《习近平会见新西兰总理希普金斯》，中华人民共和国外交部，2023 年 6 月 27 日，https://www.fmprc.gov.cn/web/gjhdq_676201/gj_676203/dyz_681240/1206_681940/xgxw_681946/202306/t20230627_11104585.shtml。

全国人大常委会委员长赵乐际举行了会谈。2023年6月28日，中国国务院总理李强同希普金斯举行会谈，并共同见证了科技、教育、农业等多项双边合作文件的签署。在其访华期间，中新双方发布《中华人民共和国和新西兰关于全面战略伙伴关系的联合声明》。

新西兰大选后，2023年11月27日，李强总理致电新西兰国家党党魁克里斯托弗·拉克森（Christopher Luxon），祝贺其就任新西兰政府总理，表示中国和新西兰互为重要合作伙伴，期盼两国进一步的交流与合作。

2023年2月13日，中国外交部副部长谢锋会见新西兰新任驻华大使毛瑞（Grahame Robert Morton），双方就中新关系和共同关心的问题进行深入交流并交换意见。谢锋对毛瑞就任新西兰驻华大使表示欢迎和祝贺，期盼能够进一步增进政治互信，落实经贸合作，推动中新关系不断向前发展。①

2023年3月22日至25日，新西兰外长马胡塔（Nanaia Mahuta）访华，这是新西兰外长自2019年以来首次访问中国。2023年3月24日，中共中央政治局委员、中央外办主任王毅在北京与新西兰外长马胡塔举行了会谈，双方强调深化中新在各领域的合作，推动中新合作伙伴关系稳定发展，打造更成熟的中新关系；双方就南太合作交换看法，表达了共同促进地区和平稳定繁荣的意愿；关于俄乌冲突的政策立场，双方都肯定和平与繁荣是多数国家的共同愿望，支持推动冲突的政治解决。

2023年6月6日，中国外交部副部长马朝旭在北京会见了新西兰外交和贸易部秘书长锡德（Chris Seed），双方举行了第四轮中新外交政策磋商。此次磋商是自2019年以来首次线下磋商，旨在推动中

---

① 《外交部副部长谢锋会见新西兰驻华大使毛瑞》，中华人民共和国外交部，2023年2月16日，https：//www.mfa.gov.cn/wjbxw_new/202302/t20230216_11025879.shtml。

新高层交往和各领域对话交流与合作；双方还就共同关心的国际及地区等分歧问题进行深入讨论并交换意见。①

2023年8月，中国教育部部长怀进鹏访问惠灵顿和基督城，与新西兰教育部部长简·蒂内蒂（Jan Tinetti）就两国教育关系的重要性进行谈话，还与新西兰总理克里斯·希普金斯进行了简短的礼节性会晤。此次访问取得了丰硕的成果：在中国-新西兰教育联合工作组磋商机制第十一次会议上，新西兰教育国际推广局与中国教育国际交流协会签署《教育合作安排》，这将加强中新教育的交流与合作。②

2023年11月6日，中共中央政治局委员、中央外办主任王毅在京会见新西兰前总理约翰·基（John Phillip Key）。双方均表达了中新关系的重要性及对其的重视，并表示将继续深化中新交流与合作，推动中新关系实现更好发展。

2023年2月26日，曲棍球世界超级联赛在惠灵顿举行，该场赛事是疫情后中新两国首次面对面的体育交流活动。中国驻新西兰大使馆公使衔参赞王根华出席观看比赛并代表王小龙大使发表讲话，对来新参赛的中国队伍表示祝贺与欢迎。③

2023年4月1日至2日，第五届大洋洲中文教师大会在奥克兰举行。此次会议以"后疫情时代多元化中文教学"为主题，重点探讨中文教学面临的新环境、新需求和新模式，来自新西兰、澳大利亚等

---

① "New Zealand and China Hold Foreign Affairs Consultations", New Zealand Ministry of Foreign Affairs and Trade, https：//www. mfat. govt. nz/en/media－and－resources/new-zealand-and-china-hold-foreign-affairs-consultations-2/.

② "New Zealand and China Celebrate Education Links", New Zealand Government, August 16, 2023, https：//www. beehive. govt. nz/release/new－zealand－and－china-celebrate-education-links.

③ "Minister Counselor Wang Genhua Joined the Chinese National Women's Hockey Team to Celebrate the Victory", 中华人民共和国驻新西兰大使馆, 2023年2月27日, http：//nz. china-embassy. gov. cn/eng/zxgx/whjw/202302/t20230227_ 11031827. htm。

地上百名中文教师参加了此次会议。中国驻新西兰大使王小龙向大会致贺信，祝贺此次会议的召开，并表示此次会议为新西兰、澳大利亚以及大洋洲各个国家的中文教师提供了重要交流平台。①

2023年5月28日至31日，中国科技部部长王志刚率团访问新西兰，出席第六届中新科技合作联委会会议，与新西兰研究科学与创新部部长弗拉尔（Ayesha Verall）共同见证了第六届中新科技合作联委会纪要的签署。② 同年6月，中国科技部部长王志刚与新西兰驻华大使毛瑞共同签署了《中国-新西兰科技合作五年路线图安排2023—2027》，该协议将加强中新双方未来在食品、环境、健康和生物医学等多领域的研究合作。③

2023年6月，新西兰旅游部部长佩尼·埃纳雷（Peeni Henare）在会见中国文化和旅游部部长胡和平时重申2019年新西兰与中国间的旅游合作安排，并建议重新建立政府高层间的定期对话，促进旅游与商业、科技创新与就业等领域的合作，推动中新双方文化交流、人员往来与教育发展。④

2023年11月13日，为促进中新两国职业教育合作和人文交流，中国-新西兰职业教育发展联盟预备会议在成都大学召开，新西兰国

---

① 《探讨多元中文教学，推动中文教育推广——王小龙大使向第五届大洋洲中文教师大会致贺》，中华人民共和国驻新西兰大使馆教科文处，2023年4月5日，https://newzealand.lxgz.org.cn/newzealand/gzdt/20230405054627532891/index.html。

② 《科技部部长王志刚访问新西兰并召开第六届中新科合作联委会》，中华人民共和国科学技术部，2023年6月2日，https://www.most.gov.cn/kjbgz/202306/t20230602_186426.html。

③ 《科技部与新西兰商业创新与就业部签署重要合作协议》，中华人民共和国科学技术部，2023年7月5日，https://www.most.gov.cn/kjbgz/202307/t20230705_186857.html。

④ "Strengthening Our Tourism Ties with China", New Zealand Government, June 26, 2023, https://www.beehive.govt.nz/release/strengthening-our-tourism-ties-china.

家理工学院相关负责人、中国省教育厅代表以及 12 所高职院校负责人等出席活动。双方就加深中新人文交流与教育合作等议题进行深入交流。

从上述中新间多层次、多领域的互动可以看出，全球疫情冲击逐渐消退后，中新之间的各层次、各领域的互动逐渐恢复正常。中新在 2023年实现了密切而友好的人员往来与文化交流。一方面，这与中新两国领导人、高层官员都十分重视中新关系稳定发展紧密相关；另一方面，这反映出中新两国社会与人民之间的友好与紧密联系，反映出保持与发展中新友好合作关系，符合两国人民的利益，也符合双方的主流民意。

三 中新关系的新动向

由于社会制度、历史文化和发展阶段的不同，中新两国存在一定的矛盾与分歧；与此同时，世界经济复苏乏力、局部冲突频发、地区政治对抗风险上升以及全球性问题加剧等一系列因素也为中新关系带来一定的消极影响。中国与新西兰在诸多问题上基于各自价值观等差异而持有不同的立场，新西兰在全球事务方面对中国崛起的姿态表示担忧。未来，中新关系面临的这些挑战与分歧甚至有进一步扩大的趋势。

2023 年 6 月 9 日，新西兰与澳大利亚、加拿大、日本、英国、美国六国政府共同签署并发布了一份名为《反对与贸易相关的经济胁迫和非市场政策及做法》的联合声明。声明中还表达了对强迫劳动的严重关切。声明虽并未特别指出是哪些国家，但其内容暗指中国等。①

---

① "Hipkins Meets Xi Jinping: Behind the Handshakes, NZ Walks an Increasingly Fine Line with China", The Coversation, June 27, 2023, https://theconversation.com/hipkins-meets-xi-jinping-behind-the-handshakes-nz-walks-an-increasingly-fine-line-with-china-208558.

2023年7月9日至15日，所罗门群岛总理索加瓦雷（Manasseh Sogavare）在访华期间，与中方签署了一系列合作文件，其中包括有效期至2025年的警务合作协议。对于此次中所签署的警务合作协议，新西兰认为该协议或将加剧南太平洋地区的紧张局势，并敦促中国、所罗门披露中所警务合作协议细节。此前，中所两国在2022年4月正式签署了政府间安全合作框架协议，而时任新西兰总理阿德恩曾认为该协议会增加地区潜在的军事化风险。

2023年7月17日，希普金斯在中国商业高峰会上发表演讲时表示，中国的崛起及其寻求施加影响的方式让太平洋地区变得更具争议性、形势更难以预测、更不安全，使印太地区战略竞争日益加剧，全球环境日益复杂，为新西兰外交带来挑战。[①]

2023年8月4日，新西兰发布了首份《国家安全战略》文件。文件指出，新中关系对新西兰而言非常重要，同中国合作能够在应对全球性挑战方面发挥重要作用。新西兰所在的"印太"地区处于大国战略竞争的中心，该地区的战略竞争将影响新西兰与太平洋地区国家的主权安全与稳定。为此，新西兰将增加国防预算，以提升军队的战备水平，并加强与"印太"地区国家的关系，以应对大国战略竞争、恐怖主义以及气候变化等问题。[②]

2023年8月11日，新西兰安全情报局发布《新西兰安全威胁环境2023》报告。报告指出，恐怖极端主义、外国干涉和间谍活动与网络安全风险是对新西兰国家安全的主要威胁，这些威胁是由社会信

①　"Prime Minister's Speech to the China Business Summit", New Zealand Government, July 17, 2023, https：//www. beehive. govt. nz/speech/prime－minister% E2% 80% 99s-speech-china-business-summit.

②　"National Security Strategy", Department of the Prime Minister and Cabinet, 2023, https：//www. dpmc. govt. nz/sites/default/files/2023-11/national－security－strategy-aug2023. pdf.

任程度低、战略竞争加剧、技术创新和全球经济发展不稳定等因素共同造成的。①

2023年12月11日，新西兰外交部长温斯顿·彼得斯（Winston Peters）在惠灵顿向外交使团发表讲话时表示将重振新西兰与志同道合的伙伴的防务和安全合作机制——"五眼联盟"，加强与太平洋国家的接触与合作，加强在该地区的战略存在与事务参与。②

新西兰的这些表态与行动，无疑给中新关系发展带来了消极影响。中国对新西兰的这些表态与行动，也进行了相应的驳斥。这些分歧与矛盾，成为中新关系目前与未来将面临的现实挑战，可能会导致中新关系出现波折甚至出现大的倒退。

新西兰对华指责的增加、愈加频繁的强硬表态，固然与中新双方在政治制度、意识形态、文化乃至利益上存在差异有关，但更重要的动因可能是全球战略大环境的变化与有关第三方国家特别是美国等西方大国的对外战略调整等。

虽然长期以来，新西兰一直声称坚持独立自主的外交政策，并引以为傲。但全球战略环境以及地区形势的变化，似乎越来越引起新西兰的警觉，并给其造成相当大的压力。美国重整同盟体系，加大对有关国家的施压或拉拢力度，越来越将对抗中国的影响作为其对外战略焦点。在此背景下，新西兰也面临"选边站"的难题。2023年中新关系中挑战与龃龉的增加或凸显，反映出新西兰面临的这种困境与潜在选择倾向。

2023年，中新关系可实现互利共赢，双方要相互尊重，理性务

---

① New Zealand Security Intelligence Service, *New Zealand's Security Threat Environment 2023*, August 2023, https：//www.nzsis.govt.nz/assets/NZSIS-Documents/New-Zealands-Security-Threat-Environment-2023.pdf.

② "Speech to Diplomatic Corps", New Zealand Government, December 11, 2023, https：//www.beehive.govt.nz/speech/speech-diplomatic-corps-0.

实，交流对话，管控分歧等仍然是中新两国的共识。2023年7月7日，新西兰总理希普金斯进行其首次重大外交政策演讲。其强调，新西兰将继续采取独立务实的对外政策；虽然新西兰与中国在一些议题上存在矛盾与分歧，但新西兰将继续积极同中国进行对话沟通，谨慎处理中新关系。①

可以看出，中新关系是复杂但成熟、稳定又具有韧性的关系。2023年新西兰大选期间，国家党外交事务发言人格里·布朗利（Gerry Brownlee）表示，新西兰应该维护并促进与中国的贸易往来，而不是质疑中国。国家党党魁拉克森也在竞选期间表示欢迎中国"一带一路"项目在新西兰的投资，并反驳了对中国投资项目潜在后果的担忧，认为这种担忧是一种仇外的简单反应。② 在竞选期间，拉克森和工党党魁希普金斯都曾强调，中国是新西兰的重要伙伴，发展和推进与中国的伙伴关系是新西兰的不变国策。

四 结语与展望

2023年，中新两国在贸易、文旅、教育等多方面的联系与合作迅速恢复，中新关系呈现出活力。虽全球经济复苏乏力，贸易保护主义蔓延，俄乌战争等地区冲突延续，大国战略竞争加剧，但2023年中新关系仍处于"十分积极且具有建设性"的状态。2023年中新两国高层交往频繁，为中新关系稳定发展指明方向。2023年6月，新

---

① "Prime Minister's Foreign Policy Speech to NZIIA", New Zealand Government, July 7, 2023, https：//www. beehive. govt. nz/speech/prime-ministers-foreign-policy-speech-nziia.

② "National Would 'Absolutely' Take Money from China to Pay for Roads", 1 News, August 2, 2023, https：//www. 1news. co. nz/2023/08/02/national - would - absolutely-take-money-from-china-to-pay-for-roads/.

西兰总理希普金斯访问中国，与中方领导人达成一系列共识，并发表了《中华人民共和国和新西兰关于全面战略伙伴关系的联合声明》，推动中新两国关系发展行稳致远。虽受国际经济形势影响，2023年中新贸易总额较上年有所下降，但中国目前仍是新西兰的第一大贸易伙伴和出口市场。此外，在中新双方的共同努力下，双方人员往来密切，人文交流紧密，教育和旅游等领域合作也取得一定的成果，促进两国人民相互了解，推动两国关系稳定发展。

但2023年，中新关系中分歧仍然存在。这可能更多反映了中新双方所面临的外部大环境的变化及其对双方关系的冲击。而这可能是未来中新关系面临的一个根本性挑战，需要双方谨慎应对。

附 录
2023年大洋洲大事记

喻常森 *

1月

2 日 澳大利亚昆士兰州发生一起直升机相撞事故，造成 4 人死亡、多人受伤。

4 日 新西兰政府重申，根据国际新冠疫情最新情况，经过公共卫生风险评估，新西兰对国际到达旅客的防疫要求保持不变。新西兰在国际到达入口发放免费新冠快速抗原检测试剂盒，仅要求到达后出现症状的国际旅客进行检测。

5 日 澳大利亚广播公司公布的一项联合调查显示，澳大利亚医保系统存在漏洞，医保支付系统内的不当计费、错误付款等问题难以被发现，导致澳大利亚联邦政府每年损失达 80 亿澳元（1 美元约合 1.48 澳元）。

6 日 澳大利亚国防部宣布投入 3200 万澳元（约合 2180 万美元）升级军事研究设施，以提升军事研究设施的现代化水平、增强

---

* 喻常森，历史学博士，中山大学大洋洲研究中心研究员，主要研究领域为大洋洲国际关系。

科研人员使用新技术的能力、推动澳大利亚军队的现代化发展。

10日 中国驻澳大利亚大使肖千在堪培拉使馆内举办中澳媒体新年酒会并接受媒体联合采访。

18日 太平洋岛国论坛秘书长普纳（Henry Puna）在斐济首都苏瓦举办的一场网上论坛中表示，在所有相关方能够确认排放方案安全之前，日本不应进行核污水排入太平洋计划。

19日 新西兰总理阿德恩（Jacinda Ardern）宣布将于2月辞职，并宣布2023年大选将于10月14日举行。

22日 中国驻斐济使馆、斐济中国文化中心和斐济侨社联合举行了2023年欢乐春节联欢会。斐济新任总理兰布卡（Sitiveni Rabuka）及夫人、十余位斐济新政府的部长、中国驻斐济大使馆临时代办王旭光、斐济中国文化中心主任韩小燕、驻斐济机构代表和中资企业代表、华侨华人代表约500人出席活动。

25日 澳大利亚统计局发布的数据显示，2022年第四季度澳居民消费价格指数（CPI）环比上涨1.9%，同比上涨7.8%，同比涨幅创1990年以来新高。

30日 在巴黎举行了第二次法国-澳大利亚外交和国防部长磋商会议，澳大利亚副总理兼国防部长理查德·马尔斯（Richard Marles）和外交部长黄英贤（Penny Wong）会见了法国国防部长塞巴斯蒂安·莱科努（Sébastien Lecornu）和外交部长凯瑟琳·科隆纳（Catherine Colonna），这是自2021年美、英、澳建立"奥库斯"（AUKUS）引发的外交破裂以来双方第一次举行会谈。

2月

5日 美国纽蒙特矿业公司确认，已发起邀约，打算以近170亿美元价格收购澳大利亚最大的金矿开采企业纽克雷斯特矿业公司。

7日　新西兰总理克里斯·希普金斯（Chris Hipkins）表示，中国是新西兰非常重要的伙伴，新方将继续致力于推动新中关系向前发展。

8日　日本已同意在太平洋岛国论坛（PIF）的专家证实核污水是安全的情况下，才会排放处理过的核污水。

9日　斐济总理兼外长兰布卡在苏瓦表示，斐济同中国的务实合作潜力巨大、前景广阔。

16日　太平洋岛国论坛发布《数字经济报告：2022年太平洋版》。在报告发布会上，太平洋岛国论坛秘书处代理秘书长菲力蒙·马诺尼（Filimon Manoni）表示，越来越多的证据表明，电子商务和数字贸易可以成为太平洋地区包容性增长的驱动力。

22日　新西兰央行宣布，将基准利率上调50个基点至4.75%，以抑制高通胀。这是自2021年10月以来该行第10次加息。

23日　瓦努阿图的两位主要政治领导人——总理阿拉托伊·伊什梅尔·卡尔萨考（Alatoi Ishmael Kalsakau）和前总理夏洛特·萨尔瓦伊（Charlotte Salwai）在五旬节岛举行的会议上达成和解。

24日　欧盟太平洋代表团团长席姆（Sujiro Seam）本周在礼节性访问斐济总理西蒂维尼·兰布卡后表示，斐济将通过在斐济开设欧洲投资银行（EIB）分行来进一步加强与欧洲的经济联系。

28日　美国已准予向澳大利亚出售远程导弹和训练导弹，新的先进制导飞弹能够攻击敌方目标。这也是自澳大利亚国防军改变姿态专注于远程打击能力，以威慑远离海岸的敌人后，首次进行的大规模军售。

28日　美国和太平洋岛国举行了第一轮美国-太平洋贸易和投资对话，对话以虚拟方式举行，谈话落实了2022年在华盛顿特区举行的首届美国-太平洋岛国峰会的共识。

3月

2日 澳大利亚推出医疗记录手机应用，用户可随时查询个人医疗信息。

3日 由60余名中国游客组成的旅行团从广州飞抵新西兰最大城市奥克兰，这是中国在新冠疫情后试点恢复出境团队旅游后首批赴新西兰的团队游客。

4日 斐济代总理卡米卡米加（Manoa Kamikamica）表示，斐济因日本福岛第一核电站核污水排海计划而处于高度戒备状态。

7日 澳大利亚储备银行（央行）宣布，将基准利率上调25个基点至3.6%，同时上调外汇结算余额利率25个基点至3.5%。这是澳央行今年内第二次加息，也是自2022年5月以来第十次加息。

13日 澳大利亚总理安东尼·阿尔巴尼斯（Anthony Albanese）、英国首相里希·苏纳克（Rishi Sunak）和美国总统约瑟夫·R.拜登（Joseph R. Biden）共同宣布一项安排，根据这项安排，澳大利亚将通过澳英美安全伙伴关系（AUKUS）获得装备常规武器的核动力潜艇（SSN）能力。

15日 澳大利亚能源市场监管机构发布电费默认市场报价草案称，从7月起，澳大利亚部分地区电力价格将上涨20%至30%，预计超100万个用户将受到直接影响。

17日 受灼人的热浪影响，数百万条死鱼堵塞了澳大利亚新南威尔士州内陆一个偏远小镇的大片河段。

22日 中国-太平洋岛国菌草技术示范中心揭牌启用仪式在斐济首都苏瓦举行，中斐政府官员、中国驻斐济大使周剑、太平洋岛国驻斐济使馆代表以及中资企业和华侨华人代表等应邀出席。

23日 澳大利亚参议员乔登·斯蒂尔-约翰（Jordon Steele-John）

在联邦议会发言时表示，澳美英核潜艇合作是澳政府做出的最具灾难性的外交决策之一，不仅要拿巨额的澳大利亚公共资金去补贴美英军火商，还使澳外交丧失独立性。

24 日　中共中央政治局委员、中央外办主任王毅在北京会见新西兰外长马胡塔（Nanaia Mahuta）。

4月

5 日　新西兰第 40 任总理杰辛达·阿德恩在国会发表了告别演讲。阿德恩自 2008 年至今一直担任国会议员，其中最后六年担任阿尔伯特山选区议员，并担任了五年多的总理。2017 年 10 月，当时 37 岁的阿德恩出任新西兰第 40 任总理，成为历史上第三位女性总理及新西兰 150 多年来最年轻的总理。

6 日　斐济议会以 29 人赞同、21 人反对、3 人弃权的微弱优势成功废除了《媒体产业发展法》。

11 日　美国向太平洋岛国论坛主席保证，AUKUS 协议将遵守《拉罗汤加条约》（Treaty of Rarotonga）。《拉罗汤加条约》于 1985 年由包括澳大利亚和新西兰在内的几个太平洋国家签署，正式确立了南太平洋无核区。

15 日　斐济旅游和民航部长维利亚姆·加沃卡（Viliame Gavoka）表示，将堪培拉纳入斐济航空的新服务将吸引更多游客进入该国，凸显了澳大利亚市场的重要性。

18 日　中国援纽埃环岛公路升级项目开工仪式在纽埃首都阿洛菲市举行。纽埃总理多尔顿·塔格拉吉（Dalton Tagelagi）和中国驻纽埃大使王小龙出席，纽埃内阁及议会要员、中国使馆及驻新中资企业代表和项目单位员工、当地各界代表及双方媒体记者等 100 余人参加了活动。

22 日 澳大利亚政府发布公报说，一艘于第二次世界大战期间沉没、载有逾千名战俘和平民的运输船残骸近日被找到，船上人员绝大多数来自澳大利亚。

24 日 日本政府宣布向太平洋岛国论坛提供 107 万美元的资金支持，将通过促进贸易、投资和旅游业来刺激 14 个论坛成员国的经济复苏。

26 日 中共中央对外联络部举办第三届中国-太平洋岛国政党对话会。汤加副首相兼司法大臣瓦伊普卢（Samiu Vaipupu）等太平洋岛国政党政要及驻华使节出席会议。

27 日 澳大利亚最老旧的燃煤发电站——位于新南威尔士的利德尔发电站（Liddell Power Station）被正式关停，它曾经为超过 100 万户家庭供电。

28 日 南太平洋共同体（SPC）波利尼西亚区域办事处在汤加首都努库阿洛法正式设立，该办事处将侧重于加强与整个区域的成员和合作伙伴的伙伴关系。

5月

2 日 美国国务院负责东亚和太平洋事务的助理国务卿康达（Daniel J. Kritenbrink）表示，美国计划在太平洋岛国汤加、基里巴斯和瓦努阿图分别设立大使馆，其中驻汤加大使馆将于本月晚些时候开馆。

3 日 澳联邦卫生部长马克·巴特勒（Mark Butler）宣布，澳大利亚将全面禁止娱乐性电子烟，并加强管理、建立健全与电子烟相关的法律法规，以遏制澳青少年吸食电子烟的增长趋势。

9 日 2023 年中国-太平洋岛国农渔业部长会议在南京举行。中共中央政治局委员、国务院副总理刘国中出席开幕式并致辞，太平洋岛国农渔业部长及驻华使节，联合国粮农组织等国际组织代表，中国国内相关部委、有关省市农渔业部门代表等共约150人参加了开幕式。

10日　澳大利亚统计局最新公布的贸易数据显示，澳大利亚在今年3月向中国出口额达到190亿澳元，同比增长31%，环比增长28%。这一数字创下了自1988年有记录以来的最高纪录。

18日　新西兰政府正式公布2023~2024财年国防预算，预计新西兰国防军将获得约53亿新西兰元（约合33亿美元）的国防资金。新西兰国防部长安德鲁·利特尔（Andrew Little）表示，未来4年内，新西兰政府还将额外划拨7.48亿新西兰元，用于武器装备升级和基础设施建设。

20日　由斐济中国文化中心、南京市文化和旅游局以及斐中友好协会共同举办的"茶和天下·雅集"活动走进南太平洋岛国斐济首都苏瓦，遥远的岛国人民得以近距离感受中国茶文化的魅力。中国驻斐济大使周剑出席了活动。

28日　澳大利亚西澳大利亚州州长马克·麦高文（Mark McGowan）突然宣布辞职，结束6年多的任期。

29日　韩国-太平洋岛国峰会在原韩国总统府青瓦台举行，会议发表"2023韩国-太平洋岛国领导人宣言"，核心内容是维护地区和平稳定，为打造繁荣昌盛、实现可持续韧性发展的太平洋，设定各领域的合作方向。韩国总统尹锡悦与太平洋岛国论坛成员国领导人共同出席韩国-太平洋岛国峰会。

31日　英国与澳大利亚、新西兰签署的自贸协定于午夜开始生效。这是英国自脱欧以来首次签署的贸易协定。

6月

3日　澳大利亚总理阿尔巴尼斯对越南进行任期内的首次正式访

问，期望澳越外交关系尽快升级为全面战略伙伴关系。

5日 由澳大利亚中国总商会墨尔本分会主办，中国工商银行协办的"后疫情时代中澳经济合作论坛"在澳大利亚维多利亚州首府墨尔本开幕。论坛为期2天，以"共享机遇 共创未来"为主题，为澳中两国商界增进了解、增进互信和促进合作创造良好机会。

15日 新西兰统计局发布的数据显示，第一季度该国国内生产总值（GDP）下降0.1%，为连续两个季度负增长，这表明新西兰经济已陷入技术性衰退。

16日 在所罗门群岛马莱塔省，训练有素的养蜂人参加了一个学习养蜂和蜂蜜生产的新项目。该计划主要是教妇女和年轻人通过蜂蜜生产实现收入多样化，并使社区逐步放弃伐木等有害的农业做法。

25~30日 应中华人民共和国国务院总理李强邀请，新西兰总理克里斯·希普金斯对中国进行正式访问。访问期间，中国国家主席习近平会见希普金斯总理，李强总理同希普金斯总理举行会谈，全国人大常委会委员长赵乐际同希普金斯总理会见。两国领导人就中新关系及共同关心的国际和地区问题深入交换意见。

26日 澳大利亚前联邦反对党领袖西蒙·克林（Simon Crean）在作为一个商业代表团的成员访问德国期间突然去世，享年74岁，澳大利亚工党集体哀悼。

27日 太平洋岛国帕劳迎来了其首个大规模太阳能储能项目的投入使用，该项目是西太平洋地区规模最大的同类电厂，该混合系统将能够满足该小国约25%的能源需求。

28日 澳大利亚国防部长理查德·马尔斯（Richard Marles）与所罗门群岛领导人索加瓦雷（Manasseh Sogavare）会面，讨论安全问题。

29日 澳大利亚大学在最新发布的2024年QS世界大学排名中取得了令人瞩目的突破，其中墨尔本大学、悉尼大学和新南威尔士大学首次同时跻身前20名。

30日　来自太平洋岛国的政府部长在联合国粮食及农业组织（粮农组织）总部罗马举行会议，敦促全世界一道采取紧急行动，帮助岛国改革农业粮食系统，以减轻气候变化的负面影响，并解决岛国居民面临的营养不足问题。

7月

3日　中国海军"和平方舟"号医院船从浙江舟山某军港码头解缆起航，远赴基里巴斯、汤加、瓦努阿图、所罗门群岛、东帝汶等5国执行"和谐使命-2023"任务。这是"和平方舟"号医院船第9次执行"和谐使命"任务，也是中国海军舰船首次访问基里巴斯、所罗门群岛并开展人道主义医疗服务。

5日　印度尼西亚总统佐科（Joko Widodo）抵达巴布亚新几内亚首都莫尔兹比港与巴新总理马拉佩（James Marape）举行双边会谈，边界和贸易是两人讨论的主要话题。

7日　斐济非传染性疾病核心工作组主席穆罕默德·阿尔维斯·齐布兰（Mohammed Alvis Zibran）博士在斐济初级卫生保健机构心血管风险评估和管理（CRAM）/基本非传染性疾病（PEN）操作指南发布仪式上发表声明，呼吁建立一支忠诚、熟练和有效的卫生保健队伍，随时准备在公共卫生保健层面提供最佳的非传染性疾病相关服务。

9日　欧盟和新西兰在布鲁塞尔签署自由贸易协定，以促进双边贸易。该协定实施后，预计将每年为欧盟企业节省约1.4亿欧元关税，欧盟年出口额有望增长45亿欧元，双边贸易预计在十年内增长30%。

10日　中国国家主席习近平下午在人民大会堂会见来华进行正

式访问的所罗门群岛总理索加瓦雷（Manasseh Sogavare）。双方共同宣布，中国和所罗门群岛正式建立新时代相互尊重、共同发展的全面战略伙伴关系。

13 日 马绍尔群岛外交部长杰克·阿丁（Jack J. Ading）敦促美国提供更多资金，解决美国 20 世纪中叶在这个太平洋岛国进行数十次核试验造成的遗留问题。

14 日 中共中央外办主任王毅在印尼雅加达出席东亚合作系列外长会议期间应约会见澳大利亚外长黄英贤。

15 日 澳大利亚移民专家里兹维（Abul Rizvi）预计，2023 年底澳大利亚国际学生人数将达到 70 万至 75 万人，创历史新高。但是由于经济疲软，恐带来就业挑战。

27 日 美国国务卿布林肯在惠灵顿表示，新西兰参与澳英美联盟武器开发和采购项目的大门是敞开的。他会见了新西兰总理克里斯·希普金斯和外交部长纳纳娅·马胡塔。马胡塔重申，新西兰"不准备在我们的无核立场上做出妥协或改变"，并表示继续支持一个无核太平洋。

8月

4 日 新西兰发布首份国家安全战略以及第一阶段国防评估报告。文件阐述了新西兰国家安全政策和提升总体战略能力、扩大战略影响投射范围的具体举措，并声称为应对地区安全挑战，新西兰将增加国防预算，提升军队战备水平。

5 日 中国商务部终止对原产于澳大利亚的进口大麦征收反倾销税和反补贴税。2020 年 5 月，中国对原产于澳大利亚的进口大麦征收反倾销税和反补贴税，反倾销税率为 73.6%，反补贴税率为 6.9%，征收期限为 5 年。

6日　太平洋反核倡导团体和活动家谴责斐济总理西蒂维尼·拉布卡支持日本向太平洋排放超过100万吨处理过的核污水的计划。该组织敦促拉布卡重新考虑这个问题并采取更强硬的立场。

7~11日　应澳大利亚议会邀请，中国全国人大常委会副委员长、中澳议会交流机制主席铁凝率团访澳，其间分别同澳参议长莱恩斯（Sue Lines）和众议长迪克（Dugald Milton Dick）、外交和贸易部助理部长瓦茨（Tim Watts）、议会外交国防贸易联委会主席纽曼（Shayne Neumann）、反对党影阁科学艺术部长弗莱彻（Paul Fletcher）、澳中议会小组主席贾兰（Carina Garland）等会见会谈。

9日　燃料供应危机迫使巴布亚新几内亚政府宣布进入为期一个月的国家紧急状态。该国主要的航空公司也被迫停止运营并取消了数十个航班。巴布亚新几内亚的驾车者、航空旅客和企业都受到间歇性燃料短缺的影响，短缺的原因是主要燃料进口商彪马能源公司难以获得足够的外汇。

11日　新西兰政府宣布与贝莱德启动一项20亿新西兰元（12.2亿美元）的基金，以加大对风能和太阳能发电、电池储能和绿色氢气的投资力度，推动新西兰成为世界上首批完全由可再生能源供电的国家之一。

15日　斐济19名学生获2023年中国政府奖学金。这些学生将赴华学习医学、体育、国际金融、软件工程、土木工程等专业。他们表示，将珍惜赴华留学机会，刻苦学习，为斐济发展和斐中合作贡献力量。

19日　澳大利亚维多利亚州州长丹尼尔·安德鲁斯（Daniel Andrews）表示，因最终决定不再承办2026年英联邦运动会，维州将向赛事组织方赔付3.8亿澳元（约合2.43亿美元）。

21日　澳大利亚国防部发布的一份公告称，澳大利亚政府已决定斥资13亿澳元（约合60.5亿元人民币），向美国采购200多枚

"战斧"巡航导弹，以增强海军的远程打击能力。

24日 在第22届美拉尼西亚先锋集团领导人峰会上，瓦努阿图、巴布亚新几内亚、所罗门群岛、斐济四国领导人以及新喀里多尼亚执政党"卡纳克社会主义民族解放阵线"领导人将讨论福岛核污水排海问题。

9月

4日 太平洋岛国论坛与东南亚国家联盟签署谅解备忘录，共谋合作与发展。签署仪式在第43届东盟峰会前夕举行，由东盟现任轮值主席、印度尼西亚总统佐科·维多多主持。库克群岛总理兼太平洋岛国论坛轮值主席马克·布朗（Mark Brown）在签字仪式上发表讲话，强调伙伴关系和合作在不断演变的地缘战略格局中的重要性。

5日 在太平洋气候变化中心的协调下，所罗门群岛正式启动"绿色气候基金国家计划"。根据该计划，所罗门群岛可以向绿色气候基金申请为该国关键优先项目提供融资支持，以提升应对气候变化的能力。此外，该计划还包括开展培训、建立信息管理系统等内容。近年来，所罗门群岛采取多种举措应对气候变化影响。

7日 中国国务院总理李强在雅加达出席东亚合作领导人系列会议期间会见澳大利亚总理阿尔巴尼斯。

10日 因企图掌控目前所在国经济，继女头目之前被驱逐回国接受审判、判刑后，韩国邪教"恩惠路教"（Grace Road Church）多名高层遭太平洋岛国斐济政府抓捕和追逃等清算。

12日 澳大利亚联邦科学与工业研究组织发布的全国健康膳食调查评估报告显示，近年来澳大利亚成年人膳食结构欠均衡，蔬菜摄入不足和非必需饮食摄入过多是主要原因。

14日 斐济青年和体育部长绍库鲁（Jese Saukuru）在议会上强

调，缺乏经济机会导致社会出现极端贫困，还加剧了年轻人在城市闲逛、流落街头并从事种植大麻等非法活动的现象。

21日　中国驻巴布亚新几内亚大使曾凡华拜会巴新总理马拉佩，双方就中巴新关系及两国务实合作交换意见。

22日　所罗门群岛总理索加瓦雷在第78届联合国大会一般性辩论中发言时，谴责日本排放核污水的做法，称对日本将核污水排海的决定"感到震惊"。

26日　澳大利亚维多利亚州州长丹尼尔·安德鲁斯（Daniel Michael Andrews）于9月26日宣布辞去州长职务，该决定将于27日下午5点生效，标志着他长达9年多的州长生涯画上了句号。

27日　所罗门群岛总理索加瓦雷因反感美国"说教"而拒绝出席美国-太平洋岛国峰会，并表示美国应给予太平洋地区领导人充分尊重。

10月

6日　瓦努阿图总理萨托·基尔曼（Sato Kilman）在议会不信任动议中被投票下台，夏洛特·萨尔维（Charlot Salwai）当选瓦努阿图新一任总理。

14日　澳大利亚举行全民公投，以决定是否修改宪法、在联邦议会设立涉原住民事务的政策咨询机构"原住民议会之声"，但未获得足够赞成票。

15日　新西兰选举委员会当地时间凌晨公布议会选举初步结果，最大在野党国家党在14日举行的议会选举中胜出，赢得内阁组阁权。国家党领导人拉克森（Christopher Luxon）14日晚在奥克兰对支持者发表讲话时说，新政府将专注于安全、教育和挖掘"潜力"。

16~19日　巴布亚新几内亚总理马拉佩来华出席第三届"一带

一路"国际合作高峰论坛并进行正式访问。中国国务院总理李强和国家主席习近平先后在人民大会堂同马拉佩总理举行会谈。

17 日 斐济税务法院判决，斐济税务和海关总署（FRCS）已被命令向斐济开曼控股公司（Fiji Cayman Holdings）退还近 2600 万美元，这笔款项在 2018 年被作为资本利得税征收。

19 日 日本防卫相木原稔在防卫省与澳大利亚副总理兼国防部长理查德·马尔斯举行会谈，就推进包括美国在内的三国防卫合作达成一致。

23 日 澳大利亚总理安东尼·阿尔巴尼斯应美国总统乔·拜登的邀请抵美并对其进行首次国事访问。白宫早前表示，拜登将于 10 月 25 日会见阿尔巴尼斯。

24 日 在为太平洋岛国提供了三年半的支持后，针对新冠疫情（COVID-19）的太平洋人道主义路径（PHP-C）已正式关闭。

25 日 经中国国家文物局授权，中国驻澳大利亚大使馆举行仪式，接收澳方向中国返还的四件流失文物艺术品及一件古生物化石。

27 日 瑙鲁议会选举戴维·阿迪昂（David Adeang）为瑙鲁新总统。

11月

4~7 日 应中国国务院总理李强邀请，澳大利亚总理阿尔巴尼斯对中国进行正式访问。这期间中国国家主席习近平、国务院总理李强会见了阿尔巴尼斯。澳大利亚媒体及各界对此次访问做出了积极的评价。

10 日 第 52 届太平洋岛国论坛会议在库克群岛召开，参与者超过 600 名，此届太平洋岛国论坛为期 5 天，主题是"我们的声音，我们的选择，我们的太平洋之路"，围绕气候、海洋环境、可持续发展等问题展开了多轮对话。中国政府太平洋岛国事务特使钱波出席了对话会并发言。

14 日 欧洲联盟及其 27 个成员国以及非洲、加勒比和太平洋国家组织（OACPS）79 个成员国在萨摩亚首都阿皮亚签署《萨摩亚协定》。这是首次在太平洋地区举行的此类签字仪式，共有来自四大洲的 250 多名代表参加。

15 日 中国驻基里巴斯大使馆发布消息说，经向基里巴斯移民局确认，基对华免签入境政策已正式落地生效。

16 日 中国国家主席习近平在美国旧金山出席亚太经合组织领导人非正式会议期间会见斐济总理兰布卡。

23 日 澳大利亚皇家墨尔本理工大学发布的一项研究结果显示，不少技术移民在澳大利亚面临就业障碍，不得不从事低于其技能水平的工作，这导致该国一些必要的技能岗位出现空缺。

25 日 菲律宾与澳大利亚在菲律宾专属经济区内启动首次海上和空中巡逻。联合声明称，巡逻活动拟持续至 11 月 27 日。菲方有两艘军舰和五架侦察机参与，澳方有护卫舰和反潜侦察机参与。

27 日 拉克森宣誓就职新西兰总理。中国国务院总理李强致电拉克森，祝贺他就任新西兰政府总理。

28 日 澳大利亚新南威尔士州安乐死合法化正式开始生效，允许处于绝症末期等疾病的患者申请结束自己的生命。

30 日 巴布亚新几内亚布干维尔事务部长马纳赛·马奇巴（Manasseh Makiba）提醒国会议员，布干维尔公投结果不具约束力，国民议会是决定公投结果命运的唯一权威机构。

12月

5 日 新西兰成千上万的人走上街头抗议新政府的"反毛利"政

策，这是由毛利党发起的全国性抗议活动。

6 日 在新西兰第 54 届议会开幕式上，总督辛迪·基罗夫人（Dame Cindy Kiro）概述了新政府的优先事项，正式拉开了新西兰未来三年国家党领衔的联合政府政治周期的序幕。

7 日 澳大利亚与巴布亚新几内亚签署了一项安全协议。协议表明，如果太平洋和平受到威胁或任何一方受到外部武装袭击，两国将进行磋商。协议也涵盖机密情报分享，以及关键设施、网络、海事和航空安全等领域的合作。

8 日 第二次中国-太平洋岛国执法能力与警务合作部级对话在京举行，中国国务委员、公安部部长王小洪与萨摩亚警察部部长法乌阿诺（Faualo Harry Jeffrey Schuster）共同主持并做主旨发言。

9 日 澳大利亚政府已承诺为太平洋国家提供 1.5 亿澳元（9904万美元）的气候融资，但尚未向新成立的损失和损害基金捐款。

15 日 在位于悉尼的皇家妇女医院分娩一名健康男婴。这名男婴成为澳大利亚第一个在移植子宫内孕育的婴儿。

20 日 新西兰总理拉克森上任后首次到访邻国澳大利亚，与澳总理阿尔巴尼斯举行会谈，商讨加强国防与经济合作。

21 日 帕劳总统惠普斯（Surangel Whipps Jr.）要求美国在帕劳永久部署"爱国者"防空导弹系统，但这一提议在帕劳引发争议。该国参议院议长鲍勒斯（Hokkons Baules）表示，这不符合帕劳作为一个独立国家的历史。

22 日 应太平洋岛国论坛和小岛屿国家联盟（AOSIS）的请求，国际法院（ICJ）已授权它们参与有关各国在气候变化方面义务的咨询程序。

23 日 西巴布亚联合解放运动（ULMWP）主席本尼·温达（Benny Wenda）强调，由于印尼的种族灭绝暴力、殖民主义和企业贪婪，数以万计的西巴布亚人面临持续斗争。

Abstract

In 2023, Oceanian countries strived to maintain development and cooperation amidst increasingly complex global circumstances. The economic situations of regional countries diverged amid various macroeconomic uncertainties. Australia and New Zealand experienced relatively subdued economic growth due to compounded effects of high inflation and interest rates, yet they managed to avoid a technical recession, showcasing resilience. Economic growth in Pacific island countries slowed overall compared to 2022. Benefiting from tourism recovery, infrastructure investments, and continued international aid influx, their growth rates remained relatively fast. However, these countries remain economically fragile, with high inflation, high government debt, and frequent natural disasters continuing to affect the sustainability of their economic growth.

Politically, regional countries generally maintained stability, with several countries successfully holding general elections and national referendums. As a whole, regional countries overcame the negative impact of the COVID-19 pandemic on social order and resumed normal social life. However, the after-effects of the pandemic continued to plague domestic governance of Oceania countries. People's continued dissatisfaction with economic and livelihood issues eventually triggered an intense desire for change in some countries, leading to political power shifts in New Zealand, the Marshall Islands, Vanuatu, and Nauru. In Australia, while the Labor government made efforts to fulfill election promises related to anti-corruption, housing crisis resolution, and climate policy changes, it suffered a debacle in the Voice to Parliament referendum, and faced increasing scrutiny and challenges in economic policies and border security, indicating the end of the political honeymoon period for the Labor party.

Regional countries endeavored to maintain autonomy amidst growing geopolitical and economic pressures. The Australian Labor government sought to strengthen traditional partnerships with the United States and increase support for Pacific island countries, while also pragmatically repairing relations with China for stability in bilateral relations. New Zealand adopted a more pessimistic strategic outlook on international and regional orders, increasing its focus and investment in security issues while maintaining a balanced and relatively independent foreign policy. It continued to deepen ties with Western countries while sustaining economic cooperation with Asia-Pacific countries, including China. Some progress was made in regional cooperation among Pacific island countries. The Pacific Islands Forum, the most important intergovernmental organization in the region, resolved its crisis of organizational split and approved the regional cooperation blueprint, the Implementation Plan for the 2050 Strategy for the Blue Pacific Continent. However, they struggled to form a unified position on important regional issues such as Japan's nuclear wastewater discharge and deep-sea mining, and regional integration remained distant.

Keywords: Oceania; Politics; Economy; Regional Cooperation

Contents

I General Report

B.1 The Development Situation in Oceania 2023: Retrospect
and Prospect   *Xu Shaomin, Lu Pengqiao* / 001

Abstract: In 2023, the general economic situation in Oceania diverged. Despite issues such as high inflation and interest rate hikes plaguing all regional countries, Pacific island countries, mainly due to the resurgence of tourism, achieved relatively high economic growth rates. Australia and New Zealand experienced sluggish economic growth but also demonstrated resilience undergirded by low unemployment rate and booming international trade. Politically, internal affairs in Oceanian countries remained generally stable. However, persistent economic and social issues fueled demands for political change in some regional countries, leading to power transitions in New Zealand, the Marshall Islands, Vanuatu, and Nauru. Regarding foreign policy, Oceanian countries struggled to maintain autonomy amid intensive geopolitical and economic pressures, sparing no effort to comprehensively develop foreign relations in a balanced way. The momentum of improvement in Sino-Australian ties continued throughout the year. The Pacific Islands Forum also garnered considerable attention as mcmember states effectively ironed out division and consolidated regional cooperation in the end. However, regional countries struggled to reach a unified stance on important issues such as Japan's discharge of nuclear wastewater into the ocean and deep-sea mining, indicating ongoing challenges in regional integration.

Keywords: Oceania; Economic Development; Political Situation; Foreign Policy; Regional Governance

II Topical Reports

B.2 Australia's Political, Diplomatic and Economic Situation

in 2023   *Huang Jiayu* / 024

Abstract: The year 2023 is the second year of Australian Prime Minister Albanese's administration, and the political and economic situations at home and abroad have seen significant changes. On the one hand, the threat to the lives and health of the Australian people posed by the COVID－19 pandemic has been greatly reduced, the lives of the population have basically returned to normal, and the amount of foreign trade has continued to grow, earning a large amount of foreign exchange; on the other hand, the domestic economic development has been affected by the high inflation rate, the high unemployment rate, and the lack of consumer confidence, which makes the outlook of the country worrisome. Australia's foreign policy also has two sides, Albanese actively resolved trade disputes between China and Australia, and made an official visit to China; and while China-Australia interaction warmed up, Australia did not forget to strengthen cooperation with the United States, Japan and other traditional allies, and increased support for the South Pacific island countries, in an attempt to stabilize Australia's strategic position in the

"Indo-Pacific region".

Keywords: Australia; Foreign Policy; Economic and Trade Developments

B.3 New Zealand's Domestic and Foreign Affairs Review and

Outlook in 2023   *Zhang Mengdi* / 046

Abstract: 2023 is an election year in New Zealand, with policymakers and the public paying more attention to domestic political issues than foreign ones. The economy has begun to decline, with high cost of living issues exacerbated and the impact of natural disasters hitting many industries hard. The ruling Labour Party was defeated for a second term in the general election, and the National Party came to power in a coalition with a friendly party, the Action Party, and the Priority Party, which returned to Parliament. The Priority Party leadership's history of rivalry with the other two parties and divergent views on some issues made the coalition challenging. On the diplomatic front, New Zealand's assessment of the strategic environment has changed, resulting in a comprehensive consolidation of relations with Pacific countries while emphasising traditional principles of multilateralism and independent diplomacy. Greater emphasis has been placed on relations with security partners while pursuing stable and diversified economic relations.

Keywords: New Zealand; Election Politics; Balanced Diplomacy

B . 4　Review of the Political and Economic Situation in the
　　Pacific Islands Region in 2023　　　　　　*Wu Yan* / 068

Abstract：As the external situation continues to deteriorate, the dynamics of the great power game rises, and the strategic importance of the Pacific island region gradually increases, the Pacific island countries as a whole will continue to face a complex situation in the political and economic spheres in 2023. On the one hand, although the cohesion of regionalism in the Pacific Island countries has been strengthened compared to previous years, internal political conflicts still exist in some countries; on the other hand, the issue of the climate crisis faced by the Pacific Island countries occupies a more important position in the international arena, but there are still many difficulties in the implementation of the final action; and the economy is showing a slowing down trend, and gradually returning to the normal rate of economic growth. In the face of complex and challenging internal and external circumstances, the Pacific island countries were committed to maintaining political stability and economic growth domestically, and were actively promoting bilateral and multilateral cooperation at the international level and taking the initiative to make their voices heard in the international arena. While the region's development prospects remain uncertain, the continued implementation of China's Belt and Road Initiative in the region and the deepening Comprehensive Strategic Partnership between China and the Pacific Island countries provide a key impetus to the region's stability and prosperity.

Keywords：Pacific Islands Region；Political Situation；Economic Situation

Ⅲ   Special Reports

B. 5   Improvements and Progress in China-Australia Advancement

of Bilateral Relations   *Qu Caiyun* / 087

Abstract：Since 2023, China and Australia have strengthened diplomatic dialogue and consultation, restarted and restored dialogue mechanisms in various fields, strengthened exchanges between local governments and cities, enhanced mutual understanding and friendship, and promoted the gradual improvement of bilateral relations based on the consensus of the Bali Summit between the two leaders and the joint statement on the achievements of China-Australia diplomacy and strategic dialogue. Anthony Albanese's visit to China on the occasion of the 50th anniversary of former Australian Prime Minister Edward Gough Whitlam's first visit to China is of great historical significance, further promoting the improvement process of China-Australia relations. Currently, the relationship between China and Australia is still in continuous improvement, and both sides still need to summarize their experiences and lessons and work together to promote it. Both sides should seize opportunities, properly manage differences, strengthen cooperation for mutual benefit, and promote the further development of comprehensive strategic partnership in 2024 which marks the 10th anniversary of the comprehensive strategic partnership between China and Australia.

Keywords：Australia；China；Comprehensive Strategic Partnership

B.6　A New Australia-US Alliance in 2023 in the

Indo-Pacific Perspective　　　　　*Ning Tuanhui* / 102

Abstract: Under the Indo-Pacific framework, the Australia-U. S. alliance in 2023 continued to move forward, with the announcement of the AUKUS nuclear submarine project and the deepening of Australia-U. S. cooperation in the defence industry and exchange of intelligence; Australia has actively cooperated with the U. S. deployment of the Indo-Pacific Strategy, following the U. S. lead on the South China Sea; and the alliance has increasingly focused on cooperation in areas such as climate change, clean energy transition, key minerals and technology, cyber, and space, and the scope of alliance cooperation is expanding. Against this backdrop, Australia and the United States have become more aware of the need to build on each other's strengths, and have continued to give new meaning to the alliance. Nonetheless, the alliance still faces challenges in advancing its nuclear submarine programme, and the strategic and military ties between the two countries make Australia's autonomy even more limited.

Keywords: Australia-US Alliance; "Indo-Pacific Strategy"; Climate Cooperation; China-US Relations; China-Australia Relations

B.7　Relations Between Oceania Countries and Japan

in 2023-2024　　　　　*Guo Rui, Shen Haowen* / 121

Abstract: In 2023, the international landscape is still in a period of profound adjustment. The United States is constrained by the Russia-Ukraine conflict, the situation in the Middle East, and domestic elections, and has little time for leadership in the Pacific region. Against this backdrop, Japan, together with Australia, New Zealand, the Pacific Island countries and other Oceania countries, aims to maintain the same frequency of strategy by building consensus on values, to ensure sustainable development through green energy cooperation, and to satisfy their respective demands by promoting the exchange of interests, so as to play the complementary role for U. S. leadership while further enhancing its influence and control over the affairs of the Indo-Pacific region. In the coming period, Japan will join hands with Oceania countries to establish a deeper foothold in the Pacific region, accelerate the extension of its diplomatic vision to the construction of a holistic Indo-Pacific regional order, and deepen its security, defence and values diplomacy with the help of small-scale multilateral cooperation mechanisms in order to curb the rise of the so-called regional competitors.

Keywords: Oceanian Countries; Indo-Pacific Vision; Military Bundling; Value Diplomacy; Small Multilateral Cooperation

B.8　Australia-India Relations in 2023: Review and Outlook

Liu Shuqi / 136

Abstract: In 2023, Australia-India relations continued to develop, with frequent visits and exchanges between the two heads of state, deepening and solid economic relations, deepening cultural identity, and continuous expansion of security cooperation. "Indo-Pacific" regional cooperation plays an important role in Australia-India relations. The two countries actively participated in or strengthen the "Indo-Pacific" regional mechanism and enhanced their projection capabilities in the "Indo-Pacific" region. Since the upgrade of Australia-India relations was carried out in the context of the accelerated deployment of the "Indo-Pacific Strategy" and competition between China and the United States, Australia-India strategic cooperation has had a negative impact on China, causing China to face multiple competitive pressures and challenges.

Keywords: Australia-India Comprehensive Strategic Partnership; "Indo-Pacific Strategy"; China-US Relations

B . 9　Public Health and Public Diplomacy: A Study of the

Activities of the Australia-Indonesia Centre in

Indonesia　　　　　　　　　　　　　　*Wu Yaoting* / 149

Abstract: The Australia-Indonesia Centre, established in 2014, was founded with a focus on weaknesses in the area of traditional public diplomacy between Australia and Indonesia. This was due to Australia's shortcomings in building public diplomacy, and was also related to problems in building public health in Indonesia. On this basis, the Centre has launched large-scale public health activities mainly in Indonesia, initiating research projects, writing scientific reports, and launching field research and other projects. At the same time, the activities initiated by the Centre are two-way, which is different from the activities of NGOs in the past. In terms of public health activities, the Centre has a two-way activity, a two-way funding and a two-way composition, and it plays a linking role in public diplomacy between Australia and Indonesia. While the Centre's activities are particularly limited, the public diplomacy value behind the public health activities it has initiated in Indonesia should not be overlooked.

Keywords: Public Health; Public Diplomacy; Australia; Indonesia

Contents ⟡

B.10 The Situations and Prospects of Foreign Economic and Trade
Cooperation of the Oceania Countries in 2022−2023

Jin Junda, *Xu Xiujun* / 176

Abstract: Between 2022 and 2023, the foreign trade of many
Oceania countries peaks and then declines, but the overall trade amount is
at historically high levels. In 2022, the trade in goods of Oceania was about
＄859.43 billion, an increase of 17.3% from the previous year. In 2023,
the trade in goods of Oceania was about ＄783.89 billion, a decline of
8.8% from the previous year. This reflects the trend that most of the
region's countries' foreign trade changes. Foreign investment among
Oceania countries has been on an upward trend over the past two years,
but there is some differentiation among countries, with some countries
struggling to reach pre-pandemic levels of foreign direct investment. In
terms of cooperation with China, China remains one of the major partners
of Australia and New Zealand in trade and investment. China-Australia and
China-New Zealand trade and investment relations show some fluctuations
in 2022 and 2023, but the overall prospects remain positive. Looking ahead
to 2024, great power competition and the trend of pan-securitization it
brings will continue to have a negative impact on the foreign trade and
commerce of Oceania countries. However, with the strengthening of
policy coordination between China and Australia and New Zealand, the
continued release of RCEP dividends, and the deepening cooperation
under the Belt and Road Initiative, there are positive factors in Oceania's
foreign trade and economic cooperation.

Keywords: Oceania Countries; Foreign Trade; International
Investment

B.11　The External Security Cooperation of Papua New Guinea：

New Developments and New Challenges in 2023

Qin Sheng / 192

Abstract：In 2023, Papua New Guinea achieved a major breakthrough in the field of external security cooperation, signing multi-level, wide-ranging and multi-dimensional bilateral security cooperation agreements with the United States and Australia. US-PNG Defense Cooperation Agreement gives the United States unimpeded access to key PNG defence facilities and allow the United States exclusive criminal jurisdiction, the terms above have sparked huge domestic controversy. Agreement between Australia and PNG on a Framework for Closer Security Relations was signed after several delays due to possible language that violated sovereignty. On the one hand, PNG's strong promotion of external security cooperation is an important manifestation of its own ambition for military strength and regional influence, on the other hand, the United States, Australia and other countries continue to increase their strategic investment in the South Pacific region in order to gain geopolitical advantages, which provides external conditions for PNG to carry out security cooperation.

Keywords：Papua New Guinea；United State；Australia；Security Cooperation

B.12　China-New Zealand Relations Review and Outlook in 2023

Wang Weiguang, Lin Ling / 210

Abstract：In 2023, bilateral economic and trade exchanges and cultural exchanges between China and New Zealand are gradually recovering and developing；and frequent official interactions are maintained, including the official visit of the New Zealand Prime Minister to China. Overall, China-New Zealand relations in 2023 will remain resilient and dynamic, and China-New Zealand co-operation is both in the interests of the two countries and the mainstream will of the two societies. However, a series of factors, such as the current weak global economic recovery, frequent local conflicts, intensified global strategic competition, and certain domestic challenges faced by New Zealand and China, have also added negative factors and uncertainties to the relationship.

Keywords: China-New Zealand Relations; Diplomacy; International Politics

Appendices

Oceania Events in 2023   *Yu Changsen* / 227

社会科学文献出版社

皮书

智库成果出版与传播平台

❖ 皮书定义 ❖

皮书是对中国与世界发展状况和热点问题进行年度监测，以专业的角度、专家的视野和实证研究方法，针对某一领域或区域现状与发展态势展开分析和预测，具备前沿性、原创性、实证性、连续性、时效性等特点的公开出版物，由一系列权威研究报告组成。

❖ 皮书作者 ❖

皮书系列报告作者以国内外一流研究机构、知名高校等重点智库的研究人员为主，多为相关领域一流专家学者，他们的观点代表了当下学界对中国与世界的现实和未来最高水平的解读与分析。

❖ 皮书荣誉 ❖

皮书作为中国社会科学院基础理论研究与应用对策研究融合发展的代表性成果，不仅是哲学社会科学工作者服务中国特色社会主义现代化建设的重要成果，更是助力中国特色新型智库建设、构建中国特色哲学社会科学"三大体系"的重要平台。皮书系列先后被列入"十二五""十三五""十四五"时期国家重点出版物出版专项规划项目；自2013年起，重点皮书被列入中国社会科学院国家哲学社会科学创新工程项目。

权威报告·连续出版·独家资源

皮书数据库
ANNUAL REPORT(YEARBOOK)
DATABASE

分析解读当下中国发展变迁的高端智库平台

所获荣誉

- 2022年，入选技术赋能"新闻+"推荐案例
- 2020年，入选全国新闻出版深度融合发展创新案例
- 2019年，入选国家新闻出版署数字出版精品遴选推荐计划
- 2016年，入选"十三五"国家重点电子出版物出版规划骨干工程
- 2013年，荣获"中国出版政府奖·网络出版物奖"提名奖

皮书数据库　"社科数托邦"
微信公众号

成为用户

登录网址www.pishu.com.cn访问皮书数据库网站或下载皮书数据库APP，通过手机号码验证或邮箱验证即可成为皮书数据库用户。

用户福利

- 已注册用户购书后可免费获赠100元皮书数据库充值卡。刮开充值卡涂层获取充值密码，登录并进入"会员中心"—"在线充值"—"充值卡充值"，充值成功即可购买和查看数据库内容。
- 用户福利最终解释权归社会科学文献出版社所有。

数据库服务热线：010-59367265
数据库服务QQ：2475522410
数据库服务邮箱：database@ssap.cn
图书销售热线：010 59367070/7028
图书服务QQ：1265056568
图书服务邮箱：duzhe@ssap.cn

社会科学文献出版社　皮书系列
SOCIAL SCIENCES ACADEMIC PRESS (CHINA)
卡号：181754478398
密码：

S 基本子库
UB DATABASE

中国社会发展数据库（下设 12 个专题子库）

紧扣人口、政治、外交、法律、教育、医疗卫生、资源环境等 12 个社会发展领域的前沿和热点，全面整合专业著作、智库报告、学术资讯、调研数据等类型资源，帮助用户追踪中国社会发展动态、研究社会发展战略与政策、了解社会热点问题、分析社会发展趋势。

中国经济发展数据库（下设 12 专题子库）

内容涵盖宏观经济、产业经济、工业经济、农业经济、财政金融、房地产经济、城市经济、商业贸易等 12 个重点经济领域，为把握经济运行态势、洞察经济发展规律、研判经济发展趋势、进行经济调控决策提供参考和依据。

中国行业发展数据库（下设 17 个专题子库）

以中国国民经济行业分类为依据，覆盖金融业、旅游业、交通运输业、能源矿产业、制造业等 100 多个行业，跟踪分析国民经济相关行业市场运行状况和政策导向，汇集行业发展前沿资讯，为投资、从业及各种经济决策提供理论支撑和实践指导。

中国区域发展数据库（下设 4 个专题子库）

对中国特定区域内的经济、社会、文化等领域现状与发展情况进行深度分析和预测，涉及省级行政区、城市群、城市、农村等不同维度，研究层级至县及县以下行政区，为学者研究地方经济社会宏观态势、经验模式、发展案例提供支撑，为地方政府决策提供参考。

中国文化传媒数据库（下设 18 个专题子库）

内容覆盖文化产业、新闻传播、电影娱乐、文学艺术、群众文化、图书情报等 18 个重点研究领域，聚焦文化传媒领域发展前沿、热点话题、行业实践，服务用户的教学科研、文化投资、企业规划等需要。

世界经济与国际关系数据库（下设 6 个专题子库）

整合世界经济、国际政治、世界文化与科技、全球性问题、国际组织与国际法、区域研究 6 大领域研究成果，对世界经济形势、国际形势进行连续性深度分析，对年度热点问题进行专题解读，为研判全球发展趋势提供事实和数据支持。

法律声明

"皮书系列"（含蓝皮书、绿皮书、黄皮书）之品牌由社会科学文献出版社最早使用并持续至今，现已被中国图书行业所熟知。"皮书系列"的相关商标已在国家商标管理部门商标局注册，包括但不限于LOGO（▨）、皮书、Pishu、经济蓝皮书、社会蓝皮书等。"皮书系列"图书的注册商标专用权及封面设计、版式设计的著作权均为社会科学文献出版社所有。未经社会科学文献出版社书面授权许可，任何使用与"皮书系列"图书注册商标、封面设计、版式设计相同或者近似的文字、图形或其组合的行为均系侵权行为。

经作者授权，本书的专有出版权及信息网络传播权等为社会科学文献出版社享有。未经社会科学文献出版社书面授权许可，任何就本书内容的复制、发行或以数字形式进行网络传播的行为均系侵权行为。

社会科学文献出版社将通过法律途径追究上述侵权行为的法律责任，维护自身合法权益。

欢迎社会各界人士对侵犯社会科学文献出版社上述权利的侵权行为进行举报。电话：010-59367121，电子邮箱：fawubu@ssap.cn。

社会科学文献出版社

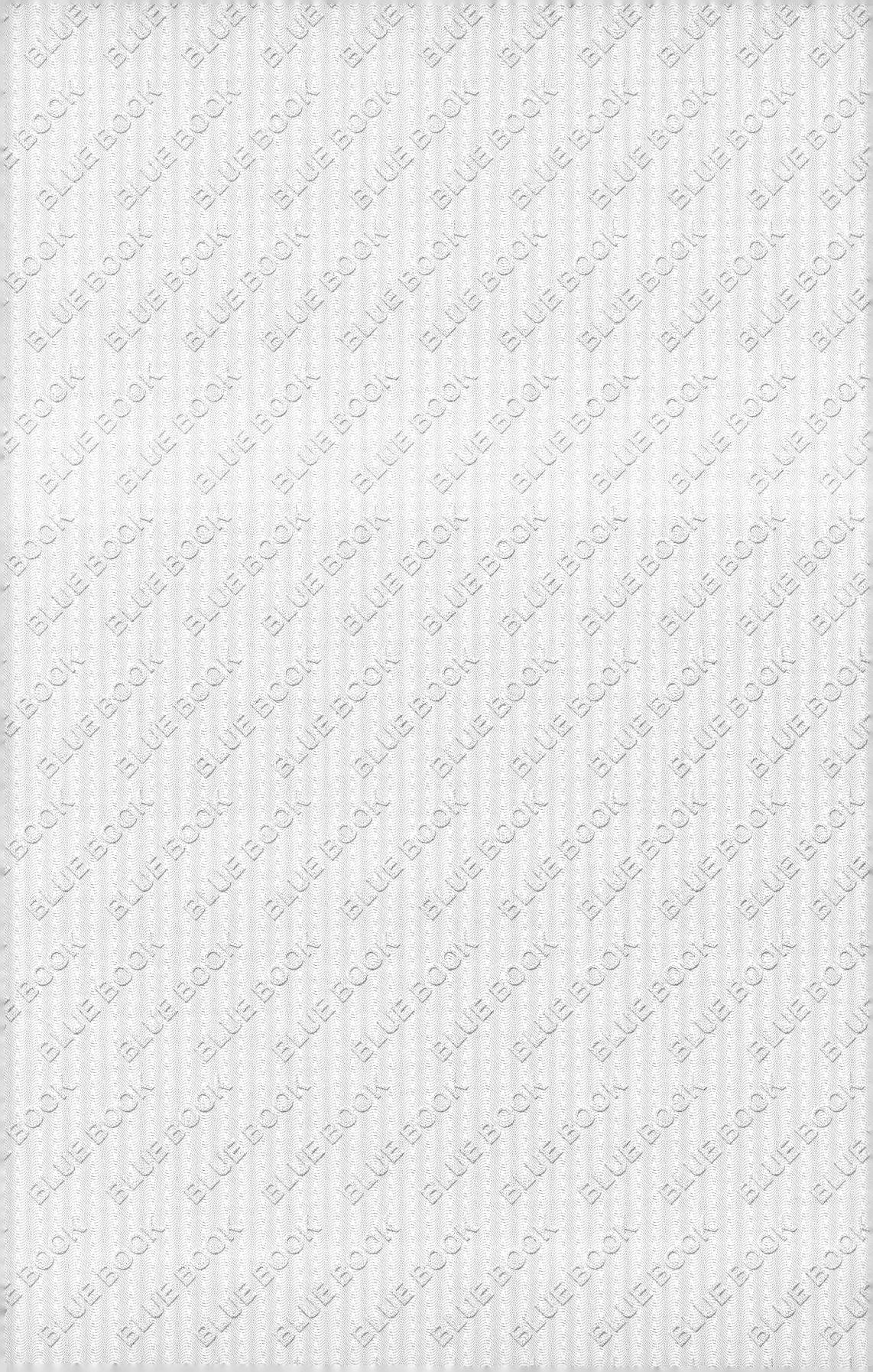